ARMÉE BELGE

RÈGLEMENT D'ARTILLERIE

Ier VOLUME

PARIS

Henri CHARLES-LAVAUZELLE

Éditeur militaire

124, Boulevard Saint-Germain, 124

ARMÉE BELGE

C. I. S. L. A. A.

RÈGLEMENT D'ARTILLERIE

1er VOLUME

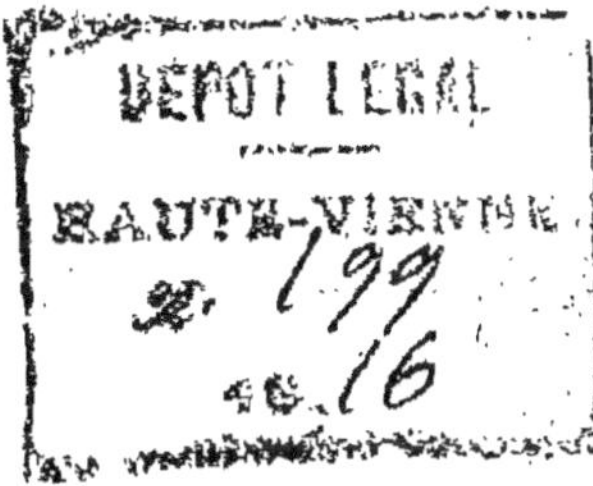

PARIS
HENRI CHARLES-LAVAUZELLE
Éditeur militaire
124, Boulevard Saint-Germain, 124
—
MÊME MAISON A LIMOGES
1916

ARMÉE BELGE

C. I. S. L. A. A.

RÈGLEMENT D'ARTILLERIE

TITRE I.

CANON DE 7°5 T. R.

ÉCOLE DU SERVANT.

L'*école du servant* a pour objet d'enseigner à tous les servants les opérations individuelles qu'ils peuvent avoir à exécuter pour le tir.

La rapidité du tir, qui est la propriété essentielle du canon de campagne, nécessite dans la manœuvre beaucoup de promptitude et de sûreté; les différents mouvements se succèdent presque sans arrêt; de plus, chaque servant pouvant agir indépendamment des autres, les opérations de la charge se font simultanément.

La surveillance des détails étant ainsi rendue difficile, on devra consacrer un nombre de séances suffisant à l'instruction individuelle, en cherchant à développer chez le canonnier les qualités d'exactitude et de conscience indispensables; on n'abordera l'*école de la pièce*, qu'avec des servants capables d'exécuter parfaitement et sans aucune hésitation les diverses opérations de l'école du canonnier servant.

Tous les mouvements doivent être exécutés vivement et avec une attitude militaire compatible avec les opérations du service de la pièce.

Il est avantageux, dès les premières séances consacrées à cette instruction, de faire tirer quelques coups de canon devant les canonniers, afin que ceux-ci puissent se rendre compte du fonctionnement du matériel et saisir rapidement les raisons des dispositions qui leur seront enseignées ultérieurement. La pratique du tir réel, lorsqu'elle est possible, se combine d'ailleurs toujours très avantageusement avec l'instruction de détail.

En principe, tous les canonniers servants doivent être en mesure de remplir tous les postes autres que celui de pointeur.

L'instruction des pointeurs est poussée assez activement pour que les canonniers qui la suivent soient à même de remplir les fonctions de pointeur dès qu'on commencera les exercices de pointage et de préparation du tir.

Les conducteurs ne reçoivent en principe que l'instruction relative aux postes de pourvoyeur et de chargeur.

I. — Prescriptions générales.

1. Le personnel affecté au service de la pièce se compose d'un maréchal des logis, *chef de pièce*, et de 6 servants, savoir :

Trois servants de la bouche à feu : *n° 1 (pointeur)*, *n° 2 (chargeur)* et *n° 3 (tireur)*;

Trois servants du caisson : *n° 4 (premier pourvoyeur)*, *n° 5 (régleur)* et *n° 6 (second pourvoyeur)*.

Lorsque le caisson n'accompagne pas la bouche à feu, n°s 4 et 5 passent à cette dernière. Dans l'artillerie à cheval, n° 6 passe également à la bouche à feu.

2. *En bataille*, l'affût et l'arrière-train du caisson sont accrochés aux avant-trains. Le caisson est placé soit derrière la bouche à feu, à 3 mètres de distance (formation par un), soit à gauche ou à droite de celle-ci, à 1^m,50 d'intervalle, (formation par deux). L'avant est déterminé par la direction des timons.

3. *En batterie*, l'affût et l'arrière-train du caisson sont décrochés. L'arrière-train du caisson est placé à gauche de l'affût, la flèche en avant (l'avant est déterminé par la direction de la volée du canon), parallèle à la volée et reposant sur le support abattu; les roues intérieures de l'arrière-train du caisson et de l'affût sont, au maximum, à 0^m,50 d'intervalle; l'essieu de l'arrière-train du caisson, un peu en arrière de celui de l'affût (1); les avant-trains se rendent à l'emplacement désigné par l'instructeur.

(1) Par suite du recul de la bouche à feu, cette distance entre les deux essieux se réduit pendant le tir. On la prendra donc plus ou moins grande à l'origine, suivant la nature du sol, sans toutefois dépasser 0^m,50.

Il importe, en effet, au point de vue de la facilité du maniement de munitions que n°s 2 et 4 puissent se placer à même hauteur.

4. Tous les commandements et toutes les prescriptions de l'instructeur ou du chef de pièce doivent être exécutés promptement et avec la plus grande rapidité, en évitant toutefois la précipitation.

Pendant le tir, le plus grand calme doit régner dans les unités (batteries ou groupes); chacun s'habituera donc à n'élever la voix qu'autant que cela est nécessaire pour être compris des intéressés.

5. Pour attirer l'attention du personnel, on commandera : « HALTE. »

A ce commandement qui, en règle générale, pendant le tir, précédera tout autre commandement ou recommandation, le service de la pièce est immédiatement suspendu; les servants restent en place et écoutent avec attention les indications données.

Dès que celles-ci ont été comprises, les servants reprennent, en s'y conformant, le service de la pièce.

6. Pour faire reposer le personnel pendant les suspensions de service, on commandera : « REPOS ».

Les servants restant à leurs pièces, y prendront la position la plus commode; ils ne seront plus tenus à l'attention ni au silence absolu.

Pour reprendre le service, on commandera : « GARDE A VOUS ».

II. — Fonctions des servants.

A) FONCTIONS DES POURVOYEURS (N° 4 ET N° 6)

7. *N° 4* passe les cartouches au chargeur; dans le tir à obus explosifs, il passe les fusées-détonateur à *n° 5* et à *n° 6*. Il remplit lui-même les fonctions de chargeur quand *n° 2* est occupé au pointage.

Position : à genoux, derrière le caisson, à droite du régloir.

8. *N° 6* aide *n° 4* dans la prise des munitions. Dans le tir fusant, il passe les munitions à *n° 5*; dans le tir à obus explosifs, il amorce les cartouches à obus. Il fait les fonctions du *n° 4* quand celui-ci remplace *n° 2* occupé au pointage.

Position : à genoux, derrière le caisson à gauche du régloir.

Maniement des munitions.

9. Les cartouches de guerre doivent être maniées avec assurance et précaution; le personnel doit être convaincu que le maniement normal des munitions n'offre aucun danger. Seule, l'inobservance des prescriptions réglementaires peut entraîner des conséquences graves.

Il convient d'éviter avec soin de laisser tomber les cartouches, car un accident peut se produire dans le cas d'un choc direct au centre de la vis-amorce; en outre, il y a lieu de craindre les déformations de la douille et, par suite, des difficultés d'introduction dans la chambre, un retard dans l'exécution du tir ou même une mise hors de service momentanée du canon.

10. Les pourvoyeurs doivent prendre les cartouches à shrapnells ou à obus dans l'arrière-train du caisson en commençant par les rangées les plus élevées et dans chaque rangée de l'extérieur vers l'intérieur.

Dans les tirs rapides, on prendra les cartouches qui sont le mieux à portée de la main; mais on profitera du premier loisir pour répartir symétriquement sur les rangées inférieures les munitions restant dans le coffre.

11. Le premier pourvoyeur doit prendre la cartouche des deux mains, en plein corps de la douille et du projectile, pour permettre au chargeur, à qui il la passe, de la saisir au culot de la douille et à l'ogive du projectile.

12. Aucune cartouche sortie des coffres à munitions ne peut y être replacée, sans que la fusée ne soit réglée pour le fonctionnement percutant, s'il s'agit d'un shrapnell, ou sans que la fusée ne soit enlevée, s'il s'agit d'un obus explosif.

Amorcer les obus explosifs.
(Prescriptions du règlement français.)

13. N° 6 et *n° 5* saisissent chacun dans le coffre d'arrière-train les cartouches à obus explosifs. La cartouche extraite, le servant la place en travers sur les deux cuisses, le culot à gauche, en évitant de la poser à terre; il maintient l'obus de la main gauche, passe un doigt de la main droite dans l'anneau du tampon qui ferme l'obus et arrache le tampon en ayant soin d'exercer son effort de traction suivant l'axe de l'obus.

Chacun de ces servants reçoit du *n° 4* une fusée-détonateur et la visse sur la gaine de l'obus en opérant comme il suit :

Engager la fusée de quelques filets, puis terminer rapidement le vissage en agissant par frottement avec les doigts de la main droite sur les parois latérales de la fusée (1).

La fusée vissée, les *n°* 5 et 6 passent les cartouches au *n° 4*. Tous deux se règlent sur la vitesse du tir de la pièce de telle façon que le *n° 4* n'ait jamais en main plus d'une cartouche. Sous aucun prétexte les cartouches ne doivent être posées ou appuyées à terre (2).

Quand on cesse le feu et qu'on passe au tir à shrapnells, les *n°* 5 et 6 dévissent les fusées des cartouches qui n'ont pas été tirées et les rendent au *n° 4*.

Ils replacent les cartouches à leurs places dans le coffre sans chercher à y mettre les tampons.

Plaquettes.

14. Chaque caisson transporte deux séries de plaquettes dénommées :

Plaquette P (3), plaquette de 68 millimètres de diamètre;

Plaquette L (4), plaquette de 58 millimètres de diamètre;

Lorsqu'il doit être fait usage d'une plaquette, celle-ci est placée sur l'œil de l'obus explosif au moment du vissage de la fusée-détonateur, par les *n°* 5 et 6. La fusée passant par le trou central de la plaquette maintient cette dernière par serrage.

---

(1) Si l'on éprouve la moindre difficulté pour visser une fusée-détonateur, mettre cet artifice de côté dans la boîte à fusées.

(2) On peut amorcer ainsi facilement 12 cartouches à la minute.

(3) P. signifie : Près.

(4) L. signifie : Loin.

B) FONCTIONS DU CHARGEUR (Nº 2)

15. Le chargeur est aide-pointeur au commencement du tir et pendant le tir chaque fois que le pointeur dit : « A la crosse »; *n*º 2 se porte alors au levier de pointage.

Dès que la bêche a mordu, *n*º 2 s'occupe du chargement du canon.

Levier de pointage.

16. Pour mettre le levier de pointage dans sa position de tir, *n*º 2 saisit la poignée de la main droite et la déplace vers l'arrière, tout en l'appuyant fortement à gauche pour dégager le levier; il rejette celui-ci en arrière, de manière que la partie inférieure de la pédale embrasse le crochet du chevalet de pointage.

17. Pour remettre le levier de pointage dans sa position de route *n*º 2, placé derrière la crosse, appuie le pied droit sur la pédale de dégagement et porte vers l'avant la poignée du levier qu'il tient de la main droite; il rejette ensuite vivement le levier sur la tôle de recouvrement de l'affût, où il se fixe par un mentonnet.

Pointage en direction à l'aide de la crosse.

18. L'affût ayant, au point de vue de la direction, son maximum de stabilité lorsque le canon en occupe le plan médian, il convient de faire en sorte que, pendant le tir, le canon soit aussi rapproché que possible de cette position favorable.

19. Dans ce but, le pointage en direction du premier coup à tirer par une pièce dont la bêche n'est pas ancrée dans le sol, s'effectue en déplaçant la crosse, le canon étant dans sa position médiane sur l'affût (1). Nº 2 est au levier de pointage. Si le but est connu et si le pointage se fait directement sur celui-ci, il donne immédiatement une première direction approximative au canon, en le déplaçant, avec le levier saisi à deux mains devant le milieu du corps, jusqu'à ce que le but se trouve dans la direction de la ligne blanche du milieu du bouclier.

---

(1) Un déplacement de crosse d'une largeur de bêche équivaut environ à 200 millièmes.

20. *N° 1*, après avoir corrigé grossièrement le déversement des roues, pointe le canon, en faisant à *n° 2*, de la main droite placée derrière son siège, les signes voulus pour le déplacement de la crosse; il a soin de tourner la paume de la main du côté vers lequel *n° 2* doit porter la crosse et de réduire l'amplitude du mouvement de la main à mesure que le déplacement nécessaire devient plus restreint.

21. Lorsque *n° 1* est ainsi parvenu à donner à peu près la direction voulue au canon, resté jusqu'alors dans le plan médian de l'affût, il rend *n° 2* disponible pour le service de chargement en disant : « *Bon.* »

22. *Position du chargeur :* à 50 centimètres derrière le pointeur, le genou gauche à terre.

23. En introduisant la cartouche dans la chambre, le chargeur évitera de heurter les branches de l'éjecteur, ce qui amènerait un léger déplacement du coin dans le sens de la fermeture; la cartouche ne pourrait alors être mise à fond, qu'après ouverture complète de la culasse; d'où un retard dans le service.

Il y a lieu de remarquer, en outre, que les chocs répétés sur les branches de l'éjecteur sont de nature à le déformer et à nuire à son bon fonctionnement.

24. Le chargeur doit mettre la cartouche à fond dans la chambre, pour que le culot de la douille puisse être poussé en avant par le chanfrein de la face antérieure du coin, lors de la fermeture de la culasse; sinon, la douille serait cisaillée et sa déformation pourrait mettre le canon hors de service.

25. Dans le chargement du canon avec cartouche de guerre, le culot de la douille est arrêté par la tranche postérieure du tube; le chargeur ne court donc aucun risque d'être blessé à la main lors de la fermeture de la culasse.

C) FONCTIONS DU RÉGLEUR (N° 5)

26. Il règle les fusées des shrapnells et amorce les cartouches à obus explosifs.

Position : à genoux, face au régloir.

Maniement du régloir.

27. Dès que la portière de l'arrière-train du caisson est abattue (1), *n° 5* doit mettre la grande manivelle de face du régloir dans sa position d'emploi, en donnant à son levier sa longueur maximum. Pour cela, il soulève de la main gauche la cheville à ressort qui fixe la manivelle dans ses deux positions, tandis que, de l'autre main, il pousse la poignée de la manivelle vers la droite jusqu'à refus; il laisse ensuite rentrer la cheville dans son logement.

28. La mise du régloir à la distance et au correcteur commandés se fait en tournant la petite manivelle et le bouton moletté, qui se trouvent respectivement aux côtés droit et gauche du régloir.

Cette opération ne peut jamais se faire que si le régloir est vide de cartouche.

29. Dès que le tir est commandé « *fusant* », *n° 6* passe à *n° 5* les cartouches, le nez du plateau vers le haut. *N° 5* engage la cartouche dans le régloir de manière que ce nez se place entre les loquets du pot mobile supérieur. Il assure cette position par une rotation de la cartouche de droite à gauche. Lorsque celle-ci est bien placée, il devient impossible de la faire tourner dans le régloir.

30. Pour régler une cartouche placée dans le régloir, *n° 5* saisit de la main droite la poignée de la manivelle de face. Avec le pouce de la même main, il agit de gauche à droite sur le poussoir quadrillé de cette manivelle, à l'effet de déclencher l'appareil; puis il donne un tour complet dans le sens du mouvement des aiguilles d'une montre; il cesse de presser sur le poussoir dès que la manivelle tourne (2).

La fusée est réglée lorsque la manivelle est enclenchée à nouveau dans sa position primitive.

---

(1) En abattant cette portière, il faut, pour éviter de se blesser aux poignets, saisir les poignées les ongles en dessus.

(2) Si, par suite d'un serrage un peu énergique des disques des fusées, les cartouches avaient une tendance à se soulever et à échapper à l'action des tenons du régloir, *n° 5* s'opposerait à ce mouvement en exerçant de la main gauche une pression sur le culot.

31. Pour qu'une fusée soit réglée exactement suivant les indications du régloir, il faut qu'elle ait été soumise à l'action des disques de réglage pendant toute la durée du mouvement de la manivelle.

N° 5 ne doit actionner celle-ci que lorsque la cartouche, placée bien verticalement, repose sur le fond du régloir; il tourne la manivelle d'un mouvement continu et non précipité, de manière à permettre au loquet inférieur de s'engager à fond dans l'encoche du disque mobile de la fusée; il ralentit progressivement le mouvement pour réduire autant que possible le choc final. *N° 5* enlève lui-même du régloir la cartouche réglée et la donne à *n° 4*.

32. *N° 5* (régleur) règle toujours le régloir pour la distance et le correcteur commandés, même en cas de tir percutant, ou à obus explosif.

Dans le tir fusant, il actionne la manivelle du régloir. A défaut de régloir, il règle les fusées au moyen de la clef de réglage du coffret d'affût; le nombre du disque de la fusée à amener devant le trait de repère est celui de la distance (en centaines et demi-centaines de mètres), augmenté (ou diminué) d'autant de fois 50 mètres que l'indique le chiffre du correcteur positif (ou négatif).

D) FONCTIONS DU TIREUR (N° 3)

33. *N° 3* cale et décale l'appareil de fermeture, ouvre et ferme la culasse, manie le frein de roues et met le feu. Il doit particulièrement être familiarisé avec le démontage et le remontage des parties du mécanisme de culasse.

Position : assis sur son siège, face à la culasse.

Caler et décaler l'appareil de fermeture.

34. Pour caler l'appareil de fermeture, *n° 3* attire à lui la poignée de la broche de sûreté et, après l'avoir tournée de gauche à droite, de manière à faire apparaître au-dessus l'inscription *Calé*, il l'abandonne à l'action de son ressort. On ne peut alors ni ouvrir la culasse, ni actionner la détente.

35. En agissant d'une façon analogue sur la poignée, mais en tournant la broche de droite à gauche, de manière à faire apparaître le mot *Feu*, *n° 3* décale l'appareil de fermeture.

Ouvrir et fermer la culasse.

36. La rotation de l'arbre de translation amène naturellement l'ouverture de la culasse et le fonctionnement de l'éjecteur. Il convient de remarquer qu'en opérant une traction sur la poignée, non seulement on ne favorise pas cette ouverture et cette éjection, mais on fait naître des frottements préjudiciables au mouvement de l'appareil de fermeture, dont le choc contre l'éjecteur pourrait être insuffisant pour assurer l'éjection complète de la douille.

Pour que l'ouverture de la culasse se fasse dans les conditions voulues, *n° 3* doit saisir la poignée de l'arbre de translation de la main droite, les ongles en dessus, le petit doigt contre le fond de la crosse de la poignée, et renverser brusquement la main droite à gauche, les ongles en dessous, le poignet tournant sur lui-même. Si la douille vide n'est pas éjectée, *n° 3* referme l'appareil et répète, avec plus d'énergie, la rotation de la poignée en la saisissant, cette fois, à l'extrémité, pour augmenter le bras de levier. Lorsque cette tentative est infructueuse, on emploie l'extracteur placé dans le coffret d'affût.

Si, au moment de l'introduction de la cartouche, l'appareil de fermeture, incomplètement ouvert, empêchait le passage du culot de la douille, il suffirait d'un choc de la main sur le dessus de la poignée pour amener l'ouverture complète.

37. Tant dans le tir rapide que dans le tir ordinaire, *n° 3*, lorsqu'il ouvre la culasse d'un canon renfermant une douille à éjecter, doit toujours recevoir le culot de celle-ci dans la main gauche placée derrière la culasse, puis, suivant sa projection, d'un geste large du bras, la rejeter derrière lui, de manière à éviter, dans le voisinage de la bouche à feu, un encombrement pouvant contrarier éventuellement le déplacement de la bêche.

38. *N° 3* ferme la culasse par un mouvement inverse de la main droite. S'il éprouve une résistance au début de cette opération, c'est que le chargeur n'a pas introduit la cartouche assez loin dans le canon. *N° 3* doit alors arrêter le mouvement, de crainte de déformer la douille. Si, au contraire, la résistance ne se produit que lorsque la culasse est presque fermée, *n° 3* ne doit pas hésiter à agir vivement sur l'arbre de translation. Au besoin, il opère de légers mouvements en sens inverse, pour chercher à amener, par des appuis successifs, la pénétration complète de la cartouche.

Mettre le feu.

39. Qu'il agisse directement sur le tire-feu de détente ou qu'il fasse usage du tire-feu long, n° *3* met le feu en attirant la poignée à lui, d'un mouvement continu de la main droite et sans choc (1). Dès que le coup est parti, il lâche la poignée, emportée par le canon dans son recul.

40. Lorsque le coup ne part pas, n° *3* répète la traction sur le tire-feu. Si, après avoir été actionnée, la détente ne se remet pas bien en place, n° *3* la repousse à fond dans le coin, avant de la faire fonctionner à nouveau.

41. La cartouche qui ne déflagre pas après trois ou quatre tentatives, doit être extraite du canon et remplacée par une autre. Le chef de pièce aura alors à s'assurer que le fonctionnement de la détente et du percuteur n'est pas en cause, en examinant sur l'amorce la trace de la percussion. Si un second raté de cartouche se produit à la même pièce, il faut procéder à la visite du mécanisme de mise de feu.

Enlever l'appareil de fermeture.

42. Ouvrir la culasse.
Oter la clavette avec arrêtoir.
Fermer la culasse.
Repousser l'éjecteur contre le plan incliné du coin, les talons engagés dans les évidements cylindriques ménagés à l'extrémité droite des rainures-guides.
Ouvrir la culasse, en maintenant l'éjecteur dans cette position.
Oter l'éjecteur.
Retirer le coin.

Remettre l'appareil de fermeture.

43. Introduire le coin dans sa mortaise jusqu'à la naissance des filets de l'arbre de translation et ame-

---

(1) En opérant la traction du tire-feu avec à-coup, on s'expose à ne pas l'effectuer à fond et, conséquemment, à lâcher le tire-feu avant d'avoir fait fonctionner la détente.

ner en regard l'une de l'autre les flèches portées par l'un des filets et par leur écrou dans la face supérieure de la mortaise.

Placer l'éjecteur contre le plan incliné du coin, les talons engagés dans les évidements cylindriques ménagés à l'extrémité droite des rainures-guides.

Fermer la culasse, en maintenant l'éjecteur dans cette position.

Repousser l'éjecteur contre la face antérieure de la mortaise du coin, le maintenir dans cette position et ouvrir la culasse.

Remettre la clavette avec arrêtoir.

Fermer la culasse.

Fonctionnement défectueux de l'appareil de fermeture.

44. *N° 3* doit pouvoir, sans hésitation, remplacer pendant le tir un éjecteur, un percuteur, un ressort de percuteur, un ressort de sûreté ou une noix d'armé. Dès qu'il s'aperçoit du mauvais fonctionnement de l'un de ces organes, il le remplace par un objet de rechange, pris dans le bloc du coffret d'affût, et prévient le chef de la pièce. L'examen de l'objet défectueux ne se fait qu'après le tir.

Frein de roues.

45. Au tir, le serrage et le desserrage du frein de roues s'opèrent toujours en agissant sur la manivelle placée en arrière du bouclier; on n'emploie la manivelle du côté de la volée que lorsque le frein est utilisé comme frein de route.

46. Le serrage du frein de roues favorise l'ancrage de la bêche et la stabilité de l'affût. Comme, d'autre part, il importe que la pièce occupe sur l'affût, au début du tir, une position aussi voisine que possible de la position médiane, ce serrage ne doit être fait qu'*immédiatement avant* le départ du premier coup, les corrections importantes de direction devant, jusqu'à ce moment, être faites à l'aide de déplacements de la crosse.

47. Dans un terrain en pente vers l'avant, le serrage du frein de roues empêche le dévalement de l'affût au moment de la rentrée en batterie.

48. Afin que le serrage du frein de roues ne soit pas une cause de retard dans le pointage et le tir, *n° 3* doit être accoutumé à desserrer le frein, d'initiative, dès qu'un déplacement de la bouche à feu, ou même seulement de la crosse, est à prévoir, notamment pour les changements de but et chaque fois que *n° 1* donnera à *n° 2* l'indication : *A la crosse.*

49. Dans le tir contre un but marchant en travers de la ligne de tir, *n° 3* se dispensera cependant de serrer le frein, en prévision des déplacements fréquents de la crosse.

E) FONCTIONS DU POINTEUR (N° 1)

50. Position : assis sur son siège, face au bouclier.

Démarrer et amarrer le canon.

51. En bataille, le canon doit toujours être amarré à l'affût.

On le démarre lorsqu'on décroche les trains pour la mise en batterie; on l'amarre quand il est prescrit de cesser le feu.

52. Pour démarrer le canon, *n° 1* saisit de la main droite la poignée à ressort du dispositif d'amarrage et l'attire fortement à lui en la renversant de gauche à droite; il l'abandonne ensuite à l'action du ressort.

S'il éprouve quelque difficulté à exécuter le mouvement, à cause du calage qui peut s'être produit par suite du roulage, il fait jouer, de la main gauche, les manivelles de pointage en hauteur et en direction.

53. Avant d'amarrer le canon, *n° 1* l'amène exactement dans le plan médian de l'affût, à l'aide de l'appareil de pointage en direction; il lui donne ensuite l'élévation maximum, de manière que l'extrémité arrière du berceau vienne en contact avec l'affût. Il attire à lui la poignée du dispositif d'amarrage, la renverse de droite à gauche et l'abandonne ensuite à l'action de son ressort.

Hausse et lunette de pointage.

54. Pour retirer facilement la hausse de la caisse aux accessoires, *n° 1* commence par dégager la tête de la hausse; pour la replacer, il doit, au contraire, introduire d'abord l'extrémité inférieure dans son logement.

La hausse ne peut être casée dans la caisse aux accessoires que si le niveau est à la graduation 200 environ et le curseur de l'échelle des écarts, à la graduation 30.

55. Pour mettre la hausse sur le canon ou pour l'en retirer, la culasse doit être suffisamment descendue pour que la tête de la hausse ne heurte pas le bouclier.

N° 1 saisit la hausse des deux mains, la main droite à la partie inférieure; il l'introduit dans la boîte de hausse jusqu'à ce que la crémaillère rencontre le bout en spirale du bouton moletté, et il donne quelques tours à ce bouton pour produire l'engrènement des deux organes.

56. Pour effectuer de grands déplacements de la hausse, et notamment pour la mettre à fond ou la retirer complètement, *n° 1* la prend de la main gauche, soit à la tête, soit à la partie inférieure; il saisit le bouton moletté de la boîte de hausse de la main droite et le désengrène en pressant du pouce le poussoir, de gauche à droite; il fait ensuite monter la hausse ou la laisse descendre en s'efforçant de suivre de la main gauche son mouvement circulaire.

Pour rétablir l'engrènement, *n° 1* remet le poussoir à gauche et tourne un peu le bouton moletté.

57. Les petits déplacements de la hausse, nécessités par des corrections en portée, s'opèrent par la rotation du bouton moletté de la boîte de hausse.

58. On déplace le niveau de hausse de petites quantités, en tournant de la main gauche son bouton moletté.

59. Pour les grands déplacements du niveau, on désengrène le porte-niveau par la pression de l'index de la main gauche, d'avant en arrière, sur le poussoir; on monte ou l'on descend ensuite le porte-niveau, en s'efforçant de suivre la courbure de la hausse, afin d'éviter les coincements. En ramenant le poussoir vers l'avant, on assure à nouveau l'engrènement de la hausse et du niveau.

60. Avant de placer la lunette de pointage sur la hausse, *n° 1* enlève la garniture de bronze du logement de la lunette; à cette fin, il pousse de gauche à droite la broche de calage du logement de la lunette, relève vers le haut le poussoir de la broche, qu'il laisse ensuite revenir vers la gauche par l'effet de son ressort.

La partie entaillée de la broche correspond alors avec le logement de la lunette et *n° 1* peut enlever la garniture de bronze pour la remplacer par la lunette prise dans l'écrin du coffret d'affût.

En mettant la lunette de pointage sur la hausse, il faut éviter, avec soin, tout choc qui pourrait dégrader les parties ajustées de la lunette et de son logement; la moindre dégradation altérerait, en effet, le parallélisme de la ligne de mire o, o et du plan de tir.

Lorsque la lunette est bien à fond dans son logement, *n° 1* replace la broche à sa position de calage; il met la garniture de bronze à la place de la lunette, dans l'écrin du coffret d'affût.

Pour enlever la lunette de pointage de la hausse et la remplacer par la garniture de bronze, *n° 1* agit comme il a été dit respectivement ci-dessus pour la garniture et pour la lunette. Lorsque la lunette est enlevée de la hausse, il faut la remplacer immédiatement par la garniture de bronze, afin de protéger son logement contre les dégradations et l'encrassement.

Pour remettre aisément l'étui de la lunette dans le coffret d'affût, *n° 1* doit l'introduire d'arrière en avant et l'appuyer bien à fond dans son logement; cette mise en place de l'étui ne se fait que si cela n'apporte aucune entrave au service de la pièce, sinon l'on se borne à déposer provisoirement l'étui sur la partie postérieure de la crosse d'affût.

61. Pour prescrire le réglage à donner à la lunette de pointage, on emploie le mot « Direction », suivi de deux nombres, indiquant cette direction en « millièmes »; le premier de ces nombres se rapporte aux centaines; le second aux unités. Dans l'écriture, ces deux nombres sont séparés par une virgule. Ainsi « Direction 0,24 » se prononcera « direction zéro vingt-quatre », et signifiera que la graduation de l'anneau circulaire du corps de la lunette doit indiquer 0 (le repère doit se trouver entre 0 et 1) et que la graduation 24 du tambour doit se trouver en face du repère.

Pour régler la lunette de pointage à la « direction » prescrite, *n° 1* fait tourner, de la main gauche, le bouton moletté qui fait pendant au tambour. Pour de grands déplacements de la tête de la lunette, il fait usage du mouvement rapide dont cette tête est susceptible; à cet effet, il débraie l'axe du tambour en appuyant du haut en bas, jusqu'à l'arrêt, le pouce de la main gauche sur le poussoir voisin du bouton moletté, tandis que de la main droite, il fait tourner la tête dans le sens voulu, jusqu'à ce que le nombre commandé pour les centaines se trouve en regard du repère du corps de lunette; il cesse ensuite la pression du pouce de la main gauche et assure ainsi le réembrayage de l'axe du tambour. Le réglage est alors achevé à l'aide du mouvement lent provoqué par le bouton moletté.

Le réglage éventuel de l'éclimètre sera commandé « Éclimètre 1,18 » et sera exécuté d'une façon analogue à ce qui vient d'être prescrit pour la direction, exception faite de ce qui se rapporte au déplacement rapide.

La lunette étant réglée, pour effectuer la visée, on opère comme suit :

Pour le pointage en direction seulement, il suffit d'amener, par le déplacement de la crosse et le mouvement de la manivelle de pointage en direction, la ligne verticale amorcée par deux traits du réticule de la lunette, à passer par le point de pointage. (Voir plus loin.)

Pour le pointage en hauteur, on amène, au moyen de la manivelle de pointage en hauteur, la ligne horizontale amorcée par deux traits, à passer par le point de pointage.

Lorsque le pointage s'effectue, à la fois, en hauteur et en direction, le point de croisement de la croix de Saint-André du réticule doit être amené en coïncidence avec le point de pointage.

62. La lunette de pointage fournit une ligne de visée parallèle à l'axe du canon lorsque, la hausse étant à fond, les graduations suivantes sont à leur *origine*, savoir : éclimètre, 1; tambour d'éclimètre, 0; anneau circulaire du corps de lunette, 0; tambour, 0; curseur de l'échelle des écarts de la tête de hausse, 30. Lorsque, de plus, le niveau de la hausse est à 100 et que la bulle est entre ses repères, la ligne de visée est horizontale et il en est de même pour l'axe du canon.

63. Afin d'éviter toute erreur dans le pointage, il faut exiger strictement de n° *1*, qu'à moins d'indication contraire, toutes les graduations de la hausse et de la lunette soient toujours à leur origine.

Pointage en direction.

64. N° *1*, après avoir corrigé grossièrement le déversement des roues, pointe le canon, en faisant à n° *2*, de la main droite placée derrière son siège, les signes voulus pour le déplacement de la crosse; il a soin de tourner la paume de la main du côté vers lequel n° *2* doit porter la crosse et de réduire l'amplitude du mouvement de la main à mesure que le déplacement nécessaire devient plus restreint.

65. Lorsque le n° *1* est ainsi parvenu à donner à peu près la direction voulue au canon, resté jusqu'alors dans le plan médian de l'affût, il rend n° *2* disponible pour le service de chargement en disant « *Bon* »; il corrige définitivement le déversement des roues et parachève enfin le pointage en direction, en déplaçant cette fois le canon sur l'affût, au moyen de la manivelle de pointage en direction, qu'il manie de la main droite.

66. Il faut se garder de faire ou de laisser exécuter trop exactement le pointage préalable à l'aide de la crosse, car il en résulterait un retard dans l'ouverture du feu; le pointage aura été suffisamment bien exécuté si le parachèvement du pointage à l'aide de la manivelle ne déplace pas le canon sur l'affût de plus d'une demi-division de la graduation, ce qui signifie que si, par exemple, le point de pointage est situé à 2.000 mètres, le pointage à l'aide de la crosse aura été fait à 10 mètres près.

67. Pour le pointage des coups suivants, on déplace latéralement le canon sur l'affût au moyen de la manivelle de pointage en direction.

68. Lorsque, par suite du dépointage de la bouche à feu, de corrections de *direction* au cours du tir ou du mouvement du but, on arrive à la limite du déplacement latéral du canon sur l'affût, n° *1* le ramène dans le plan médian; n° *3* desserre le frein de roues, et la bouche à feu est pointée comme pour le premier coup (art. 18, 19...).

Toutefois, dans un tir sur but mobile, lorsque le sens de la marche est constant, n° *1*, au lieu de ramener le canon dans le plan médian, le reportera à la position limite opposée, de manière à lui donner son maximum de champ et à retarder ainsi le moment d'un nouveau déplacement de crosse.

Ligne de visée : cran de mire-guidon.

69. En cas de mise hors de service de la lunette de pointage, on pointe par le cran de mire du curseur de la tête de hausse et par le guidon, dont *n° 1* aura au préalable amené le support dans un plan perpendiculaire à l'axe de l'âme du canon.

Pour la route, *n° 1* replace le porte-guidon vers l'avant, en le faisant tourner de 90 degrés.

70. Pour effectuer le pointage à l'aide de l'appareil de visée cran de mire-guidon, *n° 1* porte à hauteur du cran de mire et à une distance d'environ 20 centimètres de ce dernier, l'œil avec lequel il voit le mieux. Fermant l'autre œil, il amène la ligne de mire à passer par le point indiqué, au moyen de déplacements de la crosse, opérés avec le concours de *n° 2*, et de déplacements du canon, effectués à l'aide des manivelles de pointage.

Le pointage est bien fait lorsque le sommet du guidon se profile au milieu de la ligne de foi du cran de mire, tout en se projetant sur le point de visée indiqué.

Emploi de l'extracteur à main.

71. On emploie l'extracteur à main lorsqu'on ne parvient pas à éjecter une douille ou à décharger le canon par l'action de l'éjecteur de l'appareil de fermeture.

72. *N° 3* retire l'extracteur du coffret d'affût et le passe à *n° 1*. Celui-ci introduit sous le rebord du culot de la douille les deux branches de l'extracteur, de telle sorte que ces branches puissent agir comme celles de l'éjecteur et que le talon d'appui de l'extracteur soit en contact avec la face antérieure de la mortaise du coin. Il détermine la rotation de l'extracteur autour de son talon, en exerçant un effort d'arrière en avant sur le manche; par ce fait, la douille ou la cartouche est dégagée de la chambre. On la retire ensuite à la main.

73. L'extracteur et l'étui de la lunette ne sont remis dans le coffret d'affût que si cela n'apporte aucune entrave au service de la pièce; dans le cas contraire, on les dépose provisoirement sur la partie postérieure de la crosse de l'affût.

Le couvercle du coffret d'affût doit toujours être bien fermé, pour éviter qu'il ne soit arraché lors du recul du canon.

F) VISITER LA PIÈCE

74. Lorsque l'on veut s'assurer que la pièce est en ordre pour l'exercice ou pour le tir, on commande : VISITEZ LA PIÈCE.

Chaque servant s'assure de la présence et du bon état de tous les objets (munitions, rechanges, armements) et du bon fonctionnement de tous les mécanismes (appareils de fermeture et de mise de feu, instruments et mouvements de pointage, régloir) qu'il est appelé à utiliser ou à manier dans l'exercice de ses fonctions.

Le chef de pièce dirige et surveille la visite de sa pièce ; il est spécialement chargé de la vérification du frein de recul.

Lorsque la visite est terminée, le chef de pièce en rend compte à son supérieur.

G) FONCTIONS DU CHEF DE PIÈCE

75. Le *chef de pièce* est responsable de l'ensemble du service de la pièce. Il fait sur le bouclier les inscriptions relatives au pointage. Il surveille spécialement le réglage des divers organes de l'appareil de pointage ainsi que celui du régloir et des fusées et s'applique à assurer la rapidité du tir de sa pièce. Cette surveillance s'exerce plus minutieusement après qu'une correction a été prescrite. Il est responsable de la visée sur le point indiqué.

Pour le tir, il choisit avec le plus grand soin l'emplacement de l'affût. Il contrôle le fonctionnement régulier du frein de recul.

Sauf dans le tir rapide, il lève le bras dès que sa pièce est prête à tirer.

Il la fait tirer en temps voulu, suivant le mécanisme de tir commandé.

Dans le tir rapide, il s'attache à empêcher toute précipitation dans le pointage et la mise de feu et intervient au besoin par le commandement HALTE (pour sa pièce) lorsqu'il y a lieu de craindre un accident ou une faute grave dans le service.

Afin de pouvoir surveiller efficacement le service de sa pièce, le chef de pièce n'est pas tenu de rester à une place déterminée.

Il fait rectifier toutes les erreurs et réparer toutes les omissions ou négligences, en intervenant par des indications données à voix basse ou même faites par gestes.

Emplacement de la pièce.

76. La stabilité de l'affût est un des facteurs essentiels de la facilité du service ainsi que de la justesse et de la rapidité du tir. Cette stabilité est le mieux assurée lorsque l'essieu est horizontal, le canon dans le plan médian de l'affût et la bêche posée sur un terrain résistant, favorable à l'ancrage.

77. Le CHEF DE PIÈCE choisira l'emplacement de sa pièce en conséquence, et en observant, dans la mesure du possible, la régularité de l'alignement et des intervalles, qui est la base de la formation du faisceau des trajectoires dans le pointage collectif. Bien que l'appareil de pointage permette de corriger l'influence de l'inclinaison de l'essieu, il veillera à ce que les deux roues de l'affût soient au même niveau.

Lorsque les conditions énumérées au n° 76 ne sont pas entièrement réalisées, le CHEF DE PIÈCE profitera de tous les instants disponibles pour améliorer l'emplacement de l'affût, en recherchant, dans la mesure du possible, particulièrement dans le tir ajusté, un terrain favorable à l'ancrage et en faisant, au besoin, égaliser le sol à l'aide d'une pelle.

78. On favorise l'ancrage de la bêche en enfonçant bien la pointe de celle-ci dans le sol; cette opération sera facilitée si l'on crée un sillon transversal en faisant exécuter plusieurs fois à la bêche, avant le pointage, un mouvement de va-et-vient latéral, la pointe restant en terre. Dans un sol très dur, ce sillon est creusé à l'aide de la pioche.

79. Si la bêche n'est pas ancrée après le premier ou le second coup et continue à déraper parce que le terrain n'offre pas la résistance voulue, le CHEF DE PIÈCE fait porter l'affût en avant, de façon à replacer la bêche à l'origine même du sillon qu'elle a creusé, et n° 2 l'y enfonce autant que possible.

On évitera avec soin de refouler derrière la bêche la terre enlevée par le dérapage; celle-ci, loin de fournir un appui à la bêche, ne pourrait que l'empêcher de s'ancrer dans le terrain inférieur plus résistant. Dans cet ordre d'idées, il conviendra d'enlever à la pelle la terre sur laquelle reposerait éventuellement la flèche de l'affût, en avant de la bêche, car cet appui de la flèche sur le sol empêcherait la bêche de s'enfoncer.

80. *Lorsque, pour un changement de but, la bêche devra être retirée du sol, le* CHEF DE PIÈCE *déterminera le nouvel emplacement de l'affût, de manière que la bêche ne puisse pas retomber dans le sillon primitif.*

Le plus souvent, il suffira de faire reculer l'affût d'une quantité telle que la bêche occupant un emplacement en arrière du précédent, puisse s'enfoncer dans un terrain neuf.

Frein de recul.

81. L'affût occupant un emplacement favorable, sa stabilité sera parfaite si le frein de recul fonctionne normalement.

Pour être certain du fonctionnement régulier du frein de recul, le CHEF DE PIÈCE s'assure, avant le tir, qu'il n'y a aucun écoulement de liquide, ni à l'avant ni à l'arrière du berceau; lorsque la bêche est bien ancrée et que le recul est totalement absorbé par le frein, il procède à une lecture de la longueur du recul, indiquée par l'index de la face droite du berceau. Cette longueur doit toujours être comprise entre les limites indiquées sur la graduation même.

Si l'index n'était pas déplacé par suite du recul, cela dénoterait un fonctionnement défectueux du frein et il y aurait danger à continuer le tir sans procéder à la visite du frein (récupérateurs compris). Si l'index était repoussé hors de la glissière, cela indiquerait un recul exagéré, pouvant provenir d'un remplissage insuffisant du frein ou de la rupture des ressorts récupérateurs.

A ces fonctionnements défectueux, d'ailleurs excessivement rares avec un matériel bien remonté, il serait paré suivant les ordres du commandant de batterie, conformément aux prescriptions relatives à l'entretien du matériel.

82. En principe, la rentrée en batterie du canon doit être complète; toutefois, un manque de récupération peut résulter de l'échauffement du liquide; mais il ne présente pas d'inconvénient, aussi longtemps qu'il ne dépasse pas 10 centimètres.

ÉCOLE DE LA PIÈCE.

83. L'*école de la pièce* est une instruction d'ensemble qui sert à coordonner les différents mouvements individuels pour assurer le service rapide de la pièce.

Pour toutes les manœuvres de cette école, l'instructeur doit exiger tout d'abord une grande régularité dans les mouvements individuels; la rapidité viendra ensuite d'elle-même.

Formation du peloton de pièce. — Numéroter les servants.

84. La pièce est en bataille :

Commandement : RASSEMBLEMENT.

Si les parties de la pièce sont l'une à côté de l'autre, les servants se placent sur un rang, à 5 mètres en arrière de la pièce *n*ᵒˢ *1, 2* et *3*, derrière la bouche à feu; *4, 5* et *6*, derrière le caisson; le CHEF DE PIÈCE à la droite du rang.

Lorsque les deux parties de la pièce sont l'une derrière l'autre, les servants se placent sur deux rangs, derrière le caisson, ceux de la bouche à feu au premier rang.

85. Commandement : NUMÉROTEZ-VOUS.

Les servants disent successivement leur numéro à haute voix, dans l'ordre des nombres.

Prendre les postes.

86. Commandement : A VOS POSTES.

*N*ᵒˢ *1* et *3* se portent respectivement à droite et à gauche de la lunette de crosse, en arrière du coffre d'avant-train et se faisant face; *n*ᵒˢ *4* et *6* se placent d'une façon analogue à la lunette de flèche du caisson; *n*ᵒˢ *2* et *5* se portent à droite et à gauche de l'essieu de la bouche à feu, face aux roues.

Lorsque le caisson n'accompagne pas la bouche à feu, *n*ᵒˢ *4* et *6* se placent à droite et à gauche du coffre d'avant-train.

Le CHEF DE PIÈCE se place de façon à pouvoir bien surveiller l'exécution des mouvements ultérieurs; généralement en arrière, entre les deux voitures, à hauteur de la volée du canon.

Equiper la pièce.

87. Commandement : EQUIPEZ LA PIÈCE (OU LES PIÈCES) (1).

N° 1 détache le crochet arrêtoir de la manivelle de pointage en hauteur, enlève la coiffe de hausse et la passe à *n° 2*, ouvre le coffre d'avant-train, en retire la caisse aux accessoires et y prend la hausse, qu'il fixe au canon en la mettant à fond. Il retire la lunette de son étui pris dans le coffret d'affût et la place dans son logement sur la hausse. Il met à la graduation 100 le support du niveau de la hausse et s'assure que toutes les autres graduations de la hausse et de la lunette sont à leurs origines respectives. Il replace la caisse aux accessoires et referme le coffre d'avant-train.

Lorsqu'on prévoit que la pièce équipée doit encore subir un long déplacement avant d'être employée à l'exercice ou au tir, il est expressément recommandé de ne pas mettre la lunette sur la hausse, mais de la laisser dans son étui du coffret d'affût; dans ce cas, on en donnera l'indication au personnel, et la lunette ne sera placée sur la hausse qu'après une nouvelle indication, donnée sur le terrain d'exercice ou à proximité de l'emplacement de tir.

On pourra aussi prescrire de remettre la coiffe sur la hausse, équipée ou non de la lunette, afin de protéger ces instruments contre les souillures et l'encrassement produits par le roulage.

N° 2 détache le porte-mousqueton du volant de route du frein de roues, enlève la coiffe de volée et la place, avec celles de culasse et de hausse, dans le compartiment inférieur de la case centrale du coffre d'avant-train, en remplacement des genouillères qu'il distribue (2).

---

(1) Lorsque ce commandement n'aura pas été précédé de celui : « A vos postes », le chef de pièce et les servants se rendent avant tout au pas gymnastique aux emplacements prescrits au n° 86.

(2) Dans le coffre de droite du marchepied pour les batteries à cheval.

N° 3 enlève la coiffe de culasse et la dépose sur l'affût; il s'assure du bon fonctionnement de l'appareil de fermeture et recale celui-ci; il prend dans le coffret d'affût le tire-feu long, l'accroche au tire-feu de détente, l'enroule autour de la tige-support de siège du tireur et l'y fixe par un nœud. Il distribue de l'ouate au personnel.

Le chef de pièce et *n°ˢ 2, 4, 5* et *6* mettent des genouillères.

Chacun reprend son poste.

Mettre la pièce en batterie.

88. a) *En avant.*

Commandement : En avant en batterie (1).

Si la pièce est « par un », elle est formée « par deux ».

N°ˢ 1 et *3* décrochent l'affût, *n° 3* faisant basculer l'arrêtoir du crochet cheville-ouvrière et, aidés des *n°ˢ 2* et *5* qui agissent aux roues, ils font faire demi-tour à droite à l'affût, de façon à l'amener à $0^m,50$ (de roue à roue, au maximum) de l'arrière-train du caisson, son essieu un peu en avant de celui du caisson (voir note de l'article 3).

N° 1 abat le bouclier mobile; ouvre, s'il y a lieu, la fenêtre de visée; s'assied, face en avant, sur le siège de tir, démarre le canon et monte la hausse et la culasse pour les rapprocher de leur position de tir; il place, éventuellement, le porte-guidon dans une position perpendiculaire à l'axe de l'âme.

N° 2 met le levier de pointage dans sa position de tir et le saisit à deux mains, prêt à obéir aux indications de *n° 1.*

N° 3 détache le tire-feu de la tige support du siège, sur lequel il s'assied à califourchon, face au canon; décale l'appareil de fermeture et ouvre la culasse.

N° 6 abaisse le support de flèche de l'arrière-train du caisson. *N°ˢ 4* et *6* (ce dernier faisant basculer l'arrêtoir du crochet cheville-ouvrière) dégagent la lunette et laissent reposer la flèche sur son support; ils se portent ensuite derrière l'arrière-train de caisson, dont ils rabattent le bouclier supérieur mobile; si *n° 5* est re-

---

(1) Lorsque ce commandement n'aura pas été précédé de l'indication : « A vos postes », le chef de pièce et les servants se rendent avant tout au pas gymnastique aux emplacements prescrits au n° 86.

tardé au demi-tour de la bouche à feu, ils le suppléent, en attendant, dans ses fonctions et s'agenouillent à droite et à gauche de l'emplacement prévu pour ce servant.

N° 5 aide d'abord à faire faire demi-tour à la bouche à feu; se porte ensuite à l'arrière-train de caisson dont il abat la portière et s'agenouille derrière le milieu du caisson face au régloir, dont il place la manivelle dans la position de réglage (1).

Dès que les arrière-trains sont détachés, n⁰ˢ *3* et *6* disent : Marche, et les avant-trains sont conduits à l'emplacement désigné par un demi-tour à gauche, l'avant-train de la bouche à feu suivant la piste de celui du caisson.

b) *En arrière.*

Commandement : En arrière en batterie.

La pièce est formée « vers la droite par deux ».

Le mouvement s'exécute comme il est dit au paragraphe précédent, l'affût restant en place et les servants faisant faire demi-tour à gauche à l'arrière-train du caisson (n⁰ˢ *4* et *6* à la flèche, n° *5* aux roues), pour l'amener à 0ᵐ,50 de l'affût, son essieu un peu en arrière de celui de ce dernier.

Dès que les avant-trains sont détachés, n⁰ˢ *3* et *6* disent : Marche, et les avant-trains sont conduits à l'emplacement désigné par un oblique à droite, l'avant-train de la bouche à feu suivant la piste de celui du caisson (2).

c) *En flanc.*

Commandement. : Feu de flanc a gauche (droite).

La pièce est formée par deux, le caisson étant un peu en arrière (avant) de la bouche à feu.

Le mouvement s'exécutera comme il est dit en *a*).

Les servants font faire un à-droite (gauche) à l'affût et amènent le caisson à 0ᵐ,50 de l'affût, son essieu un peu en arrière de celui de ce dernier.

Dès que les avant-trains sont détachés, n⁰ˢ *3* et *6* disent : Marche, et les avant-trains sont conduits à

---

(1) Les servants peuvent s'agenouiller de la façon qui leur est le plus commode; à la manœuvre, on évitera la fatigue en alternant les positions « Debout » et « A genoux ».

(2) Si l'on prévoit des déplacements considérables sur la position, faire placer les rallonges de trait dans les galeries des arrière-trains de caisson, avant l'éloignement des avant-trains.

l'emplacement désigné par un à-droite (gauche), celui du caisson (canon) suivant la piste de celui du canon (caisson).

Mettre la pièce en bataille.

89. a) *En avant.*

Commandement : EN AVANT EN BATAILLE.

N° 2 remet le levier de pointage dans sa position de route.

N° 1 met la hausse à fond, amarre le canon, relève la partie mobile du bouclier d'affût, ferme s'il y a lieu la fenêtre de visée et replace le guidon dans sa position de route.

N° 3 ferme la culasse, cale l'appareil de fermeture et enroule éventuellement le tire-feu long sur la tige support de siège.

N° 1 et *3* se portent aux poignées de la crosse, la soulèvent et, aidés de *n° 2* qui agit à la roue droite, font faire à l'affût un à-gauche et demi. Ils l'accrochent à l'avant-train dès que celui-ci est amené.

N° 5 remet la manivelle du régloir à sa position de route et referme le coffre d'arrière-train du caisson, aidé des *n°* 4 et 6.

Ces derniers relèvent la partie supérieure mobile du bouclier, se rendent ensuite à la flèche de l'arrière-train et l'accrochent à l'avant-train dès que celui-ci est amené.

N° 6 relève le support de flèche.

Les avant-trains sont amenés vers leur arrière-train et l'attellent vers l'avant.

Les servants forment la pièce « par un ».

Chacun reprend son poste.

b) *En arrière.*

Commandement : EN ARRIÈRE EN BATAILLE.

L'affût ne bouge pas. En ce qui concerne les servants de la bouche à feu, le mouvement s'exécute de la même manière que le mouvement « en avant en bataille », mais les servants de l'arrière-train du caisson font faire à celui-ci un à-gauche et demi, *n° 5* se portant aux roues.

Les avant-trains sont amenés vers leur arrière-train et l'attellent vers l'arrière.

Les servants forment la pièce par un.

Chacun reprend son poste.

Déséquiper la pièce.

90. Commandement : Déséquipez la pièce (ou les pièces).

N° 1 enlève successivement la lunette, qu'il remet dans son écrin du coffret d'affût, et la hausse, qu'il replace dans la caisse aux accessoires, après s'être assuré que toutes les graduations sont à leur origine, à l'exception du niveau de hausse qu'il place vers 200. Il embraye le bouton moletté et recouvre le support de hausse de sa coiffe, qu'il reçoit de n° 2. Il attache le crochet-arrêtoir de manivelle de pointage.

N° 3 détache éventuellement le tire-feu long du tire-feu de détente et le remet dans le coffret d'affût; il ajuste la coiffe de culasse que lui donne n° 2.

N° 2 prend les coiffes dans le compartiment inférieur de la case centrale du coffre d'avant-train (1), dépose sur l'affût celles de hausse et de culasse et replace au canon celle de volée. Il attache le porte-mousqueton du volant de frein de roues.

Les servants enlèvent les genouillères et n° 2 les remet en place. Chacun reprend son poste.

Sortir de batterie.

91. Commandement : Rassemblement.

Les servants se portent aussitôt à la place qui leur a été assignée.

Pointer. — Charger. — Mettre le feu.

a) Pointage direct :

92. Le pointage, la charge et la mise de feu s'exécutent comme il est prescrit ci-après. Chaque servant se met à l'œuvre dès que la partie du commandement qui le concerne a été énoncée. Tous travaillent simultanément en faisant concorder les opérations.

---

(1) Dans le coffret de droite du marchepied pour les batteries à cheval.

Commandement :

CORRECTEUR : $+ n$ $(- n')$;
BUT ET POINT DE VISÉE;
(Eventuellement) DIRECTION : m, m';
X   (DISTANCE);
PERCUTANT (FUSANT), OBUS EXPLOSIFS;
FEU.

Le CHEF DE PIÈCE inscrit sur le bouclier les éléments du pointage.

N° 1 (pointeur) règle la hausse et la lunette aux graduations commandées. Lorsqu'il n'est pas fait d'indications pour la direction, il s'assure que les graduations de la lunette sont bien à leur origine.

Il pointe le canon en direction, aidé de *n° 2*, comme il est expliqué en détail à la première partie. Il pointe ensuite le canon en hauteur et achève, si c'est nécessaire, le pointage en direction.

Lorsque le but est fixe, il déplace le porte-niveau de la hausse, de manière à amener la bulle entre ses repères; il communique au chef de pièce le *nombre indiqué* par le niveau. Il ne pourra ensuite apporter aucun changement à la position du niveau sans ordre formel; pour le pointage en hauteur des coups suivants sur le même but, il se bornera (après avoir réglé la hausse si un changement de distance est commandé), à amener la bulle de niveau entre ses repères en agissant sur la manivelle de pointage, qu'il manie de la main gauche. Lorsque le tour de sa pièce est venu de tirer, *n° 1*, dès que le pointage est terminé, se lève et se retire à $0^m,50$ en dehors de la roue gauche en disant : FINI.

Lorsque le but est mobile, il pointe tous les coups au moyen de la lunette ou du cran de mire et du guidon, sans se préoccuper du niveau.

93. *N° 3* (tireur) ferme la culasse dès que la cartouche est introduite dans le canon; il serre éventuellement le frein de roues, se lève de son siège en même temps que *n° 1* et se retire à $0^m,50$ en dehors de la roue droite. Il met le feu au commandement : FEU. Dès que le coup est parti, il se rassied et ouvre la culasse; il reçoit dans la main gauche la douille éjectée et la rejette derrière lui.

94. Lorsque la bêche a mordu et que le recul de l'affût n'est plus à craindre, le chef de pièce commande : ASSIS. A partir de ce moment, *n°s 1* et *3* ne se lèvent plus de leur siège et n° 3 met le feu au moyen du tire-feu de détente. A cet effet, il détache le tire-feu long, qu'il conserve sur lui. Il le reprend si, dans la suite, il doit mettre le feu, étant debout. Au moment de la mise de feu, n° 1 relève légèrement la tête pour éviter le choc de l'oculaire de la lunette contre l'arcade sourcilière.

95. *N° 2* (chargeur), agissant au levier de pointage, dirige, aussi approximativement que possible, le canon sur le but, dès que celui-ci est désigné, et obéit ensuite aux indications de *n° 1*.

Pour le premier coup, *n° 2* se retire en dehors de la roue gauche. Après le commandement : Assis, du chef de pièce, il se place à 0ᵐ,50 derrière le pointeur, le genou gauche à terre, pour remplir ses fonctions de chargeur. Il reprend ses fonctions d'aide-pointeur chaque fois qu'un déplacement de la crosse est nécessaire. Il en est averti au besoin par l'indication : A LA CROSSE. Dans le tir contre un but se déplaçant en travers de la ligne de tir, il reste en permanence au levier de pointage.

Le chargeur (éventuellement *n° 4*) reçoit la cartouche de *n° 4* (*n° 5*). Il introduit la cartouche dans le canon et la pousse vigoureusement à fond, en appuyant le poing droit contre le culot de la douille. Dans le tir sous de grandes élévations, il maintient la cartouche jusqu'à ce que le culot soit retenu par l'appareil de fermeture. Dès que le canon est chargé, le chargeur se retire en dehors de la roue gauche, à moins que le chef de pièce n'ait commandé : Assis. Dans ce cas, il se borne à redresser le buste pour être hors d'atteinte du canon lors du recul.

96. Dans le tir à shrapnells, *n° 4* (1ᵉʳ pourvoyeur) prend, pour le tir percutant, une cartouche dans l'arrière-train du caisson, vérifie rapidement le réglage et passe la cartouche à *n° 2*. Dans le tir fusant, *n° 5* retire du régloir, après réglage, la cartouche que lui a passée *n° 6* et la passe à *n° 4*.

Dans le tir à obus explosifs, *n° 4* extrait les fusées-détonateur de leur boîte et les passe aux *n°ˢ 5* et *6*, au fur et à mesure de l'amorçage. Il reçoit ensuite la cartouche amorcée et la passe au *n° 2*. Il ne doit jamais avoir plus d'une cartouche entre les mains. Quand on passe au tir à shrapnells, *n° 4* replace dans la boîte à fusées les fusées-détonateur dévissées par *n° 5* et *n° 6*.

97. *N° 5* (régleur) règle toujours le régloir pour la distance et le correcteur commandés, même en cas de tir percutant, où à obus explosif.

Dans le tir fusant, il actionne la manivelle du régloir. A défaut de régloir, il règle les fusées au moyen de la clef de réglage.

Dans le tir à obus explosifs, il amorce les cartouches à obus.

98. *N° 6* prend, pour le tir fusant, les cartouches dans l'arrière-train du caisson et les passe à *n° 5*. Quand le réglage des fusées se fait à la clef, il tient solidement la cartouche des deux mains et présente le projectile à *n° 5*, le repère de la fusée vers le haut.

Dans le tir à obus explosifs, il amorce les cartouches à obus.

Pendant le tir percutant, il peut être utilisé à soulager les autres servants, en faisant, par exemple, les fonctions de 1er pourvoyeur, notamment quand, dans un tir percutant contre un but se déplaçant en travers de la ligne de tir, *n° 2*, en permanence au levier de pointage, est remplacé comme chargeur par *n° 4*.

b) *Pointage indirect.*

99. Le pointage indirect doit être fait au niveau dès le début du tir; l'instructeur commande :

> CORRECTEUR : $+ n$ $(- n')$;
> NIVEAU : y;
> POINT DE POINTAGE.....;
> DIRECTION : m, m' [sur la n^e pièce, ouvrir (fermer)];
> X (DISTANCE);
> PERCUTANT (FUSANT, OBUS EXPLOSIFS);
> FEU !

Le CHEF DE PIÈCE inscrit sur le bouclier les éléments du pointage.

N° 1 règle la lunette, place le niveau de hausse à la graduation prescrite et règle la hausse à la distance commandée. Seul, le pointage en direction se fait sur le point de pointage ou sur le repère. Le pointage en hauteur est effectué ensuite en amenant la bulle du niveau de hausse entre ses repères à l'aide de la manivelle de pointage. Lorsque le tour de sa pièce est venu de tirer, *n° 1* agit comme il est prescrit à l'article 92.

Les autres opérations s'effectuent comme il est dit aux n⁰ˢ 93 et suivants.

Recharger le canon.

100. Sauf les exceptions prévues, dès que le canon a tiré, il est rechargé immédiatement et sans commandement; à moins d'indication contraire, il est pointé dans les conditions du coup précédent.

Tir rapide.

101. Le tir rapide s'exerce :

1° En tir rapide sur hausse unique :

    a) Sans fauchage;
    b) Avec fauchage;

2° En tir rapide progressif (régressif);

    c) Sans fauchage;
    d) Avec fauchage.

A) TIR RAPIDE SUR HAUSSE UNIQUE SANS FAUCHAGE

102. Lorsqu'on veut faire tirer rapidement par chaque pièce, un ou plusieurs coups, sans changer les éléments du pointage ou du réglage des fusées, on commande :

1 (2, 3, 4, etc.) COUPS. — TIR RAPIDE.

Le canon tire, sans autre commandement, le nombre de coups indiqué.

Sur but fixe ou dans le cas du pointage indirect, n° *1* se borne à maintenir la bulle du niveau entre ses repères. Dans le cas du pointage direct sur but mobile, il rectifie le pointage tant en direction qu'en hauteur, en amenant sa visée sur le but, à l'aide des deux manivelles de pointage.

A l'indication : FINI de n° *1*, n° *3* dit : FEU, et met le feu sans commandement.

Après le dernier coup de la série, la culasse est laissée ouverte; le canon est repointé; les servants se tiennent prêts à charger et à tirer dans les conditions précédentes.

103. Si l'on ne veut pas spécifier le nombre de coups à tirer en tir rapide, on commande :

TIR RAPIDE.

Le canon est chargé, pointé et tiré comme ci-dessus, sans interruption, jusqu'au commandement : HALTE.

B) TIR RAPIDE SUR HAUSSE UNIQUE
AVEC FAUCHAGE

104. Il s'exécute aux commandements :

VERS LA GAUCHE (DROITE). — FAUCHEZ 1 (2, 3..., n) COUPS.

Le canon tire, sans autre commandement, le nombre de coups indiqué.

N° 1 cesse de pointer en direction après le premier coup; il maintient la bulle du niveau entre ses repères et donne un tour à la manivelle de pointage en direction, dans le sens voulu après chaque coup tiré, sauf le dernier.

A l'indication : FINI de *n° 1*, *n° 3* dit : FEU, et met le feu sans commandement.

Après le dernier coup de la série, la culasse est laissée ouverte, le canon est repointé comme pour le premier coup; les servants se tiennent prêts à charger et à tirer dans les conditions précédentes.

C) TIR RAPIDE PROGRESSIF (RÉGRESSIF)
SANS FAUCHAGE (1)

105. Il s'exécute aux commandements :

TIR PROGRESSIF (RÉGRESSIF). — TELLE DISTANCE. — 3 (4, 5..., n) COUPS.

Le canon tire sans autre commandement le nombre de coups indiqué.

N° 1 cesse de pointer en hauteur et en direction après le premier coup. Il opère ensuite par demi-tour de manivelle de pointage en hauteur, dans le sens voulu, après chaque coup tiré, sauf le dernier.

A l'indication : FINI de *n° 1*, *n° 3* dit : FEU, et met le feu sans commandement.

Après le dernier coup de la série, on se conforme aux prescriptions du dernier alinéa du *B)*.

---

(1) Ce tir ne s'exécute qu'à obus explosifs.

D) TIR RAPIDE PROGRESSIF (RÉGRESSIF) AVEC FAUCHAGE (1)

106. Il s'exécute aux commandements :

VERS LA GAUCHE (DROITE), FAUCHEZ. — TIR PROGRESSIF (RÉGRESSIF). — TELLE DISTANCE, 3 (4, 5..., n) COUPS.

Le canon tire sans autre commandement deux séries de projectiles comportant chacune le nombre de coups indiqué.

N° 1 cesse de pointer en hauteur et en direction après le premier coup. Il opère ensuite par demi-tour de manivelle de pointage en hauteur dans le sens voulu, après chaque coup tiré, sauf le dernier de la 1ʳᵉ série, après lequel il donne un tour à la manivelle de pointage en direction, dans le sens voulu, et à l'indication du chef de pièce. *N° 1* opère ensuite après chaque coup tiré dans la nouvelle direction, par demi-tour de la manivelle de pointage en hauteur, mais dans un sens inverse à celui dans lequel il a opéré ci-dessus.

A l'indication : FINI de *n° 1*, *n° 3* dit : FEU, et met le feu sans commandement.

Après le dernier coup, on se conforme aux prescriptions du dernier alinéa du *B)*.

Changer de but.

107. Si la correction à faire à la direction est telle qu'elle exige un déplacement de la crosse, on commande : HALTE. — CHANGEMENT DE BUT.

N° 3 desserre le frein de roues. *N° 2* se porte au levier de pointage, *n*ᵒˢ *1* et *3* aux roues.

Dès que le nouveau but est désigné, ils mettent le canon dans la direction voulue, en déplaçant l'affût suivant les indications du chef de pièce, de façon à ce que la bêche ne puisse pas retomber dans le sillon déjà creusé.

On déplace éventuellement l'arrière-train du caisson, de façon à le maintenir dans sa position relative par rapport à l'affût. A cet effet, *n° 6* se porte à la flèche, *n*ᵒˢ *4* et *5*, aux roues.

Suspendre le feu.

108. Commandement : HALTE ! — SUSPENDEZ LE FEU.

N° 3, si le canon est chargé, décharge le canon.

---

(1) Ce tir ne s'exécute qu'à obus explosifs.

N° 2 remet la cartouche qu'il tient en mains ou qui est extraite du canon à *n*° *4*. Celui-ci la replace dans le coffre d'arrière-train après que la fusée a été remise au réglage percutant, s'il s'agit d'un shrapnell. S'il s'agit d'un obus explosif, il remet la cartouche à *n*° *5* ou à *n*° *6* qui dévisse la fusée et la lui rend. *N*° *4* replace la fusée dans la caisse aux fusées; *n*° *5* ou *n*° *6* replace la cartouche dans le coffre.

La suspension du feu est mise à profit pour nettoyer et remettre le matériel en état; *n*° 2 range les douilles vides provenant du tir et, s'il en reçoit l'ordre, les rapporte à l'arrière-train du caisson où elles sont rangées par *n*° *4* et *6*.

Les servants reprennent ensuite leurs places et se mettent au repos.

Cesser le feu.

109. Commandement : HALTE ! — CESSEZ LE FEU.

N° *3*, si le canon est chargé, décharge le canon; il ferme la culasse et cale l'appareil de fermeture; il desserre le fein de roues. *N*° 2, 4, 5 et 6 se conforment au 3° alinéa de l'article précédent.

N° *1* remet à leur origine toutes les graduations de l'appareil de visée et ramène le canon dans le plan médian de l'affût. Il amarre le canon.

Les douilles vides provenant du tir sont, suivant indication, remises en place dans l'arrière-train du caisson.

Décharger le canon.

110. Commandement : DÉCHARGEZ.

N° *3* ouvre la culasse, de manière à dégager la cartouche sans l'éjecter.

N° *2* ayant remis à *n*° *4* la cartouche qu'il tient en mains, saisit par le culot celle qui se trouve dans le canon et la passe à *n*° *4*.

Service de la pièce avec un personnel réduit.

111. *Avec 5 servants.* — Le service se fait sans *n*° *6*; *n*° *4* et *5* se partagent ses fonctions.

Avec 4 servants. — Le service se fait sans *n*° *4* et *6*; leurs fonctions sont réparties entre *n*° 2 et 5.

Avec 3 servants. — Le service se fait sans n°ˢ 4, 5 et 6; n° 2 assure tout le service de l'approvisionnement et du chargement du canon; n° 3 remplit éventuellement le rôle d'aide-pointeur.

Le CHEF DE PIÈCE manquant est remplacé par un servant désigné par le chef de section.

Dans l'exécution du service avec un personnel réduit, l'attribution des fonctions aux servants restants est faite par le chef de pièce.

Mouvements à bras.

112. Les servants doivent être exercés aux déplacements à bras, de l'affût et de l'arrière-train du caisson, même en terrain difficile et avec le chargement complet de guerre. Eventuellement, le chef de pièce fait déplacer, successivement, chacun des éléments de la pièce, par tous les servants réunis.

Commandement : A BRAS EN AVANT (EN ARRIÈRE).

Lorsque la pièce doit effectuer un long parcours, ou lorsque la pente ou l'état du sol rend le mouvement pénible, on fait usage des rallonges de trait ou de jarretières, à l'indication des commandants de section. Les servants fixent les deux rallonges de trait de la section aux crochets de la tête d'affût et s'y appliquent.

Pour des déplacements considérables en terrain difficile, deux chevaux dont les traits sont munis de palonniers peuvent être attelés à ces rallonges; un cheval de selle muni d'une bricole peut également y être attelé; les servants s'appliquent aux roues, l'un d'eux au levier de pointage pour mouvoir la pièce et la diriger. Le mouvement étant terminé, on remet les jarretières en place, dès qu'on peut le faire sans apporter aucune entrave au service de la pièce.

L'arrière-train du caisson est mû par des moyens analogues, à l'aide de jarretières.

Mettre en station la lunette de batterie.

113. La mise en station de la lunette de batterie ne présente guère de difficulté, mais l'observation des prescriptions suivantes est de nature à éviter certains mécomptes et à économiser un temps précieux dans maintes circonstances.

114. Ecarter les pieds du trépied, en desserrant au besoin les écrous à papillon. Se tournant vers le but, ou, plus généralement, regardant dans la lunette réglée 0, 0, mettre le trépied en place, de manière à avoir devant soi la vis de serrage de la douille. On pourra ainsi actionner énergiquement de la main droite la patte quadrillée de cette vis et occuper l'espace entre deux pieds, de manière à éviter par la suite de heurter ceux-ci accidentellement. Placer le support, muni de la lunette, sur le trépied, de telle façon qu'on ait le support des niveaux à sa droite; serrer très énergiquement la vis de la douille.

En écartant ou rapprochant chacun des pieds, donner approximativement au jugé la verticalité à la douille et conséquemment à la partie inférieure du support de lunette, les pointes des pieds étant bien fixées dans le sol; serrer très énergiquement les écrous à papillon.

Assurer ensuite la verticalité de la lunette. A cet effet, commencer par desserrer quelque peu les quatre vis de rappel de la partie inférieure du support; agissant ensuite sur ces vis, amener successivement entre ses repères la bulle de chacun des niveaux; lorsque ce résultat est obtenu, serrer avec énergie les vis contre la partie supérieure du support, en veillant à ce que, dans chaque niveau, la bulle reste entre ses repères ou tout au moins vers le milieu de la fenêtre. Il convient toujours d'agir simultanément, des deux mains, sur deux vis de rappel opposées. On remarquera que pour serrer ou desserrer ces vis, les mains doivent travailler en sens inverse, tandis que pour opérer le déplacement des bulles d'air, les mains travaillent dans le même sens, une vis ne pouvant être enfoncée que si l'on retire concurremment la vis opposée. Dans cette dernière opération, on s'efforcera de conserver à peu près le contact constant des extrémités des deux vis opposées avec la partie supérieure du support de lunette, afin que le serrage des quatre vis, qui termine la mise en station, ne dérange guère la position des bulles des niveaux.

115. Lorsque la lunette est installée comme il vient d'être dit, le bouton moletté du support peut être actionné de la main gauche pour déplacer la ligne 0,0 de la lunette, tandis que la main droite, agissant sur le bouton de l'éclimètre, assure le déplacement de la ligne de visée.

DESCRIPTION DU MATÉRIEL ET DES MUNITIONS

116. La *bouche à feu* et le *caisson* constituent ensemble la PIÈCE.

1. — BOUCHE A FEU

117. La *bouche à feu* se compose du *canon* avec son *affût* et de *l'avant-train*.

A) Canon.

118. Le canon se compose de deux parties principales :

1° Le *corps*;
2° L'*appareil de fermeture*.

Le CORPS comprend le *tube*, avec deux *frettes* pourvues de *pattes-griffes*;

Le *manchon*, avec une frette pourvue de pattes-griffes.

Le manchon embrasse la moitié postérieure du tube. Son extrémité d'arrière forme la *culasse*, avec mortaise transversale pour *l'appareil de fermeture*, et *palté à œillet*, au-dessous, destinée à relier le canon au cylindre-frein.

Le canon repose sur le berceau de l'affût, dans les glissières duquel il est maintenu et guidé, pendant le recul et la rentrée en batterie, par les trois frettes pourvues de pattes-griffes.

119. L'APPAREIL DE FERMETURE est à *coin horizontal*.

Il comprend :

Le *coin*, actionné au moyen de *l'arbre de translation* avec poignée de rotation;

L'*éjecteur*, expulsant automatiquement la douille vide, à la fin du mouvement d'ouverture de la culasse;

La *clavette*, avec *arrêtoir*;

Le *percuteur*, avec *ressort de percuteur* et *boulon-appui* de ressort de percuteur;

La *plaque porte-mécanisme de détente*, portant le levier d'armé avec *noix*, et la *détente*, actionnée à l'aide d'un *tire-feu*;

La *broche de sûreté*, avec *ressort*, *bouton à poignée* et *buselure mobile*; la broche traverse le bouton-appui de ressort de percuteur, et le maintient en place.

B) Affût.

120. L'affût comprend : le *berceau*, le *porte-berceau*, l'*affût inférieur* et l'*appareil de pointage*.

121. Le *berceau* porte le canon et sert de logement au frein hydraulique. Sur son côté gauche se trouvent fixés le *support de hausse* et le *porte-guidon*. Il est pourvu, en dessous, d'un tourillon vertical, qui s'engage dans le porte-berceau. C'est autour de ce pivot que le canon et le berceau tournent, lorsqu'on effectue le pointage exact en direction.

Ce mouvement est commandé par la manivelle du *mécanisme de pointage en direction*, placée à gauche de l'extrémité postérieure du berceau, à la droite du pointeur; une graduation en *millièmes* (1) indique la position du canon par rapport au plan médian de l'affût. Chaque division vaut dix millièmes.

Le *frein hydraulique* se compose :

Du *cylindre-frein*, rempli de glycérine, hermétiquement fermé à chacune de ses extrémités par un bouchon fileté et relié au canon par l'intermédiaire de la patte à œillet de dessous de la culasse;

Des *ressorts récupérateurs*, placés librement en spirale autour du cylindre et prenant appui, à l'avant, contre un rebord de ce dernier; à l'arrière, contre une entretoise du berceau;

Du *piston*, fixé sur l'extrémité postérieure de sa tige. Celle-ci est attachée, par son autre extrémité, à l'avant du berceau, et traverse la boîte à bourrage du bouchon fileté antérieur du cylindre.

Lorsque le frein est au repos, le liquide remplit à peu près complètement le vide intérieur du cylindre. Au départ du coup, le canon recule en entraînant le cylindre, tandis que le piston reste en place. Il s'ensuit que le liquide, qui se trouvait d'abord en avant du piston, est refoulé derrière celui-ci par les orifices d'écoulement qui y sont ménagés.

---

(1) Voir page 133.

C'est la résistance au refoulement du liquide, jointe à la compression des ressorts récupérateurs, qui épuise la force vive du recul.

Aussitôt le recul achevé, la rentrée en batterie est provoquée par les ressorts récupérateurs, qui se détendent.

Afin d'assurer la stabilité de l'affût pendant le recul et d'éviter les chocs lors de la rentrée en batterie du canon, le piston possède des dispositifs faisant varier automatiquement les orifices d'écoulement du liquide.

122. Le PORTE-BERCEAU est muni, à sa partie antérieure, de deux tourillons horizontaux, par l'intermédiaire desquels il repose sur l'affût inférieur, tandis que son extrémité postérieure est reliée à la tête de la vis de pointage au moyen d'un boulon.

Il en résulte que l'arrière du porte-berceau doit suivre, en tournant autour de ses tourillons horizontaux, le mouvement ascendant ou descendant de la vis de pointage, l'extrémité postérieure du berceau et la culasse du canon participant à ce mouvement.

123. L'AFFUT INFÉRIEUR comprend :

Le *corps d'affût*, avec coffret et bêche de crosse rigide;

Un jalon de pointage est arrimé le long du côté droit du corps d'affût;

L'*essieu* et les *roues;*

Le *bouclier*, en tôle d'acier de 5 millimètres d'épaisseur (4 millimètres pour l'artillerie à cheval);

Le bouclier supérieur, avec fenêtre de visée fermée par un volet, est fixe; le bouclier inférieur, mobile autour de charnières, se relève pour la route, contre le bord inférieur du corps d'affût, vers la crosse.

Le *mécanisme de pointage en hauteur*, consistant en une double vis de pointage, actionnée à l'aide d'une manivelle, par l'intermédiaire d'un système d'engrenages coniques;

La manivelle est placée à gauche de l'affût, en face du pointeur.

Les *sièges pour servants*, dont deux de route, sur l'essieu (pour les batteries montées), et deux de tir, destinés au pointeur et au tireur; ces derniers sont fixés sur la tôle de recouvrement de la flèche d'affût;

Le *frein de roues*, avec patins du côté de la culasse;

Il est pourvu de deux manivelles, l'une vers la culasse et l'autre du côté de la volée, de sorte qu'il peut être serré et desserré par le servant assis sur le siège d'essieu pendant la marche; et par le servant de culasse lorsque la pièce se trouve en batterie.

Le *levier de pointage*, maintenu dans sa position de route par un mentonnet fixé sur la tôle de recouvrement de la flèche et, dans sa position de tir, par un étrier avec *pédale de dégagement*;

Le *dispositif d'amarrage* du berceau à l'affût, composé d'une patte à griffe mue par la poignée d'un axe-boulon à ressort.

124. L'APPAREIL DE POINTAGE est constitué de manière à fournir deux systèmes de visée : l'un par la lunette et l'autre par cran de mire et guidon. Il comprend une hausse courbe, une lunette panoramique et un guidon.

Afin de permettre de corriger l'influence de l'inclinaison des tourillons, le *support de hausse* a été muni d'une coulisse circulaire dans laquelle glisse un tenon de la *boîte de hausse*. Le mouvement du tenon est commandé par une vis sans fin logée dans le support de hausse et engrenant dans une crémaillère de la boîte de hausse. Celle-ci, dans laquelle s'ajuste la hausse, occupe sa position normale lorsque la bulle du niveau de la boîte de hausse se trouve entre ses repères.

La rainure de cette boîte n'est pas parallèle au plan vertical de symétrie du canon passant par le milieu de l'affût; elle est inclinée de façon que la dérivation soit naturellement corrigée.

A la face postérieure de la boîte de hausse se trouve le bouton moletté avec poussoir de désembrayage, qui sert à déplacer la hausse, laquelle est actionnée par un système de pignon à spirale engrenant dans une crémaillère.

La face postérieure de la hausse porte une graduation en distances, de 50 en 50 mètres, depuis 0 jusqu'à 5.600 mètres. Sur la face droite de l'instrument est inscrite une graduation en millièmes, l'arête supérieure de la boîte de hausse servant de ligne de repère.

Dans l'évidement de la face gauche de la hausse se meut, actionné également par un système de pignon et de crémaillère, le *niveau*, servant généralement à assurer le pointage en élévation. Il permet de mesurer l'angle de site et d'en tenir compte dans le pointage.

Le bord antérieur de l'évidement porte la graduation à ce destinée, allant de 0 à 200 millièmes, la graduation 100 correspondant à l'angle de site 0.

Un repère-index est gravé sur le *porte-niveau*.

A la partie supérieure de la hausse, un *curseur*, portant un cran de mire et se manœuvrant à l'aide d'un bouton moletté, permet le pointage par cran de mire et guidon. L'échelle des écarts, tracée sur la face arrière de la hausse, comporte 60 millièmes et est graduée de droite à gauche. La graduation 30 marque la position médiane du curseur, qui porte le repère-index.

Le curseur mobile et le guidon constituent un des *appareils de visée*.

Le curseur de la tête de hausse porte aussi la *lunette de pointage*, qui est l'autre appareil de visée.

La tête de cette lunette est susceptible d'un tour complet de rotation dans le plan horizontal, l'oculaire restant en place. Le pointeur peut, dès lors, employer un point de visée auxiliaire, aussi bien en arrière de la pièce et latéralement qu'en avant.

La rotation de la tête de la lunette est obtenue à l'aide d'une vis sans fin engrenant sur un pignon à axe vertical. Lorsque la rotation est de grande amplitude, on peut désembrayer l'engrenage et tourner la tête de la lunette à la main.

La tête de la lunette porte inférieurement un *anneau circulaire* divisé en 64 parties égales et tournant autour du corps de la lunette (1).

La circonférence du tambour qui se trouve du côté opposé du bouton de commande de la vis sans fin est divisée en 100 parties. Un tour de la vis sans fin correspond à un déplacement de la lunette de 1/64 de circonférence; une graduation du tambour représente donc 1/6.400 de circonférence.

Une vis sans fin permet la rotation de la tête de la lunette dans le sens vertical. L'inclinaison de la ligne de visée est mesurée par un éclimètre appliqué contre la face gauche de la tête et portant des graduations de 0 à 3. Chaque graduation correspond à une inclinaison de 1/64 de circonférence; le pourtour du bouton moletté de la vis sans fin est divisé en 100 parties égales, chaque partie correspondant par conséquent à une inclinaison de 1/6.400 ou de 1 millième sur l'horizon.

---

(1) Des erreurs de 100 millièmes sont assez fréquentes; elles proviennent principalement de ce que l'*anneau circulaire* est gradué de 4 en 4, et non dans le système décimal, comme les instruments de mesure usuels (le mètre par exemple). L'attention du personnel sera attirée sur ce point.

C) Avant-train de bouche à feu.

125. L'*avant-train de bouche à feu* transporte 40 cartouches (32 pour les batteries à cheval) dans des alvéoles horizontaux, ainsi que la caisse aux accessoires contenant la hausse, les deux lunettes panoramiques supplémentaires (aux bouches à feu n° 1 et n° 6) et les rechanges.

La porte du coffre d'avant-train, placée à l'arrière, s'ouvre en se rabattant horizontalement. Les outils sont placés dans des logements ménagés sous le tablier-marchepied, à droite et à gauche du timon.

Dans les batteries montées, les sacs des servants de la pièce peuvent être arrimés au dossier de l'avant-train.

II. — CAISSON

126. Le caisson se compose d'un *avant-train* analogue — sauf en ce qui concerne la caisse aux accessoires — à celui de la bouche à feu, et d'un *arrière-train* permettant de loger 61 cartouches dans des alvéoles horizontaux.

La portière de l'arrière-train, à laquelle est fixé un *régloir*, se rabat complètement pour le tir.

La face du coffre d'arrière-train, ainsi que la portière, sont en tôle d'acier et forment bouclier pour les servants du caisson. Ce bouclier est complété par une partie supérieure, mobile autour de charnières horizontales.

127. Le *régloir* porte deux graduations : l'une en distances, l'autre permettant de corriger la durée de combustion des fusées. Cette dernière graduation va de — 8 à + 8, une division correspondant à un déplacement du point fusant de 50 mètres en moyenne.

III. — LUNETTE DE BATTERIE

128. La lunette de batterie comprend : la *lunette panoramique*, le *support de lunette* et le *trépied*.

129. La *lunette panoramique* est la même que la lunette de pièce.

130. Le *support de lunette* comprend deux pièces : l'une, supérieure, mobile; l'autre, inférieure, fixe.

La partie supérieure porte un logement pour lunette panoramique, en tous points semblable au support de lunette du curseur de la hausse; elle est susceptible de recevoir un mouvement de rotation, commandé par une vis sans fin, de manière à permettre de diriger la lunette « réglée au zéro» sur un point quelconque de l'horizon. Une patte de désembrayage permet le mouvement de rotation rapide.

La partie inférieure du support est terminée par un bout cylindrique qui pénètre dans la douille du trépied. Elle porte quatre vis de rappel permettant d'imprimer à la partie mobile supérieure des mouvements dans deux plans perpendiculaires entre eux. Deux niveaux, en équerre, donnent la possibilité d'assurer la verticalité de ces plans et, par suite, la verticalité du logement de la lunette.

131. Le *trépied* porte à sa partie supérieure une douille pour recevoir le support de lunette.

Cette douille, fendue, peut, à l'aide d'une vis avec patte quadrillée, être serrée sur le bout cylindrique de la partie inférieure du support de lunette, de manière à en assurer l'immobilité.

Chacun des pieds est articulé à la douille et se fixe par l'action d'un écrou à papillon.

IV. — MUNITIONS

132. Le canon de 7 c. 5 T. R. tire un *shrapnell* muni d'une fusée à double effet et d'un obus explosif muni d'une fusée à retard.

Le *shrapnell* (pl. I) comporte une boîte (1) en acier, avec bouchon fileté (2), renflement de centrage (3) et ceinture de forcement en cuivre (4). Le vide intérieur est partagé en deux chambres par un diaphragme (5) en acier.

Le projectile renferme environ 300 *balles* de 11 grammes et une *charge explosive* de 75 grammes en communication avec la fusée par un tube en laiton (6).

Le poids du projectile chargé est de 6 kgr. 500.

133. La *fusée à double effet* (pl. I), en métal blanc, comporte un *corps* (7) dont l'intérieur est partagé en trois parties. La partie supérieure renferme les organes actifs du système fusant (8). La partie centrale est constituée par le godet porte-aiguilles (9); elle est fermée par un écrou et contient les organes actifs du système percutant (10). La partie inférieure contient le pétard (11) et est bouchée par l'écrou de fermeture (12). Sur le corps sont enfilés un *disque mobile* (13) et un disque fixe (14), tous deux avec canal fusant intérieur.

On remarque :

Sur le *disque mobile*, la graduation en distances de 0 à 5.400; le *volet* (15); la *croix de repère de blocage* du fonctionnement fusant; le *trou de communication* (16) du canal fusant intérieur, avec le pétard;

Sur le *disque fixe*, le *volet* et le *repère* indiquant l'origine du canal fusant.

Les deux disques sont serrés sur le plateau du corps par un écrou de serrage (17).

Le plateau porte deux *entailles de réglage* comprenant entre elles un nez (18) avec trait de repère de réglage.

134. Réglage. — Consiste à mettre le trait correspondant à la distance commandée en concordance avec le repère de réglage.

Fonctionnement :

a) *Fusant.* — Au départ du coup, par suite de l'inertie, les organes actifs du système fusant mettent le feu au canal du disque fixe; les gaz font sauter le volet et se dégagent. Le canal du disque fixe brûle dans le sens inverse du mouvement des aiguilles d'une montre et à partir du trait de repère, jusqu'à hauteur du 0 du disque mobile, où se trouve la pastille de communication avec le canal intérieur. Ce dernier s'enflamme, les gaz chassent le volet et le feu se propage dans le sens de la marche des aiguilles d'une montre, jusqu'au trait de repère de réglage. La flamme passe alors, par le pétard, à l'intérieur du projectile.

Lorsque la fusée est *réglée à zéro*, la transmission du feu au pétard est directe et aussi immédiate que possible.

b) *Percutant.* — Au départ du coup, les organes actifs du système percutant s'arment. Le choc à l'arrivée les projette violemment en avant, vers l'aiguille du fond du godet. La flamme produite traverse la fusée et passe à l'intérieur du projectile.

c) *Le système fusant est bloqué.* — La croix du disque mobile est en regard du trait de repère de réglage; la partie pleine du disque mobile couvre le trou de

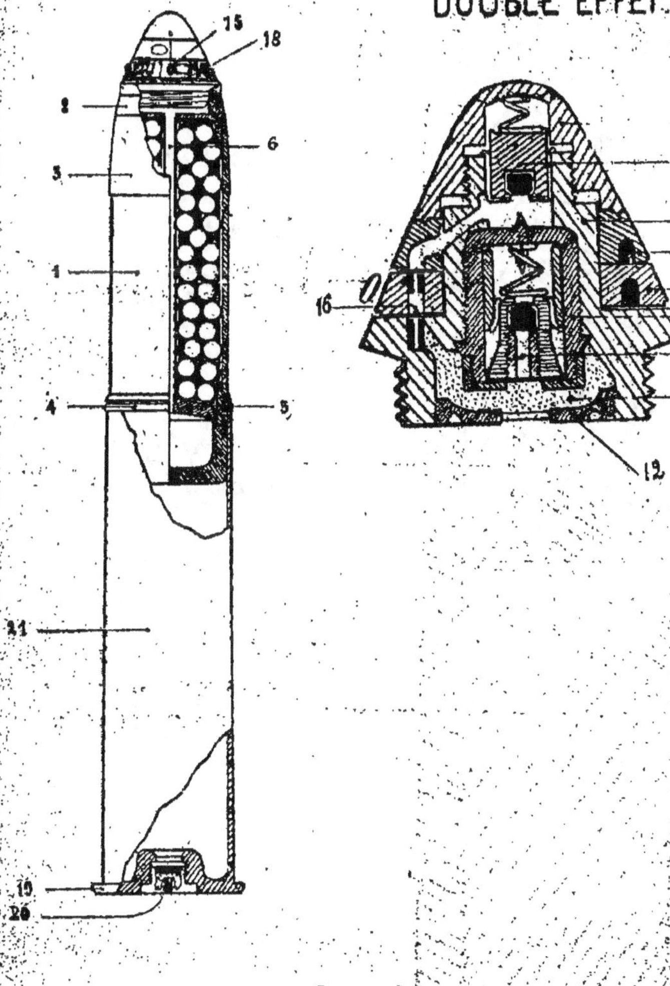
CARTOUCHE.
FUSÉE À
DOUBLE EFFET.
PLANCHE I.

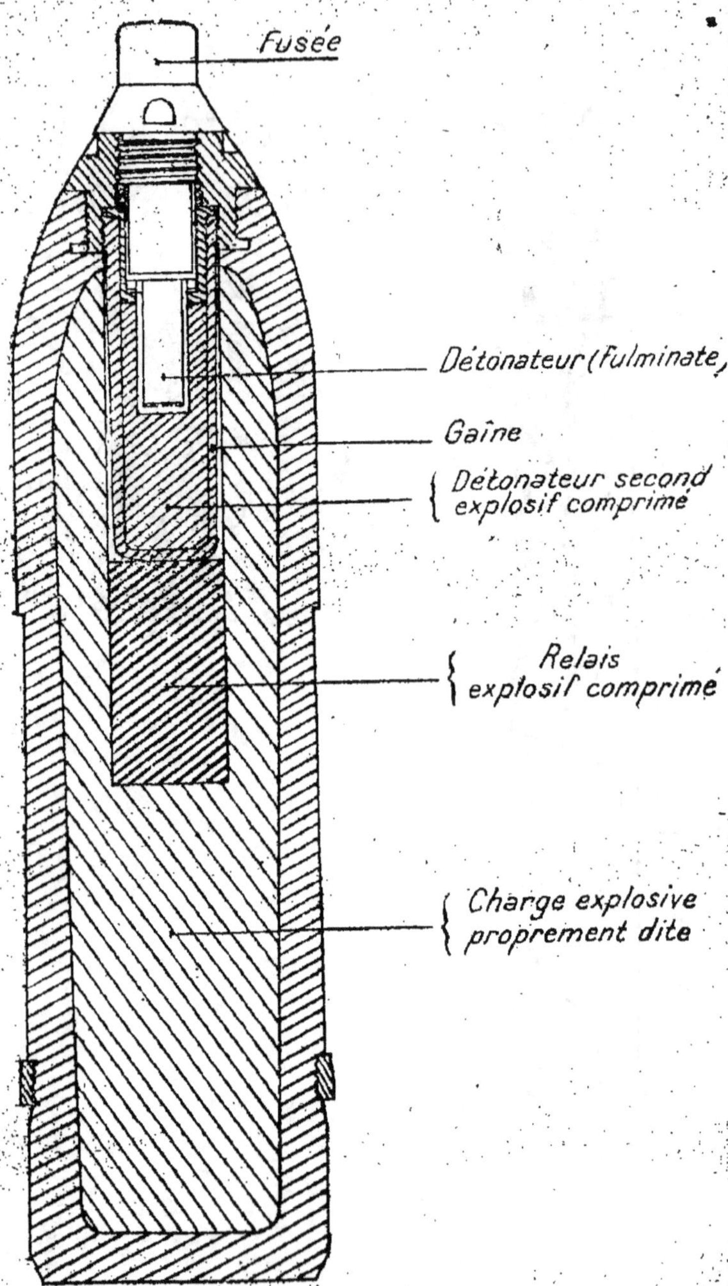

PLANCHE II. — Obus explosif de 75^{mm}

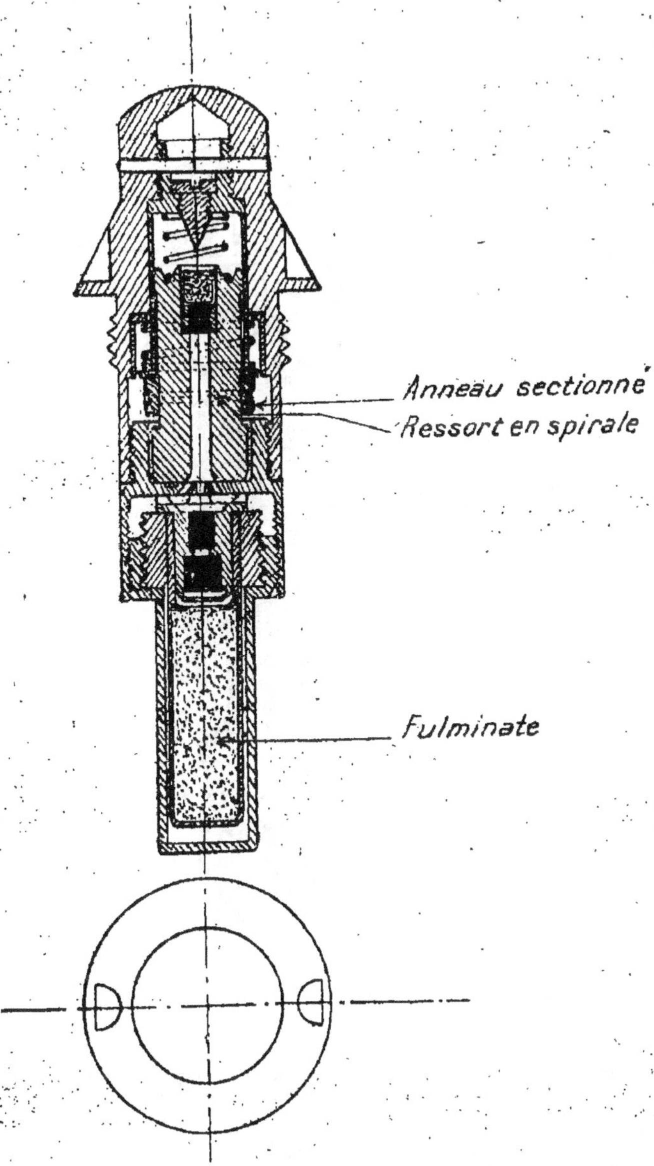

PLANCHE III. — Fusée Schneider pour obus explosif.

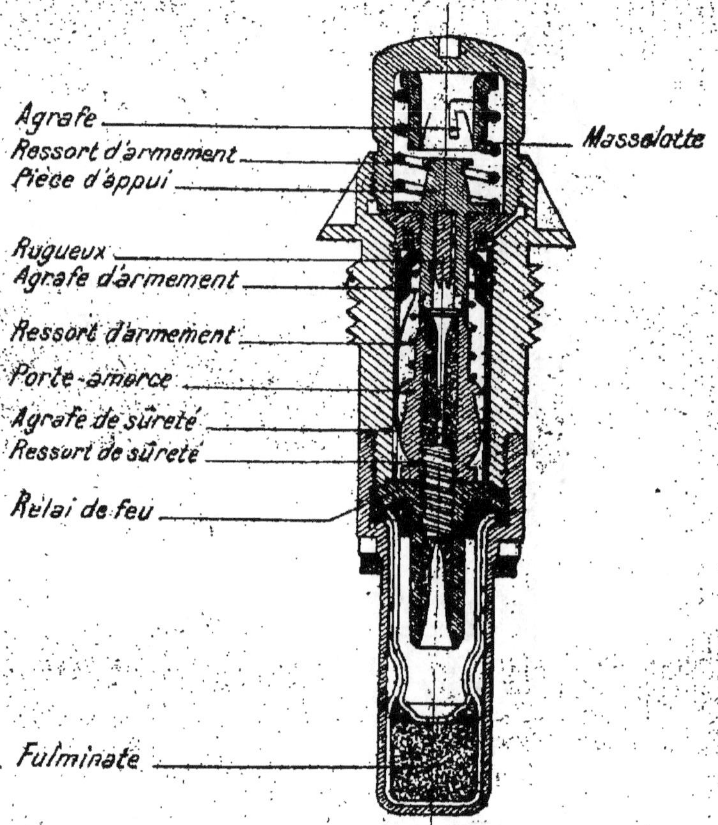

PLANCHE IV. — Fusée type « Guerre » pour obus explosif.

Cette fusée comprend un double système de sécurité. Au départ du coup, la masselotte du bouchon de tête comprime le ressort d'armement et se lie à la pièce d'appui. En même temps, l'agrafe d'armement se porte en arrière par inertie, ouvre l'agrafe de sûreté et se fixe au porte-amorce. Celui-ci, retenu, pendant le trajet du projectile dans l'air, par le ressort de sûreté, reste immobile jusqu'au moment où le choc à l'arrivée le pousse en avant. Il vient alors frapper le rugueux mis à découvert par suite de la projection en avant de l'ensemble masselotte-pièce d'appui. Dans les fusées actuelles on remplace le relai de feu par un bouchon porte-retard.

communication avec le pétard. La fusée est alors rendue uniquement percutante.

136. *L'obus explosif.* (Voir planche II.) — Il est muni actuellement de la fusée Schneider (voir planche III) ou de la fusée du type « guerre » française (voir planche IV). Le détonateur premier est constitué par du fulminate de mercure. Il fait corps avec la fusée.

Le détonateur second est constitué par de l'explosif brisant pulvérulent faiblement comprimé. L'explosif est du trinitrotoluène (1) ou de l'explosif belge.

Le relai est également chargé d'explosif pulvérulent faiblement comprimé. Le relai n'existe pas à tous les projectiles.

La charge explosive proprement dite des *projectiles à explosif unique* est en trinitrotoluène fondu.

Les *projectiles à explosif mixte* contiennent deux explosifs. Leur charge explosive est constituée par des fragments comprimés de Schneidérite ou d'explosif belge, agglomérés par du trinitrotoluène fondu.

137. Actuellement, l'artillerie de campagne emploie, en outre, des *obus à balles.*

L'*obus à balles de* 75^{mm} *à charge arrière* (peint en rouge) est organisé d'une manière identique au shrapnell pour canon de 7 c. 5 T. R.

L'*obus à balles de* 75^{mm} (peint en blanc) n'a ni chambre arrière ni diaphragme. La poudre est mélangée aux balles et le tube central est percé d'évents à la partie inférieure. Ce projectile fonctionne d'une manière identique au shrapnell et à l'obus à balles à charge arrière. L'éclatement donne un nuage de fumée très abondant. L'obus à balles convient particulièrement pour le tir contre avions.

Remarque I. — Les divers calibres tirent des obus incendiaires constitués par des obus explosifs, dans lesquels une partie de la charge proprement dite est remplacée par du phosphore.

Remarque II. — Le chargement de tous les obus explosifs se fait actuellement à l'École de pyrotechnie au Havre. Il n'est plus employé de mélinite ni pour la charge, ni pour le relais, ni pour le détonateur second;

2° Les obus chargés en explosif unique ou en explosif mixte Schneidérite-tolite ont même poids.

---

(1) Appelé aussi tolite.

Par contre, les obus chargés en explosif mixte belge-tolite sont sensiblement plus lourds, la quantité d'explosif étant plus grande par suite de la forte densité de l'explosif belge. Ces projectiles sont plus puissants que ceux chargés en explosif unique ou en explosif mixte Schneidérite-tolite.

138. La *douille* (pl. 1) de la cartouche, fixée à demeure au projectile, est en laiton et comprend :

Le corps tronconique (21);
Le culot avec bourrelet (19);
La vis-amorce dans son logement (20).
La *charge de tir* est de 592 grammes (maximum) de poudre sans fumée en languettes.

DÉMONTAGE ET REMONTAGE
DU MATÉRIEL.

PRESCRIPTIONS GÉNÉRALES

139. Il ne peut être procédé dans les batteries qu'aux démontages et remontages suivants :

1° Enlever et remettre une roue;
2° Enlever et remettre l'appareil de fermeture;
3° Démonter et remonter l'appareil de fermeture;
4° Enlever et remettre le frein hydraulique;
5° Enlever et remettre le canon;
6° Séparer le berceau du porte-berceau; enlever et remettre le porte-berceau; réunir le berceau au porte-berceau.

Les démontages et remontages ne sont pas réglés par des commandements, mais bien par l'indication explicite de la succession des opérations à mesure qu'elles doivent s'exécuter.

Les manœuvres indiquées aux 4°, 5° et 6° ne peuvent s'effectuer qu'en présence d'un officier; elles n'ont pas un caractère d'exercice courant; on ne procède à leur exécution que pour visiter et entretenir le matériel. Ces circonstances sont mises à profit pour l'instruction du personnel.

Quand on exécute à l'affût la manœuvre indiquée au 1° ci-dessus, le canon doit être amarré.

Avant de procéder aux opérations mentionnées aux 2°, 3°, 4°, 5° et 6°, on dispose sur une table des linges propres pour pouvoir y déposer les accessoires et les pièces démontées.

En outre, pour l'exécution des opérations des 4°, 5° et 6°, on a soin de serrer le frein de roues et de mettre le canon horizontal.

Si les manœuvres s'exécutent sur un sol uni et lisse, il est prudent de placer une planche sous la bêche de crosse dans le sens de la longueur de l'affût.

Dans tous les démontages et remontages, des précautions minutieuses doivent être prises en vue d'éviter les chocs (surtout aux glissières du berceau) et l'introduction de poussières ou de crasses entre les surfaces frottantes. Les filets des boulons, vis et écrous qui doivent être remontés sont soigneusement nettoyés et huilés.

On a soin d'engager sur son boulon, dès que cela est possible, les premiers filets de tout écrou démonté.

ENLEVER ET REMETTRE UNE ROUE.

Enlever la roue droite (gauche).

140. Cette opération s'exécute de la même façon à l'avant-train de bouche à feu, à l'affût et aux deux trains de caisson.

Agrès : 1 bloc support d'essieu (1).

Opérations : Disposer la roue de manière qu'elle ait deux rais horizontaux.

Caler la roue gauche (droite).

Deux servants, le dos tourné à la roue à enlever, saisissent chacun un rai horizontal et font effort pour soulever la roue de quelques centimètres.

Pendant cette opération, un troisième servant saisit des deux mains la jante supérieure de la roue gauche (droite) et appuie un pied sur la jante inférieure pour empêcher la roue de glisser. Il opère une traction sur la jante supérieure pour aider au soulèvement de la roue droite (gauche).

Dès que la chose est possible, un quatrième servant dispose le bloc support sous la partie droite (gauche) de l'essieu, du côté intérieur de la rondelle d'épaulement et à proximité de celle-ci.

Les servants laissent reposer l'essieu sur le bloc-support.

Dégager ensuite l'anneau à ressort.

Enlever la lanière de clavette et la clavette.

Enlever l'esse et la rondelle de bout d'essieu.

Retirer la roue.

---

(1) Si l'on ne dispose pas du bloc-support, il sera généralement possible de se procurer, pour remplir le même orifice, un rondin de bois en bon état d'environ six centimètres de diamètre et d'une longueur supérieure de quelques centimètres au rayon de la roue.

Un palonnier peut suffire en cas de besoin.

Remettre la roue droite (gauche).

411. La manœuvre se fait par les moyens inverses de ceux décrits à l'article précédent.

DÉMONTER ET REMONTER L'APPAREIL DE FERMETURE.

Démonter l'appareil de fermeture.

142. Le coin étant retiré de sa mortaise, comme il a été dit ci-dessus, replacer la clavette avec arrêtoir dans son logement, mettre la poignée de l'arbre de translation dans la position de fermeture et le bouton de sûreté dans la position « calé ».

Appuyer avec le pouce de la main gauche sur le bouton-appui du ressort du percuteur; pousser en même temps sur la poignée de la broche de sûreté, dans le sens de la compression du ressort de sûreté, et la tourner de gauche à droite, de manière à amener le tenon carré de la broche en regard de la rainure qui lui est ménagée dans le bouton-appui; retirer la broche, puis le bouton-appui.

Retirer le ressort du percuteur, puis le percuteur.

Faire tourner la poignée de l'arbre de translation vers la droite, de manière à amener en regard l'une de l'autre les flèches portées par la douille et par la plaque de fermeture; retirer l'arbre de translation.

Enlever la clavette avec arrêtoir.

Retirer de son logement la plaque porte-mécanisme de détente en agissant sur la détente.

Pour démonter la broche de sûreté, tenir celle-ci de la main gauche, saisir de la main droite le bouton de sûreté et, en pressant sur le ressort, tourner ce bouton vers la gauche, de manière à dégager de leur logement les deux tenons de la broche de sûreté; enlever la buselure mobile; enlever le ressort.

Pour démonter le mécanisme de détente, il suffit d'enlever de leurs axes-pivots le levier d'armé avec noix d'armé, puis la détente.

Remonter l'appareil de fermeture.

143. Le remontage de l'appareil de fermeture s'opère

par les moyens inverses de ceux employés pour le démontage; il faut toutefois avoir égard aux observations suivantes :

a) Dans l'assemblage des éléments du dispositif de sûreté, engager les extrémités recourbées du ressort dans la rainure longitudinale de la broche, et le tenon du bouton à poignée dans l'encoche de la buselure mobile qui porte un trait de repère;

b) Dans le remontage du mécanisme de détente, la plaque porte-mécanisme étant disposée avec les axes-pivots au-dessus et l'encoche pour clavette avec arrêtoir vers la droite, engager sur leur pivot la détente (l'œillet à droite et la saillie avec plans inclinés vers le haut) et le levier d'armé (le bras gauche vers l'avant, le bec à gauche); remettre la détente et le levier d'armé dans la position de repos, c'est-à-dire le bec antérieur de la noix sous le bec d'armé de la détente;

c) Dans le remontage du bouton-appui, mettre en regard l'un de l'autre les repères frappés sur ce bouton et sur la tranche arrière du coin;

d) Avant d'introduire la broche de sûreté dans le coin, s'assurer que la poignée de l'arbre de translation est dans la position fermée; introduire la broche à fond dans son logement, le tenon carré vers le bas, tout en appuyant sur le bouton d'appui du ressort du percuteur; pousser énergiquement sur le bouton et le tourner en même temps vers la gauche jusqu'à refus. A ce moment, le bouton doit être rejeté vers l'arrière par le ressort.

Le dispositif de sûreté occupe alors la position « Calé ». Pour le faire passer à la position « Feu », exercer une traction sur le bouton à poignée, le faire tourner en même temps vers la gauche jusqu'à refus, puis l'abandonner à l'action du ressort, qui le fait rentrer dans le coin.

ENLEVER ET REMETTRE LE FREIN HYDRAULIQUE.

Retirer le frein hydraulique du berceau.

144. Placer deux chantiers sur le côté de l'affût, à 1 mètre en dehors des roues et à 1^m,50 l'un de l'autre. C'est sur ces chantiers que l'on déposera le frein.

Agrès et accessoires nécessaires.
- 2 jarretières.
- 1 chasse-goupille.
- 1 marteau à main.
- 1 clef pour vis-bouchon du trou de remplissage du frein et boulons de coiffe du berceau.
- 1 pince coupe-fil.
- 1 tournevis avec manche pour vis de plaque d'obturation.
- 1 clef à manivelle pour vis de tension.
- 2 chantiers.

OPÉRATIONS.

Enlever les goupilles fendues et dévisser en partie les écrous des boulons d'attache de la coiffe du berceau; faire pivoter ces boulons pour les dégager des encoches correspondantes dans la coiffe.

Accoler les deux jarretières et les fixer par leur milieu à la coiffe du berceau au moyen d'un nœud de galère (1), la double ganse au-dessus et en arrière du crampon pour courroie.

Quatre servants s'appliquent aux jarretières accolées, deux à chaque bout, face vers l'avant, et s'apprêtent à faire effort vers l'arrière.

Enlever le tube de protection.

Couper le fil de laiton enlacé autour de la tête de la vis de tension.

Dévisser et enlever la vis de sûreté, puis la vis de tension.

Pendant qu'on dévisse cette dernière, les servants appliqués aux jarretières font effort vers l'arrière. Deux servants retirent du berceau le frein hydraulique entouré des ressorts récupérateurs et le déposent sur les chantiers.

Un autre servant retire, s'il y a lieu, le dernier ressort du berceau.

Note. — Le frein hydraulique est poussé vers l'avant par suite de la compression initiale des ressorts récupérateurs, lorsque la vis de tension est dévissée d'environ 45 centimètres; c'est à ce moment surtout que les quatre servants appli-

---

(1) Pour former un nœud de galère, faire une boucle vers le milieu de la jarretière; avec un des deux brins, faire une ganse; introduire cette ganse dans la boucle et passer ensuite cette ganse autour de l'objet à enserrer.

qués aux jarretières doivent faire effort. Les ressorts récupérateurs ne sont pas placés indifféremment autour du cylindre frein; il faut veiller attentivement à ne pas les intervertir pendant les manipulations.

Remettre le frein hydraulique dans le berceau.

145. *Agrès et accessoires.* — Comme pour enlever le frein hydraulique, sauf qu'il faut, en plus, un levier de manœuvre.

OPÉRATIONS.

Introduire dans le berceau le ressort récupérateur qui en a été retiré le dernier dans la manœuvre précédente. Introduire ensuite le frein entouré des trois autres ressorts, après s'être assuré que ces derniers n'ont pas été intervertis.

Accoler les deux jarretières et les fixer à la coiffe du berceau comme il a été dit pour la manœuvre précédente; appuyer un levier de manœuvre, à plat et par son milieu, contre la face antérieure de la coiffe du berceau.

Quatre servants s'appliquent aux jarretières accolées, face vers l'avant (deux à chaque bout); les deux servants s'appliquent au levier, face en arrière (un à chaque extrémité). Ces six servants font effort vers l'arrière pour bander les ressorts récupérateurs.

Introduire la vis de tension dans son logement et, dès que c'est possible, la revisser.

Rabattre dans leurs encoches les boulons d'attache de la coiffe du berceau, en serrer les écrous et replacer les goupilles fendues.

Revisser la vis de sûreté du frein et en fixer la tête au moyen d'un fil de laiton.

Dans le remontage du frein, on veillera à l'observation des prescriptions ci-après :

a) La vis de tension doit être nettoyée et graissée abondamment avant d'être introduite dans son logement;

b) Les servants, agissant par le levier et les jarretières, font effort jusqu'au moment où la coiffe du berceau va pénétrer dans ce dernier;

c) Avant de visser à fond la vis de tension, amener les griffes latérales du cylindre de frein en regard des rainures correspondantes du berceau;

d) S'assurer que la coiffe du berceau est vissée à

fond sur la tige du piston du frein et, avant qu'elle s'engage dans le berceau, la dévisser de la quantité strictement nécessaire pour que le crampon de courroie soit au-dessus.

REMARQUE. — Lors de la visite de plusieurs affûts, il a été constaté que le frein hydraulique de ces pièces était mal remis.

Les griffes latérales du cylindre du frein, au lieu d'être engagées dans les rainures-guides du berceau, reposaient sur le fond de celui-ci.

ENLEVER ET REMETTRE LE CANON.

Enlever le canon de son berceau.

146. Pour enlever et remettre le canon, deux chantiers sont placés derrière l'affût, perpendiculairement à son axe, à 1 mètre de la crosse et à 1^m,50 l'un de l'autre. C'est sur ces chantiers que l'on déposera le canon.

Agrès et accessoires
- 3 leviers de manœuvre.
- 1 pince coupe-fil.
- 1 tournevis avec manche, pour vis de plaque d'obturation.
- 1 clef à manivelle pour vis de tension.

OPÉRATIONS.

Enlever l'appareil de fermeture.

Enlever le tube de protection.

Dégager de la réglette en bronze l'index de l'indicateur du recul.

Couper le fil de laiton enlacé autour de la tête de la vis de tension.

Dévisser et enlever la vis de sûreté, puis la vis de tension.

Faire reculer le canon de 50 centimètres environ, en faisant effort sur la tranche de la bouche.

Placer un levier de manœuvre en croix sous la culasse, contre la patte d'attache du cylindre de frein; deux servants s'appliquent à ce levier, face en avant (un à chaque extrémité) et soulèvent légèrement le canon. Continuer à faire reculer le canon jusqu'à ce que la patte-griffe du milieu soit en partie dégagée des glissières.

Placer deux autres leviers de manœuvre en croix sous le canon, *le premier sous les pattes griffes d'arrière*, le second sous les pattes griffes de milieu.

Quatre servants s'appliquent à ces leviers (un à chaque extrémité), face en arrière.

Les six servants font reculer le canon en le soulevant légèrement du côté de la volée, plus fortement du côté de la culasse, de manière à dégager complètement des glissières la patte griffe de volée. Ils soulèvent ensuite le canon avec ensemble et vont le déposer sur les chantiers placés derrière l'affût, en le faisant reposer sur ces chantiers par les pattes griffes extrêmes.

Le canon ne peut jamais reposer sur les leviers ou les chantiers par l'intermédiaire des tôles couvre-glissières.

Pour éviter que le canon glisse latéralement, il convient d'essuyer soigneusement la face inférieure de la culasse et les pattes griffes d'arrière et de milieu avant de disposer sous elles les leviers de manœuvre.

Remettre le canon sur le berceau.

147. Les agrès et accessoires sont les mêmes que pour l'opération précédente.

La manœuvre se fait par les moyens inverses de ceux décrits dans la manœuvre « enlever le canon de son berceau ».

Pour pousser le canon à fond sur les glissières, agir sur la culasse.

SÉPARER LE BERCEAU DU PORTE-BERCEAU, ENLEVER ET REMETTRE LE PORTE-BERCEAU, RÉUNIR LE BERCEAU AU PORTE-BERCEAU.

148. Pour ces opérations, on a soin de disposer les roues de l'affût de manière qu'elles aient chacune deux rais horizontaux, et de retirer le frein hydraulique.

Séparer le berceau du porte-berceau.
Enlever le porte-berceau.

149. Le canon doit, au préalable, avoir été enlevé de son berceau.

Agrès
et accessoires
$\left\{\begin{array}{l}\text{2 leviers de manœuvre.} \\ \text{2 jarretières.} \\ \text{1 chasse-goupille.} \\ \text{1 marteau à main.} \\ \text{1 clef à écrou anglaise.} \\ \text{1 clef pour frein hydraulique.} \\ \text{1 tournevis avec manche pour vis de plaque d'obturation.}\end{array}\right.$

OPÉRATIONS.

Oter les goupilles, les écrous et les clefs de calage du capot.

Soulever le capot et l'enlever.

Oter la vis de pointage en direction et le boulon avec arc gradué de l'appareil de pointage en hauteur, après en avoir dévissé les écrous goupillés.

Avant de retirer le boulon avec arc gradué, il importe de soutenir le berceau à l'avant pour l'empêcher de basculer autour des tourillons du porte-berceau lorsque le berceau ne sera plus relié à l'appareil de pointage en hauteur. Si l'on ne prenait pas cette précaution, le support de hausse viendrait buter assez violemment contre le bouclier.

Relever les sus-bandes d'encastrement des tourillons horizontaux du porte-berceau.

Faire basculer un peu le berceau vers l'avant; engager un levier de manœuvre dans les roues à l'arrière des moyeux, sur les rais *horizontaux* et contre le bouclier, le levier passant sous le porte-berceau.

Laisser reposer le porte-berceau sur le levier.

Faire descendre à fond, à l'aide du volant à poignée, la double vis de l'appareil de pointage en hauteur. *Pendant cette opération, empêcher la vis pleine de tourner.*

Soulever la partie avant du berceau, tandis que deux servants le maintiennent à l'arrière pour l'empêcher de glisser; engager un levier de manœuvre dans les roues, à l'avant des moyeux, sur les rais placés immédiatement au-dessus des rais horizontaux et contre les jantes; placer ce levier de champ et le brêler aux jantes au moyen des jarretières.

Soulever l'ensemble du berceau et du porte-berceau (quatre servants, dont deux à l'avant et deux à l'arrière), l'avancer jusqu'à ce que l'avant du porte-berceau soit à environ 1 centimètre du levier avant.

Laisser reposer sur les leviers le berceau et le porte-berceau et les maintenir à l'arrière (deux servants) pour les empêcher de glisser.

Enlever la goupille, la coiffe de sûreté et la vis de couvercle du tourillon vertical.

Dévisser le couvercle et l'enlever.

Séparer le berceau du porte-berceau; pour cela, soulever (deux servants) l'arrière du berceau pendant qu'on en maintient l'avant (deux servants) pour l'empêcher de glisser. Repousser vers l'avant le glissoir de l'écrou de la vis de pointage en direction, pour le dégager du rebord rainuré de la plaque d'appui du berceau.

Enlever le porte-berceau en le soutenant à l'avant et à l'arrière.

Laisser reposer le berceau sur les leviers et le maintenir à l'arrière.

Remettre le porte-berceau et replacer le berceau.

150. On emploie les mêmes agrès et accessoires que pour la manœuvre précédente.

OPÉRATIONS.

Le berceau étant dans la position indiquée à la fin de la manœuvre précédente, le soulever à l'arrière. Engager le porte-berceau sous le berceau, le tourillon vertical de celui-ci venant dans le logement cylindrique du porte-berceau.

Engager, en le poussant vers l'arrière, le glissoir de l'écrou de la vis de pointage en direction dans le rebord rainuré de la plaque d'appui du berceau. Replacer le couvercle du tourillon vertical par les moyens inverses de ceux indiqués dans la manœuvre précédente, en ayant soin d'amener en regard l'un de l'autre les logements de la vis du couvercle dans le tourillon vertical et dans le couvercle.

Soulever l'ensemble du berceau et du porte-berceau (quatre servants, dont deux à l'avant et deux à l'arrière).

Enlever les leviers, laisser reposer le porte-berceau

par ses tourillons horizontaux dans les encastrements du corps d'affût et rabattre les sus-bandes du corps d'affût.

Manœuvrer le mécanisme de pointage en hauteur de façon que l'œillet de la vis pleine vienne se placer entre les oreilles du porte-berceau.

Pendant cette opération, la vis pleine est maintenue à la main pour l'empêcher de tourner.

Avant d'actionner la manivelle de pointage en hauteur pour engager l'œillet de la vis pleine dans les oreilles du porte-berceau, il importe de s'assurer que la vis creuse est à fond dans l'écrou à tourillons et que la vis pleine est à fond dans la vis creuse. Les y placer éventuellement, en mettant l'œillet de la vis pleine dans la direction convenable.

Sans l'observation de cette prescription, il ne serait pas possible de donner au canon les angles maximum d'élévation et de dépression.

Replacer le boulon avec arc gradué de l'appareil de pointage en direction ainsi que le capot par les moyens inverses de ceux qui ont été indiqués pour les enlever.

VÉRIFICATION DES APPAREILS DE POINTAGE.

151. L'appareil de pointage est *à la position initiale* lorsque :

a) La bulle du niveau de la boîte de hausse est entre ses repères;

b) La hausse à fond dans la boîte de hausse;

c) L'index du curseur de hausse au trait 30 de l'échelle des écarts;

d) Le niveau d'angle de site à 100;

e) Les graduations du goniomètre à zéro; celles de l'éclimètre à 100.

Lorsque l'appareil de pointage est à la position initiale et que la bouche à feu est disposée horizontalement, la ligne « cran de mire-guidon » et l'axe optique de la lunette sont parallèles à l'axe du canon et la bulle du niveau d'angle de site est entre ses repères.

Le dessin ci-dessous indique la position du point de

percée de ces trois lignes avec le plan vertical perpendiculaire à l'axe de la bouche à feu :

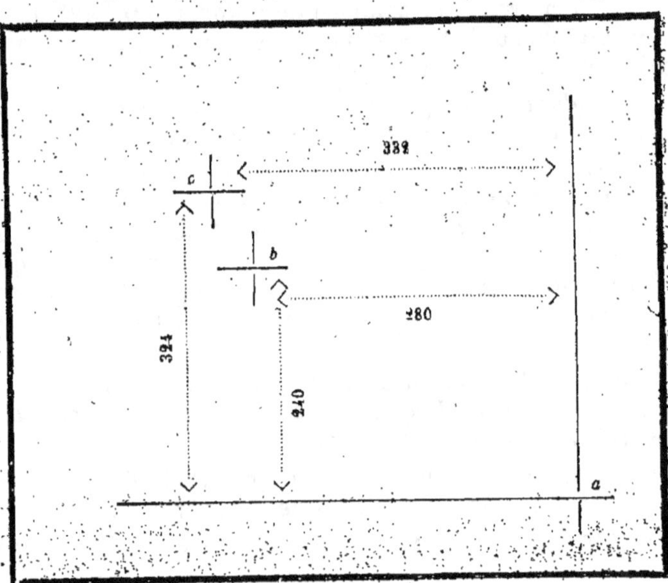

a) Axe de la bouche à feu.
b) Ligne « **cran de mire-guidon** ».
c) Axe optique de la lunette.

Les opérations de vérification peuvent être soit complètes, avec rectification de la position des organes en défaut, soit sommaires, avec détermination de l'erreur provenant des instruments.

La vérification complète est effectuée, en principe, une fois par trimestre et, en particulier, chaque fois que le commandant de batterie a des doutes sur l'exactitude de l'appareil de pointage ou que le matériel doit participer à des tirs réels.

Elle s'exécute comme suit :

Placer la bouche à feu en batterie à une distance de 80 à 100 mètres d'une mire sur laquelle est tracée la figure représentée ci-avant (1);

---

(1) La mire est constituée par un tableau noir de 0ᵐ,60 de côté, avec pattes d'attache pour le suspendre.

Disposer l'appareil de pointage de la bouche à feu à la position initiale;

Pointer par l'axe de la bouche à feu sur le point *a* de la mire. On se sert pour ce pointage d'une douille avec capsule percée en son centre d'un trou de 2 millimètres de diamètre et d'un cylindre avec réticule dont on dispose les fils suivant les traits carrés du canon à la volée. Sans toucher à la bouche à feu, vérifier successivement si la ligne cran de mire-guidon et l'axe optique de la lunette sont pointées respectivement sur les points *b* et *c*.

La ligne cran de mire-guidon ne peut être fautive que si un coup a été donné sur le guidon ou sur le bras porte-guidon. Ce point doit être signalé spécialement et la réparation exécutée par une équipe d'ouvriers des établissements de fabrication.

Pour évaluer de combien de millièmes la ligne cran de mire-guidon est fautive en direction, déplacer le curseur de la hausse de façon à ramener la visée sur le point *b* et lire la graduation indiquée par l'index. En tenir compte éventuellement en substituant le nombre indiqué au nombre 30.

Pour évaluer de combien de millièmes la ligne cran de mire-guidon est fautive en hauteur, mesurer à l'aide de l'éclimètre de la lunette la distance comprise entre l'horizontale *b* et l'horizontale du point de percée de la ligne de visée avec le tableau. On pourrait en tenir compte éventuellement en augmentant ou en diminuant la hausse du nombre de millièmes trouvé (échelle de droite de la hausse).

L'erreur d'angle indiquée par le goniomètre ou par l'éclimètre de la lunette n'est supérieure à 100 millièmes que si les organes internes de l'instrument sont en mauvais état. Une erreur de l'espèce ne se corrige pas et doit être signalée. Lorsque l'erreur d'angle est inférieure à 100 millièmes, elle peut provenir d'un simple déplacement du tambour des millièmes. Pour la corriger, on pointe la lunette sur le point *c*, l'axe de la pièce restant pointé sur *a*, on desserre à l'aide de la clef de réglage l'écrou et la rondelle qui fixent le tambour sur la vis de manœuvre du goniomètre ou de l'éclimètre. Dans ces conditions, le tambour est fou

---

Les lignes sont tracées à la couleur blanche en traits de 10 millimètres d'épaisseur.

Le point *a* du dessin est placé sensiblement à hauteur de l'axe de la bouche à feu.

sur son axe; on ramène son zéro en regard de l'index et l'on remonte la rondelle et la vis en serrant vigoureusement celle-ci à fond.

VÉRIFICATION DU NIVEAU D'ANGLE DE SITE.

Disposer la bouche à feu horizontalement à l'aide du quart de cercle de batterie placé sur son assise. Avoir soin de vérifier ce quart de cercle par retournement.

Le niveau étant réglé à 100, la bulle d'air doit se trouver entre ses repères.

S'il n'en est pas ainsi, desserrer les deux vis de fixation de la gaine du niveau et le faire coulisser dans la rainure jusqu'à ce que la bulle d'air soit entre ses repères; resserrer les vis.

REMARQUE. — La gaine de niveau et son support portent généralement deux repères de montage. Ces repères ne conviennent plus dès que la fiole a été remplacée.

VÉRIFICATION SOMMAIRE.

Cette vérification peut s'exécuter lorsque la batterie est sur le terrain de manœuvre.

Les opérations supposent que la ligne cran de mire-guidon est correcte.

Elle s'exécute comme suit :

a) *Vérification des niveaux.* — Choisir dans la direction de la ligne de tir de la batterie un point de pointage suffisamment éloigné, 1.000 mètres par exemple.

Pointer toutes les pièces sur ce point par le cran de mire et le guidon en plaçant la hausse à la distance appréciée pour le point de pointage.

Repérer l'inclinaison des pièces au niveau d'angle de site.

Les angles lus aux niveaux doivent être les mêmes, 103 par exemple, si les pièces sont placées sur terrain horizontal.

Si l'une des pièces indiquait 108, soit 5 millièmes en plus, en tenir compte pour régler le niveau de cette pièce à 105, dans le cas où les niveaux de la batterie devraient être réglés à 100.

b) *Vérification de la lunette.* — La pièce étant pointée comme ci-dessus, s'assurer que l'axe optique de la lunette disposée, à la position initiale, passe par le point de pointage. Tenir compte éventuellement de l'erreur constatée soit au goniomètre, soit à l'éclimètre.

ENTRETIEN DU MATÉRIEL.

152. Toutes les parties frottantes doivent être convenablement graissées; on surveillera particulièrement les tourillons horizontaux, le pivot vertical et les glissières du berceau, la hausse, l'appareil de fermeture, les boîtes de roue, etc.

Il a été souvent constaté, lors des vérifications du matériel, que les mouvements en hauteur et en direction étaient calés à cause du manque de graissage sur les parties frottantes.

Il est strictement interdit de démonter les lunettes et de les enduire de graisse; on en frottera les parties métalliques extérieures avec un chiffon propre légèrement graissé.

Le matériel sera peint d'après la couleur du terrain environnant; dans cet ordre d'idées, il conviendra parfois de donner une teinte aux faces antérieures du bouclier et du caisson et une autre aux parties supérieures du caisson, de l'affût et du canon.

En tout cas, la partie supérieure de la culasse ne doit pas être brillante, car le soleil en s'y réflétant indique aux avions la présence des pièces.

TITRE II.

CANON DE 7° 5 P.

ÉCOLE DU SERVANT ET ÉCOLE DE LA PIÈCE.

FONCTIONS GÉNÉRALES DES SERVANTS.

Le pointeur donne la dérive, l'angle de site, pointe et repère la pièce, met le feu.

Le servant de culasse ouvre et ferme la culasse et donne les portées.

Le chargeur introduit les cartouches dans la chambre.

Le premier pourvoyeur transporte les cartouches du coffre dans le régloir.

Le régleur règle les fusées.

Le deuxième pourvoyeur prend les cartouches dans le régloir et les passe au chargeur.

Le chef de pièce surveille la manœuvre et commande le feu.

POSTES DES SERVANTS PENDANT LE TIR.

Le pointeur assis sur son siège, face en avant.

Le servant de culasse sur son siège, face à la culasse.

(Pour le premier coup, quand la bêche n'est pas enterrée, les deux servants précédents se tiennent généralement debout à 50 mètres en arrière de leurs sièges.)

Le chargeur debout, en arrière du pointeur, face à la culasse, ses pieds placés de façon qu'il puisse, sans les déranger, prendre une cartouche des mains du deuxième pourvoyeur et l'introduire dans l'âme.

Le régleur à genoux derrière le régloir abattu.

Le premier pourvoyeur à genoux derrière la partie gauche du caisson.

Le deuxième pourvoyeur à genoux derrière la partie droite du caisson.

DÉTAIL DES FONCTIONS DES SERVANTS.
FONCTIONS DES POURVOYEURS.

Le premier pourvoyeur prend les cartouches dans le demi-coffre de son côté et les place dans le régloir. Aussitôt une cartouche réglée et enlevée par le deuxième pourvoyeur, il en place une autre dans le régloir qui doit toujours être garni.

Le deuxième pourvoyeur prend les cartouches dans le régloir dès qu'elles sont réglées et les passe, le culot le premier, au chargeur.

Si l'on a commandé *Tir percutant*, il passe la cartouche dès qu'il a entendu prononcer le commandement de distance. Il continue de la même façon jusqu'à ce qu'on commande *Correcteur tant*, ce qui veut dire que le tir redevient fusant et que la fusée doit être réglée.

Dans l'intervalle des tirs rapides, les deux pourvoyeurs transportent autant de cartouches qu'il est nécessaire du demi-coffre de droite dans celui de gauche pour rétablir l'équilibre.

FONCTIONS DU RÉGLEUR.

—

Donner sur le régloir la portée et le correcteur.

Quand le régleur a reçu l'indication d'une portée, qui est toujours la même qu'on donne sur la hausse, il amène la division correspondante de la graduation supérieure en regard de l'index, en agissant sur la manivelle de gauche. Pour pouvoir tourner cette manivelle, il faut commencer par la pousser en avant pour la débrayer.

A l'indication du correcteur, il amène l'index mobile en face de la division indiquée sur la graduation inférieure en millièmes; il se sert pour cela du bouton moletté de droite qu'il pousse d'abord en avant pour le débrayer.

Si, accidentellement, il n'est pas indiqué de correcteur, celui-ci doit être mis à la graduation moyenne marquée 50.

Régler la fusée.

La portée et le correcteur prescrits étant donnés sur le régloir et une cartouche étant placée dans le porte-ogive, pour régler la fusée, le régleur saisit à deux mains la poignée de la manivelle, la dégage en appuyant sur le bras et donne deux tours de manivelle en commençant le mouvement vers sa droite. Il fait un effort vers le bas pendant un peu plus d'un tour pour que la manivelle ne s'arrête pas au premier tour. Il achève le deuxième tour sans appuyer vers le bas de façon que la manivelle s'enclanche d'elle-même à la fin du deuxième tour.

Modification de la poignée du correcteur.

Si l'on veut par exemple abaisser le point d'éclatement, on commande *Correcteur plus bas 5*. Le régleur, agissant sur le bouton moletté, déplace l'index du correcteur de cinq divisions du côté des nombres les plus bas. Il annonce ensuite le nouveau correcteur.

Lorsque, après un premier réglage, la portée ou le correcteur ont été modifiés, il faut à nouveau donner les deux tours de manivelle pour que la fusée soit réglée.

Si le régleur reçoit l'indication d'une nouvelle distance sans que le correcteur lui soit envoyé, il laisse le correcteur à la graduation où il se trouve et règle la fusée pour la distance indiquée.

Au commandement : *Tir percutant*, le régleur cesse de régler les fusées. Il recommence à les régler au commandement : *Correcteur tant*.

Régler plusieurs cartouches.

Au commandement :

Par tant
Correcteur tant
Telle distance

Par exemple :

Par quatre,
Correcteur 45
2.400.

Le régleur ayant donné le correcteur et la distance prescrits règle quatre fusées dans les mêmes conditions sans autre indication.

Cas du tir percutant.

Aux commandements :

Tir percutant,
Telle distance,

ou :

Par tant, Tir percutant,
Telle distance,

le régleur laisse le correcteur où il se trouve, donne la distance prescrite mais ne règle pas les fusées et fait passer une cartouche ou le nombre indiqué au chargeur par le deuxième pourvoyeur.

REMARQUE. — A la fin du tir, le correcteur doit être remis à la division 50; on ne peut d'ailleurs pas replier le régloir si cette précaution n'a pas été prise.

Si, accidentellement, une fusée a été réglée et non tirée, il faut la régler pour ∞ , c'est-à-dire percutante avant de la remettre dans les coffres.

FONCTIONS DU CHARGEUR.

Mettre la pièce en direction à l'aide du levier de pointage.

Avant le premier coup, lorsque la bêche n'est pas enterrée, le chargeur se porte au levier de pointage et déplace la crosse à droite ou à gauche d'après les indications du pointeur.

Charger la pièce.

Au commandement : *Telle distance,* le chargeur se penche du côté du deuxième pourvoyeur, reçoit de lui la cartouche, prend le culot dans la main droite et l'ogive dans la main gauche. Il se penche ensuite vers la culasse, engage l'ogive dans l'âme et pousse la cartouche avec la main droite jusqu'à ce que le culot ait dépassé la tranche de culasse. Dans les tirs rapides, le chargeur charge le nombre de coups prescrit sans attendre de nouvelle indication de distance.

FONCTIONS DU SERVANT DE CULASSE.

Pour ouvrir la culasse, appuyer avec les deux mains sur la poignée du levier et faire en même temps effort vers la gauche en continuant la rotation du levier jusqu'à l'arrêt du mouvement qui doit être un peu brusque pour produire l'éjection de la douille vide.

Pour fermer la culasse, ramener le levier à sa position de fermeture jusqu'à ce que la poignée remonte librement sous l'action de son ressort.

Le servant de culasse ferme la culasse dès que le culot de la cartouche a franchi la tranche de culasse. Il ouvre la culasse dans les derniers instants de la rentrée en batterie.

Donner la portée.

Le servant de culasse donne la portée en manœuvrant la poignée actionnant la vis de pointage en hauteur.

Les portées sont indiquées sur un tambour gradué qui se déplace devant un index fixe.

FONCTIONS DU POINTEUR.

Donner la dérive.

La *dérive* est le *nombre* qui fixe la direction du collimateur par rapport à l'axe du canon.

La *dérive normale* est celle qui place le collimateur exactement dans la même direction que la pièce. Elle est marquée 1.000 ou 10 rouge 0 noir.

Tant que le pointeur n'a reçu aucune indication de dérive, le goniomètre doit marquer la dérive normale.

Pour donner une dérive prescrite, par exemple 11 rouge 32 noir, le pointeur donne à peu près exactement 11 sur la graduation rouge puis conduit l'index des millièmes à 32 dans le sens des divisions croissantes sur le demi-cercle. Il vérifie après coup que l'index rouge est entre 11 et 12. (La ligne montante qui sert de base aux graduations rouges indique à tout endroit le sens de croissance de la dérive.)

Modifier la dérive.

Si on commande au pointeur par exemple *à droite de 15*, il déplace l'index des millièmes vers la droite de 15 divisions.

Si, en portant l'index à droite, le pointeur arrive à la division 50, il prend alors l'index diamétralement opposé qui marque également 50 et achève de ce côté, toujours en tournant l'index de gauche à droite, de donner le nombre de millièmes prescrit.

Pour les grandes modifications de dérive, par exemple *à gauche de 240* (cas d'un changement d'objectif), le pointeur marque avec son doigt la position de l'index, puis fait faire deux demi-tours à la manivelle dans le sens qui porte l'index à gauche, de façon à ramener l'index à la place marquée. Il a ainsi donné 200 millièmes à gauche. Il complète en donnant 40 millièmes à gauche comme il est dit plus haut. Après toute modification de dérive, le pointeur lit et annonce, après l'avoir donnée, la dérive à laquelle il parvient.

La dérive et les modifications de dérive se donnent de la même façon quand on ne se sert pas du goniomètre, mais dans un champ beaucoup moins étendu. La position médiane du cran de mire marquée 0 correspond à la position 10 rouge 0 noir du goniomètre.

Donner l'angle de site.

Si le pointeur reçoit par exemple l'indication *angle de site plus 15*, il déplace le curseur du niveau jusqu'à ce que l'index de celui-ci soit en regard de la division 15 *au-dessus* du 0.

Pour les grands mouvements, le pointeur débraye le colimaçon du porte-niveau et déplace celui-ci à la main, puis termine le déplacement à l'aide du bouton moletté.

Quand il a reçu l'indication de l'angle de site, le pointeur ne doit pointer en hauteur qu'avec le niveau.

Pointer en direction au collimateur.

1º *Cas du premier coup (bêche non enfoncée).* — Le pointeur ayant reçu l'indication d'un point de pointage (ou du but) et d'une dérive donne cette dérive, s'assure que la pièce est au milieu de son essieu, puis il fait déplacer par indication la flèche à droite ou à gauche par le chargeur placé au levier de pointage jusqu'à ce que la ligne de foi verticale du collimateur se voie dans la direction du point de pointage donné.

2º *Cas où la bêche est enfoncée.* — Le pointeur amène la ligne de foi verticale du collimateur dans la direction du point de pointage en agissant sur le volant de pointage de direction.

Dans tous les cas, si le point de pointage est trop haut ou trop bas pour être vu facilement entre le collimateur et le garde-soleil, le pointeur incline le collimateur en agissant sur le mouvement de bascule de la tête de goniomètre.

Emploi de la rallonge.

Lorsque le point de pointage se trouve caché par le masque ou par les roues ou par la volée du canon, le pointeur enlève le goniomètre de dessus la hausse, place la rallonge sur son support du berceau et installe le goniomètre au-dessus de celle-ci. Il peut alors pointer la pièce en visant par-dessus le masque et les roues. Il remet ensuite la rallonge sur le masque et le goniomètre sur la hausse, puis il repère en direction comme il est dit plus loin.

Le pointage à l'aide de la rallonge ne se fait jamais qu'en direction.

Pointer en hauteur au collimateur.

Les servants ayant reçu l'indication d'une portée et d'un but, le servant de culasse donne la portée et le pointeur amène la ligne de foi horizontale du collimateur à hauteur du pied du but en agissant sur la manivelle de pointage en hauteur.

REMARQUE. — Le pointage en hauteur au collimateur ne se fait jamais que sur le but lui-même,

Quand le but est immobile, le pointage en hauteur au collimateur n'est fait qu'une fois. Après ce premier pointage, le pointeur repère au niveau (voir plus loin) et pointe les coups suivants au niveau.

Pointer en hauteur au niveau.

Si le pointeur a reçu l'indication d'un angle de site et l'a donné sur le niveau ou s'il a repéré l'angle au niveau après un pointage au collimateur, il pointe en hauteur au niveau et, pour cela, amène la bulle entre ses repères en agissant sur la manivelle de pointage en hauteur.

REMARQUE. — Pour ne pas tâtonner, le pointeur doit tourner la manivelle dans le sens indiqué par la flèche la plus voisine de la bulle. Il est sûr ainsi de finir par amener celle-ci entre ses repères.

Repérer la direction.

La pièce ayant été pointée en direction une première fois par un procédé quelconque (pointage sur le but ou sur un point de pointage ou sur la lunette ou première direction donnée à vue), si le pointeur ne peut pas commodément repointer dans les mêmes conditions (point de pointage trop oblique ou caché par la volée du canon, par le masque ou par un buisson, etc.), le pointeur choisit un point de repère à sa convenance à au moins 10 mètres en avant de sa pièce; puis, sans déplacer la pièce, dirige la ligne verticale du collimateur sur le repère en agissant sur la manivelle du goniomètre.

A défaut d'un repère naturel commode, le pointeur fait planter le jalon de repérage porté par le masque, en avant de la pièce à environ 10 mètres. Le servant de culasse qui prend le jalon sur le masque le plante solidement et bien vertical, de préférence à gauche de la ligne de tir (pour le pointeur) et à environ 2 ou 3 mètres de cette ligne. Le pointeur repère sur le jalon comme il est dit plus haut. Le jalon reste en place jusqu'à la fin du tir.

Le repérage une fois fait, tous les pointages en direction ultérieurs doivent être faits sur le même repère quelles que soient les modifications de dérive.

Repérer l'inclinaison au niveau.

La pièce ayant été pointée une première fois sur le but à l'aide d'un collimateur avec la hausse prescrite, le pointeur repère l'inclinaison de façon à pouvoir repointer, même si le but est peu visible par lui-même ou caché par la fumée des shrapnells ou si le tir le fait disparaître.

Pour cela, sans toucher à la pièce, il déplace le porte-niveau dans sa glissière, à l'aide du bouton moletté, jusqu'à ce que la bulle soit entre ses repères.

Cette opération revient à mesurer l'angle de site. Quand elle est faite, le pointeur annonce *angle de site tant*.

Les pointages ultérieurs se font au niveau.

Ensemble des opérations de pointage.

Le capitaine peut fournir les éléments du tir de plusieurs façons différentes :

1º En désignant le but lui-même, la dérive et la portée. Dans ce cas, le servant de culasse ayant donné la portée et le pointeur ayant donné la dérive, le premier coup en direction est en hauteur sur le but avec le collimateur. Avant de tirer, il repère la direction sur un point qu'il choisit lui-même et la hauteur à l'aide du niveau, il annonce l'angle de site trouvé. Les coups suivants sont pointés en hauteur au niveau et en direction sur le repère.

2º Le capitaine désigne un point de pointage, donne l'angle de site, la dérive et la portée.

La dérive est donnée sous la forme 11 rouge, 35 noir, ou encore sous la forme *à gauche 135*. Dans ce cas, le pointeur partant de la dérive normale 1.000 donne 135 à gauche, ce qui conduit à 11 rouge, 35 noir.

Le servant de culasse ayant donné la portée et le pointeur ayant donné la dérive et l'angle de site prescrits, celui-ci pointe en direction sur le point de pointage et en hauteur avec le niveau.

Pour les pointages successifs, les opérations se font dans l'ordre suivant :

1º Modifier la dérive si l'ordre en est donné;

2º Modifier la portée si l'ordre en est donné (peut se faire à un moment quelconque);

4º Pointer en direction;

4º Pointer en hauteur en ramenant la bulle entre ses repères.

Dès que le pointeur a terminé ou rectifié un pointage, il fait, pour son chef de pièce, l'indication *Prêt* et attend le commandement de feu.

Pointage sur but mobile.

Sur un but mobile, on peut généralement pointer pour le premier coup et les suivants au collimateur seul. Dans ce cas, on ne fait aucun repérage. Le pointeur annonce *Prêt* dès qu'il a dirigé le collimateur sur le but en faisant déplacer la crosse par le chargeur. Il continue ensuite, après le premier coup, à suivre sans discontinuité les déplacements du but en agissant sur le volant et la manivelle de pointage.

Les commandements sont dans ce cas :

Sur tel but, 10 rouge, tant noir,
But mobile.

Mettre le feu.

Le pointeur met le feu au commandement du chef de pièce. Pour cela, il tire vivement la poignée de mise de feu vers l'arrière.

Il n'est pas nécessaire pour mettre le feu que le canon soit complètement arrêté. La mise de feu est possible et sans inconvénient quand le canon est encore à quelques centimètres hors batterie.

Exécution du tir.

La pièce étant en direction d'après les indications fournies par le capitaine (dérive, point de pointage ou but, angle de site) et l'angle de site étant donné sur la hausse, le pointeur fait l'indication *Prêt*. Le chef de pièce commande *pour le premier coup*.

Le pointeur et le servant de culasse se mettent debout en arrière de leurs sièges.

Au commandement :

> *Correcteur tant*
> *Telle distance*

ou

> *Tir percutant*
> *Telle distance*

le servant de culasse donne la portée indiquée et le pointeur pointe en hauteur. Le régleur donne la même portée sur le régloir, donne le correcteur, règle la fusée s'il y a lieu. Le deuxième pourvoyeur passe la cartouche au chargeur qui charge. Le pointeur vérifie de nouveau son pointage. Tous les servants se retirent en dehors des roues et le pointeur fait de nouveau l'indication *Prêt*.

Mettre le feu.

Les servants étant retirés en dehors des roues, ou, si la bêche est enfoncée, étant à leurs postes, le chef de pièce commande *Feu.* Le pointeur met le feu.

Le coup parti, les servants reprennent leurs postes s'il y a lieu. Le servant de culasse ouvre la culasse. Le pointeur modifie la dérive s'il en reçoit l'ordre et repointe.

La charge recommence au commandement :

Correcteur tant
Telle distance

ou

Telle distance

suivant que le correcteur doit être modifié ou non.

Tir sur but mobile.

Si le but est ou devient mobile, le chef de pièce commande :

Sur tel but,
10 rouge, noir tant,
But mobile,
Correcteur tant
Telle distance

A ce commandement, quel que soit le mode de pointage antérieurement adopté, le pointeur ne pointe plus qu'au collimateur comme il est dit plus haut.

Si le pointeur, en suivant l'objectif, amène l'affût à l'extrémité de l'essieu et ne peut plus pointer, il ramène l'affût à l'autre extrémité de l'essieu, fait sortir la bêche du sol et la fait déplacer pour mettre la pièce en direction. Tout recommence alors comme pour le premier coup.

DES MÉCANISMES DE TIR.

———

1° Tir sans fauchage.

———

Tir sur hausse unique ou sur plusieurs hausses successives au commandement.

Ce tir comporte un certain nombre de coups tirés successivement sur la hausse unique ou sur chacune des hausses successives sans que le chef de pièce commande *Feu*.

Au commandement :

Par tant, par exemple *Par quatre,*
Correcteur tant ou *Tir percutant,*
Telle distance

le régleur donne la distance et, s'il y a lieu, le correcteur sur le régloir. Le servant de culasse donne la portée, le pointeur pointe et on tire le nombre de coups prescrit sans interruption et sans autre commandement.

Pour faire tirer sur plusieurs hausses, le chef de pièce commande successivement les diverses hausses et le tir est recommencé dans les mêmes conditions pour chaque hausse.

Tir progressif.

Ce tir consiste à tirer deux coups sur quatre hausses successives échelonnées de 100 en 100 mètres à partir de la plus courte. Le feu est mis comme dans le tir sur hausse unique.

Le tir progressif s'exécute au commandement :

Tir progressif,
Correcteur tant

puis le chef de pièce commande successivement les quatre hausses.

Le chef de pièce doit commander la nouvelle hausse immédiatement après le départ du deuxième coup tiré avec la hausse précédente et jamais avant le départ de ce coup. Le servant de culasse et le régleur modifient ensemble la portée sur leurs appareils respectifs.

Le correcteur reste à la même division pendant tout le tir progressif.

2° Tir avec fauchage.

Ce tir comporte trois coups ou davantage sur la même hausse en faisant varier la direction après chaque coup d'une quantité correspondante à deux tours de volant (6 millièmes).

Tir sur hausse unique ou sur plusieurs hausses successives au commandement.

Au commandement :

Par 3. — Fauchez.
Correcteur tant
Telle distance

le tir se fait comme dans le cas du tir rapide sans fauchage, sauf qu'après le premier coup, le pointeur cesse de pointer en direction et donne deux tours de volant à gauche avant le deuxième coup et encore deux tours à gauche avant le troisième.

Si l'on tire alternativement sur plusieurs hausses, le chef de pièce les commande successivement. Pour la deuxième hausse, on fauche à droite au lieu de faucher à gauche, pour la troisième, on fauche de nouveau à gauche et ainsi de suite.

Le tir terminé, le pointeur ramène, s'il y a lieu, la ligne de foi verticale dans la première direction sur l'indication du chef de pièce.

Tir progressif.

Le tir progressif s'exécute au commandement :

Tir progressif. — Fauchez,
Correcteur tant

suivi de l'indication des quatre hausses par le chef de pièce, avant le premier coup et aussitôt après le départ du troisième, du sixième et du neuvième. On fauche à gauche pour les trois premiers coups, ensuite à droite, à gauche et à droite.

CHANGEMENT D'OBJECTIF.

Le changement d'objectif se commande en général sous la forme :

A droite 340.

Le pointeur donne la modification prescrite à la dérive, fait sortir la bêche de terre et pointe à nouveau à la crosse, repère à nouveau la direction s'il est nécessaire et le tir reprend comme sur le premier objectif.

DESCRIPTION DU MATÉRIEL ET DES MUNITIONS.

DISPOSITIONS GÉNÉRALES ET PROPRIÉTÉS FONDAMENTALES.

Ligne de mire indépendante avec plateau pour les portées, goniomètre à viseur optique pour le pointage et le repérage, coulisse circulaire pour curseur à niveau des angles de site.

Canon fretté jusqu'à la bouche avec manchon vissé.

Fermeture de culasse à un seul mouvement avec mise de feu à marteau à répétition, sécurité contre les longs feux et les mises de feu prématurées.

Pointage en direction par déplacement de la flèche sur l'essieu.

Flèche en tôle d'acier emboutie; sièges de flèche pour le pointeur et le servant de culasse.

Bêche de crosse dont la partie principale est articulée pour se rabattre sous la flèche pendant la route ou dans les cas de tir sur appui fixe ou pavés.

Le projectile est réuni à la douille métallique. Les cartouches sont logées dans des alvéoles.

L'arrière-train de caisson est à renversement et porte un régloir mécanique pour le réglage rapide des fusées. Il est placé à côté de la pièce pour le tir, le fond du coffre, en tôle de qualité spéciale à l'épreuve de la balle du fusil, constitue un masque protégeant les munitions et les servants.

DESCRIPTION.

1° Canon.

Le canon se compose de quatre éléments en acier trempé et recuit :

1° Un tube, à l'arrière duquel est pratiqué l'écrou de culasse;

2° Un manchon de culasse qui porte à l'arrière les oreilles du bouton de charnière;

3° Une frette milieu vissée sur le manchon, assurant

la position de celui-ci d'une façon invariable sur le tube;

4° Un manchon de volée qui présente à l'avant deux oreilles de guidage rapportées qui viennent, pendant le recul, coulisser sur les glissières du berceau en assurant ainsi un guidage suffisant au canon à fond de course de recul.

Fermeture de culasse.

La fermeture système Schneider-Canet à un seul mouvement est du type à vis à filets interrompus. Un simple mouvement d'un levier autour de l'axe de charnière dégage la vis-culasse et la rabat latéralement.

La mise de feu est à percussion et à répétition.

Le mécanisme de culasse comprend :

1° La vis-culasse;

2° Le volet;

3° Le levier de manœuvre et sa poignée à ressort;

4° La crémaillère;

5° Le verrou de crémaillère;

6° L'extracteur et son arbre de commande;

7° Le heurtoir d'extracteur et son doigt de commande;

8° Le percuteur et son ressort;

9° Le marteau et son verrou;

10° Le bloc de sécurité contre les longs feux, son ressort et la came de commande.

Vis-culasse.

La vis-culasse est supportée par le volet, auquel elle est reliée par un filetage de même pas que celui du canon.

Les filets de la vis et ceux du canon sont interrompus sur deux quarts de la circonférence en haut et en bas dans le canon, de sorte que le dévirage est produit par la rotation d'un quart de tour de la vis. La position de l'axe de rotation du volet et les formes des secteurs pleins et évidés sont telles qu'il n'est pas nécessaire de tirer la vis en arrière pour la dégager du canon, une fois dévirée, le volet l'entraîne en tournant.

Volet.

Le volet est en acier, il porte un bossage présentant extérieurement deux secteurs filetés de retenue de la vis; ce bossage pénètre au centre de la vis et à une profondeur suffisante pour en assurer le guidage parfait.

Le volet porte, en outre, les logements de crémaillère du verrou de crémaillère, du guide du percuteur, du marteau et de son verrou, de la came de manœuvre du bloc de sécurité contre les longs feux.

Le volet présente au milieu du nœud de charnière un talon limitant sa course.

Levier de manœuvre.

Le levier de manœuvre fait corps avec l'axe de charnière et porte le tourillon de commande de la crémaillère; il est muni d'une poignée verticale avec douille à ressort; cette dernière possède un bec qui s'enclanche automatiquement sur le volet au moment de la fermeture, pour empêcher tout dévirage accidentel.

L'axe porte un talon d'entraînement du volet et, à sa partie inférieure, une gorge dans laquelle passe une goupille de retenue traversant l'oreille inférieure du canon.

Crémaillère.

La crémaillère guidée dans le volet engrène avec la denture de la vis-culasse; elle porte une rainure transversale dans laquelle s'engage le tourillon du levier et un talon destiné à la verrouiller pendant l'ouverture après le dévirage de la vis et pendant la fermeture avant ce dévirage.

Verrou de crémaillère.

Le verrou de crémaillère, logé dans le volet, est poussé par un ressort à boudin; il est maintenu en place par la crémaillère et un ergot l'empêche de tourner. Son inclinaison par rapport à la tranche de culasse fait que le talon de la crémaillère est dégagé et que la rotation de la vis-culasse peut s'opérer dès que la tranche avant du volet est en contact avec la tranche de culasse.

Extracteur.

L'extracteur est une sorte de fourche dont les deux branches constituent les griffes d'extraction, lesquelles s'engagent en avant du bourrelet de la douille à la hauteur de l'axe; l'oscillation brusque de cette fourche provoque l'expulsion de la douille vide; l'extracteur est monté sur un arbre portant une dent extérieure.

Heurtoir.

Le heurtoir, monté entre le volet et l'oreille inférieure de charnière, porte une encoche dans laquelle est prise la dent de l'arbre d'extracteur; il est poussé, à la fin de l'ouverture de la culasse, par un doigt de commande solidaire du volet.

Percuteur.

Le percuteur, logé dans la vis-culasse et guidé dans le volet, est rappelé en arrière par un ressort à boudin; en cas de non fonctionnement de ce ressort, ce percuteur est ramené en arrière dans le mouvement d'ouverture de la culasse par des rampes du grain qui, en tournant avec la vis, actionnent des rampes fixes correspondantes du percuteur.

Ce dispositif empêche radicalement la pointe du percuteur de faire saillie sur la tranche avant de la vis, dans le cas où, par suite d'un encrassement anormal, le ressort se trouverait impuissant à rappeler le percuteur.

Marteau.

.Le marteau est articulé sur la tranche arrière du traîneau, c'est-à-dire au-dessous du volet. Il porte une tête qui vient frapper sur le percuteur et un bec ayant pour but d'empêcher toute mise de feu prématurée. Pour que le marteau puisse, en effet, frapper le percuteur, il faut que le bec pénètre dans la tranche postérieure de la vis-culasse, et celle-ci ne présente l'entaille nécessaire que lorsqu'elle est complètement virée.

Ce bec a aussi pour but d'empêcher l'ouverture de la culasse quand le marteau est relevé.

Le verrou du marteau, de forme circulaire, peut occuper deux positions :

1° Position du tir permettant la manœuvre du marteau;

2° Position de route par laquelle un bec du verrou s'engage dans la tête du marteau pour l'immobiliser en l'empêchant de retomber et d'actionner le percuteur, ce qui permet de faire des changements de position avec canon chargé.

Le verrou est manœuvré au moyen d'un poussoir et

est maintenu dans ses deux positions à l'aide d'un ressort plat demi-circulaire possédant une saillie qui peut se déplacer dans deux logements correspondants du volet. Un talon qui peut se déplacer dans une rainure circulaire du volet empêche le verrou de sortir.

Sécurité contre les longs feux.

Le bloc de sécurité, logé dans la tranche de culasse, est repoussé en arrière par un ressort à boudin et retenu dans son logement par un ressort plat. Un deuxième ressort vient s'appuyer contre la crémaillère quand le bloc a été repoussé en avant par l'inertie et l'empêche de revenir en arrière. Après la fermeture de la culasse, un bec du bloc se loge dans un cran de la crémaillère et empêche l'ouverture.

La came de *manœuvre* sert à repousser le bloc en avant pour permettre l'ouverture; on place pour cela le bouton à la position *manœuvre*. Quand le bouton est à la position *tir*, le bloc manœuvre librement.

La came est retenue dans le volet par un emmanchement à baïonnette.

FONCTIONNEMENT DU MÉCANISME.

Ouverture de la culasse.

Appuyer sur la poignée en la saisissant de la main droite et faire tourner brusquement le levier de gauche à droite.

La poignée étant déclanchée, le tourillon du levier entraîne la crémaillère, dont le mouvement produit le dévirage de la vis. Au moment où le dévirage s'achève, la côte de l'axe de charnière heurte le volet et l'entraîne dans son mouvement continu de rotation jusqu'à ce qu'il porte contre le canon par un talon; la culasse est alors complètement ouverte.

Lorsque le dévirage de la vis est achevé et que le volet commence sa rotation, le verrou de crémaillère remonte et immobilise la vis dans le volet.

Un peu avant la fin de la rotation, le doigt de commande du heurtoir agit sur le heurtoir d'extracteur; celui-ci projette en arrière la douille vide que le servant de culasse reçoit de la main gauche.

Fermeture de culasse.

Faire tourner complètement et brusquement le levier de manœuvre de droite à gauche.

Le levier entraîne d'abord tout l'ensemble dans son mouvement de rotation par l'intermédiaire de la crémaillère que le verrou immobilise dans le volet. Mais quand le volet vient s'appuyer sur la tranche du canon, le verrou de crémaillère descend; cette dernière, devenue libre, est alors entraînée par le tourillon du levier et, pendant le virage de la culasse, le levier vient appuyer contre le volet et s'enclancher par sa poignée sur le bec ménagé à cet effet à l'angle supérieur de gauche du volet.

2° L'affût.

L'affût comprend les parties suivantes :

1° Le traîneau portant le cylindre de frein et le récupérateur à réservoir d'air de retour en batterie;

2° Le berceau, à l'avant duquel sont attachées les tiges du frein et du récupérateur et qui oscille autour des tourillons sous l'action d'un mouvement de pointage en hauteur à ligne de mire indépendante;

3° La mise de feu;

4° Le mécanisme de pointage en hauteur à ligne de mire indépendante;

5° L'appareil de visée;

6° L'affût proprement dit et sa bêche de crosse;

7° L'essieu;

8° Les roues;

9° Le mécanisme de pointage en direction;

10° Le frein de route;

11° Le masque siège;

12° Les ferrures et accessoires.

Traîneau.

Le traîneau en acier forgé comprend :

Le corps du traîneau reposant par des glissières sur les guidages en bronze portés par le berceau.

Le canon est maintenu sur le traîneau par deux colliers munis chacun d'une sus-bande articulée dont la fermeture est assurée par une clavette à ressort.

La fixation longitudinale du canon au traîneau est obtenue par deux collerettes venues sur le manchon de

volée et entre lesquelles s'emboîtent le collier avant
et sa sus-bande.

Le cylindre de frein, venu de forge, sous le côté droit
du traîneau, est complètement indépendant du récupérateur; il est disposé pour produire une résistance
constante et comporte un modérateur de retour en batterie assurant la rentrée en batterie rapide et sans
choc.

Le cylindre récupérateur est venu de forge sous le
côté gauche du traîneau; il porte à l'avant un couvercle
servant de boîte à garniture et à l'arrière un bouchon
simple. Le piston étanche refoule, pendant le recul, le
liquide qui se trouvait à l'avant et le chasse par un
tube de communication central dans deux réservoirs
placés en dessus des cylindres de frein et de récupérateur, et contenant déjà une certaine quantité de liquide
pressé par de l'air comprimé.

Sous l'effet de cette pression, le liquide tend à reprendre, une fois le recul effectué, sa position primitive en chassant le piston récupérateur et en ramenant
par ce fait le canon et le traîneau à leur position de
batterie sur le berceau.

Le trou de communication entre le cylindre récupérateur et les réservoirs est fermé à l'avant par un bouchon formant siège de la soupape de remplissage du
cylindre récupérateur.

Berceau.

Le berceau, qui reçoit le traîneau et le canon, est
composé d'une tôle d'acier pliée portant à sa partie
supérieure deux glissières garnies de bronze sur lesquelles se déplace la partie reculante. A l'avant, une
entretoise solidement assujettie reçoit les tiges de frein
et de récupérateur.

Dans la partie inférieure avant du berceau, on a
pratiqué une ouverture permettant l'accès de la soupape de remplissage du récupérateur et la visite des
garnitures du cylindre de frein et du cylindre récupérateur.

Cette ouverture est fermée par une porte à charnière
qui vient former, après sa fermeture, frein de desserrage des écrous d'attache des tiges de frein et du récupérateur.

Ce berceau porte également l'entretoise tourillons,
les supports du mouvement de pointage en hauteur,
l'entretoise portant le bec d'accrochage de route et le

support d'appareils de mise de feu formant en même temps garde-corps.

Mise de feu.

Le marteau percuteur est actionné au moyen d'une poignée placée sur le berceau fixe à portée de la main du pointeur.

Le feu peut être mis au moyen de cette poignée quand même la rentrée en batterie est incomplète de 60^{mm}.

Ce dispositif de mise de feu comporte une sécurité empêchant tout mouvement du marteau pendant que la culasse est ouverte; on évite ainsi l'inconvénient pouvant résulter d'une manœuvre anticipée de la mise de feu, dont l'effet serait d'empêcher momentanément, par la présence du marteau devant l'écrou de culasse, le chargement du canon ou la fermeture de la culasse.

Pour cela, on a monté sur l'axe du marteau un levier dont l'extrémité vient se présenter en face l'axe de charnière de la culasse.

Lorsque la culasse est ouverte, ce levier vient porter contre l'axe de charnière, empêchant ainsi le fonctionnement du marteau, dont la manœuvre ne devient possible que lorsque, la culasse étant fermée, le levier vient passer librement devant une entaille de l'axe de charnière.

Mécanisme de pointage en hauteur et support de ligne de mire indépendante.

Ce système consiste à exécuter le pointage en hauteur à l'aide de deux mécanismes différents : l'un, donnant l'angle de site, et l'autre, qui prend appui sur le premier, donnant l'angle de tir des tables, c'est-à-dire la hausse.

Chacun de ces mécanismes est manœuvré par un servant qui ignore ce que fait l'autre.

Mécanisme de droite ou des portées.

Le mécanisme de droite, actionné par le servant de culasse, constitue la hausse indépendante.

Le canon et le berceau sont portés par une fourche articulée sur deux supports reliés au berceau; la fourche a pour appui la vis de pointage, dont la partie inférieure se meut dans un écrou articulé sur le mécanisme de l'angle de site.

La fourche de berceau porte le coussinet supérieur de la vis de pointage, laquelle est mise en mouvement par l'intermédiaire de deux pignons d'angle et de la manivelle de pointage.

Un capot en tôle met les deux engrenages à l'abri complet des poussières de la route.

Sur l'axe de la manivelle de pointage est monté le plateau gradué en portées par rapport à un index fixé sur le berceau.

Le plateau est commandé par un secteur denté relié au mécanisme d'angle de site; cette commande s'effectue par l'intermédiaire d'un pignon avec compensateur de jeu.

Ce pignon comporte une denture à deux parties : l'une faisant corps avec le plateau; l'autre reliée à la première par un ressort dont l'effet consiste à serrer chaque dent du secteur entre deux demi-dents du pignon avec un effort suffisant pour assurer la commande du plateau sans jeu dans les deux sens.

Grâce au diamètre assez important du plateau, les divisions de hausse sont très amplifiées et d'une lecture facile.

Le mécanisme pignon et secteur denté est mis à l'abri des poussières par une disposition spéciale du support de droite de la fourche qui forme capot.

Mécanisme de gauche ou des angles de site.

Le mécanisme de gauche ou des angles de site est manœuvré par le pointeur. Il agit sur l'écrou de la vis de hausse qu'il élève ou abaisse, en le faisant tourner autour des tourillons du canon en même temps que tout le mécanisme de hausse, le berceau et le canon. Pour cela, cet écrou est solidaire d'un secteur double denté relié aux tourillons par deux bras entretoisés dont l'un, celui de gauche, porte avec lui l'appareil de visée, le niveau et sa coulisse.

Le secteur double engrène avec un pignon double dont l'axe traverse les flasques et que le pointeur fait tourner par l'intermédiaire d'une vis sans fin montée sur la manivelle de commande et d'une roue dentée dont la liaison avec le pignon double est assurée par des rondelles de frottement en bronze en acier, appuyées l'une sur l'autre par l'effet d'une rondelle Belleville.

La ligne de mire est liée au bras gauche du secteur double par un système d'entretoises qui vient prendre appui sur la demi-bague du bras extérieurement au tourillon de gauche, de façon à assurer la rigidité de tout l'appareil.

Ce système d'entretoises comporte le logement du goniomètre et la coulisse graduée du niveau pour la mesure de l'angle de site dans le tir indirect.

Lorsqu'il s'agit de petits déplacements, le niveau glisse dans sa coulisse, graduée en millièmes de rayon au moyen d'une spirale conique manœuvrée par une molette; pour les déplacements d'une certaine importance, on manœuvre le niveau en appuyant sur la molette de commande de la spirale de façon à faire basculer celle-ci et supprimer l'engrènement avec les dents du fond de la coulisse.

Le mécanisme d'angle de site permet la correction de 8°,30' angle négatif et 10° angle positif.

L'intérêt pratique de la ligne de mire indépendante est d'alléger le rôle du pointeur en lui retirant les modifications de la hausse et l'obligation de repointer qui en résulterait.

Le pointeur ayant pointé une première fois ou amené la bulle du niveau entre ses repères n'a plus qu'à s'assurer entre chaque coup que la ligne de mire passe toujours par le but ou que la bulle est entre ses repères et à donner de très légers mouvements à la manivelle du mécanisme d'angle de site pour compenser l'enfoncement de la bêche.

La répartition des rôles des deux servants provenant de l'adaptation de la ligne de mire indépendante est particulièrement importante pendant le tir progressif. En effet, la nécessité pour le pointeur, dans le cas d'une ligne de mire ordinaire, de changer de hausse tous les deux ou trois coups, allonge le tir au point d'en doubler presque la durée et complique la manœuvre, ce qui risque de la faire manquer tout à fait.

Verrou d'accrochage de route,

A la position de route, la partie oscillante (canon, traîneau et berceau) est fixée à la flèche d'affût par un verrou à robinet qui agrafe le bec porté par la partie arrière du berceau. Ce verrou est manœuvré au moyen d'une manivelle portant une poignée à ressort qui permet de le fixer à une des positions de tir ou de route.

Appareil de visée.

L'appareil de visée ou goniomètre à viseur se compose essentiellement d'un viseur optique donnant dans la direction de son axe une image éloignée d'une croix blanche sur fond noir.

Il équivaut donc comme précision à une ligne de mire définie par deux points matériels, œilleton et guidon, éloignée de la distance de l'œil à l'image de la croix.

Le pointage se fait en amenant dans la direction du but, avec les deux manivelles de pointage, la ligne de foi verticale pour la direction et ensuite la ligne de foi horizontale pour la hauteur (sauf quand on pointe au niveau).

Le viseur peut faire autour de son support un tour d'horizon complet. La manœuvre se fait uniquement avec une manivelle double par l'intermédiaire d'une vis sans fin et d'une roue dentée.

La rotation du viseur est mesurée en millièmes. Toutefois, la valeur du millième a été faussée par excès de 1/3 p. 100 de sa valeur, de façon qu'il y en ait exactement 3.100 dans la demi-circonférence au lieu de 3.142.

La graduation est double; d'une part, sur un tambour à axe vertical, les dixièmes (ou centaines de millièmes); d'autre part, sur un plateau demi-circulaire placé face au pointeur, les millièmes.

La graduation des dixièmes se répète dans le même sens sur chaque demi-circonférence, et pour que le sens de la graduation soit bien apparent, la ligne qui sert de base à cette graduation s'élève en même temps que la dérive augmente; de la sorte, on n'est pas exposé à lire par exemple 11 dixièmes au lieu de 9 et l'on se rend compte qu'au delà de 31, la graduation retombe à 0 pour recommencer à croître.

La position normale du viseur qui le rend parallèle à l'axe de la pièce est marquée 10.

Les millièmes sont donnés par un index qui se déplace avec la manivelle double devant une graduation demi-circulaire de 0 à 100.

Cette graduation des millièmes est tout entière sous les yeux du pointeur, de sorte que si on commande une modification de dérive, le pointeur voit en même temps le point de départ et le point d'arrivée de l'index et peut marquer l'un des deux avec son doigt.

L'index des millièmes est double, c'est-à-dire composé en réalité de deux index opposés à 180°. Mais il n'y a jamais qu'un seul de ces index de visible à un moment donné, l'autre étant masqué par un recouvrement.

C'est ce qui permet de placer la graduation sur un demi-cercle seulement.

L'avantage de cette disposition est le suivant : lorsque l'officier chargé de régler la direction observe un coup trop à gauche de 15 millièmes par exemple, il commande à droite de 15. Le pointeur porte l'index visible de 15 divisions à droite. Il n'y a aucune ambiguïté sur une graduation demi-circulaire, tandis que sur une graduation circulaire complète, le même sens de rotation qui correspond à un déplacement de gauche à droite dans le demi-cercle supérieur, correspond à un déplacement de droite à gauche dans le demi-cercle inférieur.

Il suffit donc de se rappeler pendant le tir que le coup se déplace dans le même sens que l'index.

Ce fait est matérialisé en plaçant chacun des index dans l'axe d'un canon vu en plan et dessiné sur le disque mobile.

Lorsqu'on veut faire passer la ligne de mire par-dessus la pièce, le masque ou les roues, on monte l'appareil sur une rallonge fixée dans le support de goniomètre sur le bras gauche du secteur double. Cette opération ne s'applique qu'au premier pointage; aussitôt que la pièce est en direction, elle est repérée avec le viseur à sa place normale.

Affût proprement dit et sa bêche de crosse.

L'affût proprement dit est constitué par :

Une flèche en tôle d'acier emboutie en forme renforcée par une tôle de dessous; cette tôle est assemblée avec la flèche par des rivets.

Une entretoise de tête d'affût en acier moulé dans laquelle coulisse l'essieu; cette entretoise porte les sous-bandes et les sus-bandes qui reçoivent les tourillons du berceau.

Deux fourreaux d'essieu en acier moulé portent à l'intérieur des coussinets en bronze dans lesquels coulisse l'essieu; des supports venus avec les fourreaux servant à fixer le masque.

Une lunette de crosse pour l'accrochage de l'affût à l'avant-train; cette lunette est munie d'une bague d'usure. Une bêche fixe de crosse formée d'une tôle dont la partie supérieure horizontale s'oppose à l'enfoncement de la crosse dans le sol, et dont la partie inférieure fait corps avec un soc en acier forgé pour le tir sur pavés ou appui fixe. Ce soc est en outre renforcé par une tôle rivée.

Une bêche mobile, articulée au moyen d'un fort boulon traversant la flèche à l'avant de la bêche fixe. Cette bêche est formée d'une tôle rivée sur deux bras portant les bossages recevant le boulon d'articulation.

La bêche mobile peut occuper deux positions :

Dans la première, dite *position de tir*, elle est abaissée et disposée pour le tir en terrain ordinaire, elle prend appui sur un axe à robinet placé à l'avant de l'articulation.

Dans la deuxième, dite *position de route*, elle est relevée sous la flèche et fixée par un axe à robinet sur la plaque de dessus de la crosse lunette.

Les deux axes, assurant la fixation de la bêche dans ses deux positions, sont manœuvrés à l'aide de manivelles qui sont maintenues à l'aide de chaînettes.

Essieu.

L'essieu en acier trempé comprend le corps et les fusées.

Le corps, de section ronde, présente en son milieu la rainure du taquet et l'emplacement de la crémaillère de pointage en direction.

Les fusées coniques établies pour donner du carrossage, présentent le logement des clavettes de retenue des rondelles de bouts d'essieu.

Roues.

Les roues sont formées d'une jante en bois courbé en trois parties maintenues par un cercle d'acier qui les serre sur 12 rais venant s'emboîter dans un moyeu en acier.

Les trois parties de la jante sont réunies entre elles et au cercle au moyen de couvre-joints et de boulons.

L'assemblage des rais et de la jante est fait au moyen de sabots en acier; chacun de ceux-ci se compose de deux ailes qui servent à le fixer sur la jante et d'une cuvette dans laquelle est emprisonnée l'extrémité du rais.

Le moyeu en acier est formé du moyeu proprement dit avec garniture en bronze et d'un disque entre lesquels se logent les extrémités de rais accolées l'une à l'autre, le tout est fortement assemblé au moyen de 12 boulons de serrage traversant les extrémités des rais.

Mécanisme de pointage en direction.

La rectification du pointage en direction s'obtient en déplaçant la flèche sur l'essieu, l'affût pivotant autour de la bêche de crosse.

Ce mouvement est obtenu au moyen du mécanisme de pointage en direction dont la manœuvre se fait sur le côté gauche de l'affût.

Le mécanisme se compose d'une boîte étanche en bronze, à couvercle amovible permettant la visite et le démontage rapide de tous les organes intérieurs comprenant :

Une vis sans fin conduisant l'essieu par l'intermédiaire d'une crémaillère en bronze et recevant son mouvement du volant de pointage en direction par l'intermédiaire d'un système d'engrenages cylindriques et côniques.

L'arbre du volant de pointage en direction est enfermé dans une gaine en bronze reliée à la boîte de pointage et guidée dans un support fixé au côté gauche de la flèche d'affût.

Le pointage latéral est limité à droite et à gauche par un taquet fixé à l'entretoise de tête d'affût se déplaçant dans une rainure de l'essieu diamétralement opposé à la crémaillère et permettant de chaque côté un déplacement de 3°.

Frein de route.

Il est constitué par deux arbres coudés porte-patins guidés sur deux supports fixés à la flèche d'affût. Ces arbres sont solidaires et reliés par un tube qui traverse la flèche.

Sur le côté droit est disposé un levier à chape qui porte un écrou à tourillons recevant la vis de serrage. Cette vis peut être actionnée par deux manivelles, l'une à portée du servant de culasse pendant le tir, l'autre pour la route, à portée du servant assis sur le siège du masque.

Masques-sièges.

Le masque, en deux parties, est en tôle d'acier qualité *Artillerie française*.

Le masque supérieur d'une seule pièce forme dossier

des sièges d'essieu, et porte les ouvertures pour le passage du canon et pour l'appareil de visée.

Il est fixé sur des supports venus de fonte avec les fourreaux d'essieu.

La partie inférieure en deux pièces est articulée sur la flèche; elle est abaissée dans la position de batterie et relevée dans la position de route au moyen de deux tringles articulées sous les sièges d'essieu; elle forme alors support de marchepied desdits sièges.

Les sièges sont constitués par deux tôles à bord replié portant des garde-corps s'assemblant à l'arrière sur le masque; ces sièges sont en deux parties réunies par des charnières : une partie fixe rivée sur le masque et soutenue à l'avant par deux supports prenant appui sur la flèche et sur les fourreaux d'essieu, et une partie mobile pouvant se rabattre sur la partie fixe pour permettre le démontage du berceau.

La partie mobile est rendue solidaire de la partie fixe au moyen d'une clavette à ressort.

Ferrures.

Les ferrures sur l'affût sont :

Les poignées de flèche qui servent à soulever la crosse.

Les supports et accessoires d'accrochage des leviers de manœuvre de la bêche mobile et du verrou de route.

Les renforts de flèche à l'endroit des mouvements de pointage.

Les sièges de tir, dont l'un à gauche pour le pointeur, et l'autre à droite pour le servant de culasse et de hausse; ce siège est muni d'une articulation permettant de la rabattre vers la flèche pour la route et l'arrimage du matériel en magasin.

Accessoires.

Les accessoires portés à l'affût sont :

Le levier de pointage formé d'un tube d'acier portant à l'une de ses extrémités un œil permettant son articulation pour le disposer soit pour le tir soit pour la route.

Dans la position de tir le levier est maintenu par un axe à robinet.

Dans la position de route, le levier couché sur la flèche est maintenu dans cette position par un accrochage à ressort.

Le couvre-bouche et le couvre-culasse.

AVANT-TRAIN DE PIÈCE ET DE CAISSON ET CAISSON A RENVERSEMENT.

Avant-train.

L'avant-train de la pièce et celui du caisson sont identiques.

Le coffre est disposé pour recevoir 38 cartouches dans des alvéoles inclinées vers l'avant, cette disposition évitant la chute des munitions lorsqu'on ouvre la porte, la voiture étant sur un terrain incliné vers l'arrière.

Le *châssis* est formé de pièces en tôle d'acier embouties; il porte à l'avant du coffre une tôle perforée convenablement inclinée et garnie de liteaux en bois, pour appuyer les pieds des servants assis sur le coffre.

Le *crochet-cheville-ouvrière*, solidement fixé à l'armon central, comporte un arrêtoir à ressort facilitant l'accrochage rapide de la lunette; il est garni d'une pièce d'usure.

L'essieu est en trois parties :

Un tube central en acier traversant les armons du châssis dans des renforts rivés.

Deux fusées fixées sur le tube central par un emmanchement conique et une clavette.

Les rondelles de bout d'essieu sont fixées par des clavettes marchepied à ressort.

Le *coffre* est rivé sur le châssis. Il est en tôle d'acier avec garniture intérieure et cloisonnement en bois.

Les *alvéoles* sont constituées par des tubes en laiton supportés par deux cloisons transversales et maintenues par une plaque en laiton fixée par des vis; une troisième cloison forme appui des ogives. Ces cloisons sont convenablement entretoisées. Des casiers sont ménagés pour les boîtes d'outillage. *La porte* est formée de deux tôles d'acier et garnie, sur la face intérieure, d'une feuille de caoutchouc s'appliquant sur le culot des douilles. La fermeture de la porte est faite au moyen d'une espagnolette donnant du serrage sur les culots des cartouches.

Le dessus du coffre, sur lequel peuvent s'asseoir trois servants, est pourvu d'un dossier derrière lequel est disposée une galerie avec grillage pour le transport des sacs des servants ou d'accessoires quelconques.

Les *roues* sont identiques à celles de l'affût.

Le *timon*, entièrement métallique, est emboîté dans l'armon central du châssis et immobilisé par une chevillette. Il porte un crochet à ressort pour l'attache de la volée et des chaînes de bout pour l'attelage.

L'attelage se fait par deux palonniers accrochés à des pitons reliés par l'intermédiaire de boîtes à ressorts à la volée de châssis.

Comme accessoires, l'avant-train de pièce porte deux piquets d'attache, un seau et une prolonge; celui de caisson porte deux piquets, un seau et une masse.

ARRIÈRE-TRAIN DE CAISSON A RENVERSEMENT.

Caractéristiques.

L'arrière-train de caisson est organisé pour être mis en batterie à côté de la pièce en fournissant à celle-ci un approvisionnement relativement important de munitions (72 coups).

Lorsque le coffre est renversé, les munitions sont faciles à sortir, et, à l'aide du régloir mécanique, le réglage est fait rapidement, suivant les indications et sous les yeux du chef de pièce.

Le fond du coffre constitue un masque protégeant efficacement les munitions et les servants.

Pendant la route, la voiture offre une grande stabilité par suite de l'abaissement du centre de gravité du coffre.

Les manœuvres de *mise en batterie* et en position de route s'exécutent en quelques secondes et avec la plus grande facilité par deux servants; elles peuvent à la rigueur se faire avec un seul.

Coffre.

Le coffre, constituant en même temps châssis, est en tôle d'acier avec garnitures en bois; deux cloisons longitudinales et deux cloisons transversales et le fond en tôle d'acier spécial de 4^{mm} d'épaisseur assurent une grande rigidité.

Le *fond* en acier, qualité masque Artillerie française, constitue un masque de 1^m,250 de hauteur au-dessus du sol et de 1 mètre de largeur.

Les *alvéoles*, qui sont verticales pendant la route, sont constituées par des tubes en laiton emboîtés dans deux cloisons en bois, une troisième cloison horizontale forme appui des ogives et porte des garnitures en caoutchouc; sur le fond se trouvent également fixés des tasseaux en caoutchouc sur lesquels appuie l'extrémité des fusées.

Le coffre renferme deux boîtes à couvercles dans lesquelles se trouvent les objets et outils indispensables au tir.

Le *régloir mécanique*, monté sur un support articulé l'amenant par une manœuvre rapide à la position de service s'appuie sur une console garnie de bois et y est assujetti par un tasseau en caoutchouc fixé à la porte.

La *porte* est à deux battants fermés par une espagnolette; elle est formée de deux tôles et garnie, sur la face intérieure, d'une feuille de caoutchouc appuyant sur les culots des douilles et les boîtes d'outillage.

L'avant du coffre porte les attaches de la flèche et du frein, l'arrière porte un pied reposant sur le sol quand le coffre est renversé; sur le pourtour sont fixés les supports d'accessoires.

Essieu.

L'essieu en acier est en trois parties, un tube du milieu assemblant les deux fusées; il traverse le coffre, est guidé dans les deux cloisons longitudinales et est fixé, dans deux sous-bandes rivées aux parois extérieures, par deux sus-bandes au moyen d'écrous goupillés.

Flèche.

La flèche, en tôle d'acier emboutie, est reliée au coffre par une charnière et un accrochage à robinet; elle porte à son extrémité la lunette d'attelage.

Roues.

Les roues sont identiques à celles de l'affût.

Munitions.

Le canon de 7 c. 5 P. tire les mêmes munitions que le canon de 7 c. 5 T. R.

TITRE III.

OBUSIER DE 120 S.

INSTRUCTION SOMMAIRE SUR LE SERVICE DE LA PIÈCE.

Composition de la pièce. — Servants.

La pièce se compose de deux voitures : la voiture-canon et la voiture-caisson.

Six servants sont affectés au service de la pièce et désignés comme suit :

Servants de la voiture-canon :

1 pointeur;
1 chargeur;
1 servant de culasse.

Servants de la voiture-caisson :

1 approvisionneur de gauche;
1 régleur;
1 approvisionneur de droite.

Place des servants en route.

Les voitures marchent dans l'ordre : voiture-caisson, voiture-canon.

Les servants de la voiture-caisson sont montés sur l'avant-train de caisson, dans l'ordre suivant, en allant de gauche à droite :

Approvisionneur de gauche, régleur, approvisionneur de droite.

Les servants de la voiture-canon sont montés sur l'avant-train de canon, dans l'ordre suivant, en allant de gauche à droite :

Servant de culasse, chargeur, pointeur.

Dispositions de combat.

Pointeur. — Met l'appareil de visée en place, s'assure de son fonctionnement et vérifie que le verrou de la sécurité mécanique contre les longs feux n'empêche pas l'ouverture de la culasse.

Il s'assure que l'affût coulisse bien sur l'essieu et vérifie le fonctionnemnt du mécanisme de pointage vertical; puis, aidé du servant de culasse, raccroche le berceau à l'affût au moyen des verrous d'accrochage.

Servant de culasse. — Enlève le couvre-culasse et le suspend à gauche de la tringle de la galerie porte-sac de l'avant-train. Il s'assure du fonctionnement de la culasse.

Chargeur. — Vérifie le fonctionnement de la bêche mobile, enlève le couvre-bouche et le suspend à droite de la tringle de la galerie porte-sac de l'avant-train.

Approvisionneur de droite. — Ouvre les portes du caisson.

Les deux approvisionneurs. — Vérifient le coulissement des caissettes porte-douilles et voient si les munitions peuvent être enlevées facilement.

Régleur. — Vérifie le fonctionnement de la clé-régloir.

Approvisionneur de droite. — Referme les portes du caisson.

Les servants remontent ensuite sur leur siège.

Mise en batterie.

Voiture-canon. — Aussitôt la pièce arrêtée, les servants sautent à terre.

Le chargeur et le servant de culasse se portent à la crosse et décrochent l'arrière-train.

Les trois servants font faire demi-tour au canon s'il y a lieu.

Le chargeur met la grande bêche, s'il y a lieu, à la position de tir.

Les deux servants laissent la crosse reposer à terre, puis se portent aux verrous d'accrochage du berceau sur l'affût et les déverrouillent.

Le pointeur met la pièce au milieu de l'essieu et à peu près horizontale.

Le servant de culasse tire le verrou de route de manière à laisser retomber le marteau et ouvre la culasse.

Voiture-caisson. — Aussitôt la voiture arrêtée, les servants sautent à terre.

Les deux approvisionneurs se portent à la flèche et décrochent l'arrière-train.

Le régleur ouvre le robinet d'accrochage de la flèche au caisson, puis se porte en arrière du caisson.

Les deux approvisionneurs se placent en avant du caisson et font effort des mains et du pied pour renverser le caisson. Ils sont aidés par le *régleur* qui fait effort sur la butée de renversement.

L'approvisionneur de droite ouvre les portes du caisson.

Le régleur dispose la planchette de réglage et la clé-régloir.

Pour remettre le caisson à la position de route : le *régleur* remet la clé-régloir en place, *l'approvisionneur de droite* referme les portes du caisson, *les deux approvisionneurs* se portent en avant du caisson et font effort pour relever le caisson. Ils sont aidés par *le régleur* qui soulève la butée de renversement et ferme ensuite le robinet d'accrochage de la flèche. *Les deux approvisionneurs* accrochent la lunette de flèche à l'avant-train.

ÉCOLE DU SERVANT ET ÉCOLE DE LA PIÈCE.

Position des servants.

Pointeur, à gauche à 1 mètre environ en arrière de la tranche de culasse, à 50 centimètres en dehors des roues pour le premier coup, sur son siège pour les autres coups.

Chargeur, à 50 centimètres en arrière du pointeur et sur son alignement pour le premier coup, derrière le pointeur et à l'abri du masque pour les coups suivants.

Servant de culasse, à hauteur du pointeur et à 50 centimètres en dehors des roues pour le premier coup, à hauteur de la tranche de culasse et à l'abri du masque pour les autres coups.

Approvisionneurs, à genoux derrière le caisson, face aux coffres.

Régleur, à genoux derrière le caisson, entre les deux approvisionneurs.

Rôle des servants pendant le tir.

Pointeur. — Donne la dérive, l'angle de site, corrige l'inclinaison des tourillons, donne la hausse. Il manœuvre le système de pointage vertical et latéral, met en place la rallonge de goniomètre s'il y a lieu. Met le feu au cordeau ou à la main suivant que l'on est au premier coup, ou que la bêche est enfoncée.

Chargeur. — Introduit le projectile, puis la charge. Le projectile lui est remis soit par le régleur, soit par les approvisionneurs, suivant que l'on tire fusant ou percutant, la charge est remise par les approvisionneurs.

Servant de culasse. — Ouvre et ferme la culasse et est chargé de l'emploi du piquet de repérage et du refouloir en cas de non-extraction d'une douille.

Approvisionneurs. — Passent les projectiles au régleur ou au chargeur suivant le cas, ils enlèvent l'opercule et le nombre de fagots nécessaires pour tirer à la vitesse indiquée. Ils passent la charge au chargeur lorsque celui-ci a introduit le projectile dans le canon.

Régleur. — Règle la fusée des projectiles que l'on tire fusant. Règle à 1° ∞ les projectiles débouchés qui n'ont pas été tirés. Il passe les projectiles au chargeur.

Les opérations pour passer de la position en batterie à la position de route se font dans l'ordre inverse des précédentes.

Mise en batterie du caisson-observatoire.

Aussitôt le caisson arrêté, les servants sautent à terre, les *deux approvisionneurs* décrochent l'avant-train. *L'approvisionneur de droite* décroche la servante. L'*approvisionneur de gauche* déboucle la courroie de retenue de l'observateur et ouvre le robinet d'accrochage de la partie supérieure de l'observatoire sur la partie inférieure, il permet ainsi en même temps le coulissement de l'observatoire sur la flèche.

Le *régleur* se porte en avant de la flèche, rabat la partie supérieure de l'observatoire dans le prolongement de la partie inférieure, tire à lui l'observatoire jusqu'à fond de course, puis réunit les deux parties au moyen de la tringle de fixation de ces deux parties.

L'approvisionneur de gauche verrouille l'observatoire à cette position et *l'approvisionneur de droite* relève la servante.

Les *deux approvisionneurs* se portent aux poignées de la flèche en ayant soin de ne jamais mettre leurs mains entre ces poignées et le caisson, car, en cas d'oubli d'accrochage de l'observatoire, ils seraient blessés par le glissement de celui-ci.

Le *régleur* se place *derrière le caisson*, les trois servants renversent le caisson, les approvisionneurs en soulevant la flèche, le régleur en appuyant sur la butée du caisson. Les servants reviennent derrière le caisson. L'*approvisionneur de gauche* ouvre les portes du caisson et tire un des tiroirs. L'*approvisionneur de droite* rabat le marchepied de l'observatoire.

La manœuvre pour raccrocher le caisson à son avant-train se fait en sens inverse de la même façon.

Réglage de la charge.

Les charges sont confectionnées pour 330 mètres et permettent de tirer à six vitesses qui sont :

154 — 175 — 198 — 225 — 262 — 330 mètres.

Elles sont composées avec de la poudre en spirales et constituées comme suit :

Charge I V° — 154^m : 2 spirales réunies ensemble poudre vive.

Charge II V° — 175^m : Charge 1 + 1 spirale de poudre un peu plus lente.

Charge III V° — 198^m : Charge II + 1 spirale de poudre de même vivacité que la dernière spirale de la charge II.

Charge IV V° — 225^m : Charge III + 1 spirale de poudre un peu plus lente que la dernière spirale de la charge III.

Charge V V° — 262^m : Charge IV + 1 spirale de poudre de même vivacité que la dernière spirale de la charge IV.

Charge VI V° — 330^m : Charge V + 1 spirale de poudre un peu plus lente que la dernière spirale de la charge V.

En partant de la charge de 330 mètres on peut tirer :

A 262^m on enlève 1 spirale.
— 225^m — 2 —
— 198^m — 3 —
— 175^m — 4 —
— 154^m — 5 —

Des numéros placés sur les barrettes maintenant les spirales et correspondant aux différentes charges évitent toute erreur sur le nombre de spirales à enlever. Il suffit d'enlever des spirales jusqu'à ce que l'on voit apparaître le numéro de la charge à laquelle on veut tirer.

MONTAGE, DÉMONTAGE ET ENTRETIEN DU MATÉRIEL.

Mécanisme de culasse.

Le démontage de la culasse se fait entièrement à la main, sans outil, à l'exception du grain de percuteur, qu'il n'est besoin de démonter d'ailleurs que dans des cas très exceptionnels.

Les opérations du démontage se font dans l'ordre suivant :

1° Ouvrir la culasse;
2° Enlever le levier de manœuvre en appuyant sur le ressort à lame de fixation du levier;
3° Séparer la culasse avec son volet de la charnière;
4° Faire tourner la vis d'un quart de tour en appuyant sur le verrou de crémaillère;
5° Enlever la crémaillère;
6° Enlever le verrou de crémaillère;
7° Continuer de faire tourner la vis, la séparer du volet et enlever la partie arrière du percuteur, le percuteur et son ressort;
8° Oter le verrou mécanique en appuyant sur le ressort à lame;
9° Retirer l'axe d'articulation du verrou de retenue de la munition;
10° Enlever l'extracteur;
11° Retirer l'axe de la planchette de chargement et la planchette de chargement.

Le remontage de la culasse se fait par les opérations inverses.

Entretien du matériel.

L'entretien du matériel en magasin ou en service comporte l'observation des prescriptions d'ordre général bien connues qui s'appliquent aux matériels de tous modèles se chargeant par la culasse. Nettoyage des diverses parties apparentes et frottantes, graissages périodiques des appareils de pointage dans toute l'étendue de leur champ d'action, etc. Mais l'observation rigoureuse de ces prescriptions est d'une importance capitale avec les matériels à tir rapide, elle entre pour une part très sérieuse dans le rendement considérable qu'ils peuvent fournir. Le canon à tir rapide moderne est devenu une machine, pas plus délicate que bien d'autres, mais demandant comme toutes des soins réguliers et raisonnés. Une équipe d'entretien active et soigneuse est tout aussi nécessaire dans une batterie que de bons pointeurs, et il importe que les officiers tiennent la main à l'exécution régulière des prescriptions indiquées ci-dessus.

En outre, il sera bon de faire dételer de temps en temps le frein et le récupérateur pour vérifier l'état des glissières du berceau et refaire leur graissage s'il en est besoin.

De même, on vérifiera à intervalles réguliers le plein du cylindre de frein et la pression du récupérateur en se conformant aux indications qui ont été données d'autre part à ce sujet.

Enfin, tous les ans ou tous les deux ans, il sera bon de procéder, après les écoles à feu, à un démontage complet du frein et du récupérateur, à la visite de leurs diverses pièces et, s'il y a lieu, au remplacement des garnitures qui montreraient des traces de fatigue.

DÉMONTAGE ET MONTAGE DU TRAINEAU

Démontage et montage du traineau.

Pour faire ces opérations, choisir un atelier propre et à l'abri de la poussière, avoir soin de filtrer le liquide; avant chaque montage, s'assurer que les cylindres soient bien nettoyés et qu'il n'existe aucune grippure, ne jamais déposer les tiges de frein et de récupérateur ailleurs que sur des tréteaux de bois, éviter les chocs pouvant occasionner des bavures qui nuiraient au fonctionnement du matériel.

Avant chaque montage, nettoyer convenablement et graisser légèrement à la vaseline les cylindres, les tiges et tous les autres éléments du frein et du récupérateur, faire recuire les joints en cuivre rouge de tous les bouchons.

Les garnitures en tresse des deux bouchons avant ne doivent jamais être démontées; au cas où une de ces garnitures viendrait à perdre un peu de liquide, la recharger avec un morceau de tresse suiffée.

Pour le montage des tiges de piston, recouvrir la partie filetée avant de la tige avec la coiffe pour éviter la déformation des garnitures et faciliter le montage.

Pour les opérations de démontage et de montage complètes des traîneaux, il est préférable de faire ces opérations le traîneau étant séparé du berceau et du canon.

Séparer le canon du traîneau et le traîneau du berceau.

Placer le canon à l'horizontale, démonter le capot avant du berceau, dévisser complètement les deux écrous d'attache des tiges de frein et récupérateur, repousser le canon et le traîneau de l'avant à l'arrière jusqu'à ce que la bouche arrive à 10 centimètres environ à l'arrière du masque supérieur, enlever l'axe de la planchette de chargement, enlever également la goupille à ressort de la vis de fixation du canon, desserrer cette vis de façon à imprimer au canon un mouvement vers l'avant de 12^{mm} environ et dégager les griffes d'attaches inférieures, enlever complètement l'écrou d'immobilisation de la vis de fixation, ainsi que celle-ci.

A l'aide de leviers ou d'un palan, séparer le canon du traîneau, puis le traîneau du berceau.

Pour le montage, opérer en sens inverse. La vis de fixation sera serrée à fond la première, jusqu'à ce que la tranche arrière du canon affleure celle du traîneau, mettre en place l'écrou d'immobilisation, bloquer et goupiller.

Démontage du récupérateur.

Avant de commencer le démontage, il est nécessaire de placer le traîneau autant que possible à l'horizontale; enlever les deux bouchons de siège de soupape, dévisser légèrement la vis-pointeau en ayant soin de placer un récipient en face du trou de communication pour recevoir le liquide; la pression étant tombée, enlever le contre-écrou de la tige de piston et les rondelles de tampon de choc, desserrer l'écrou presse-garniture de dix à douze tours pour éviter le gonflement et la déformation des garnitures; enlever le bouchon arrière, sortir le piston en ayant soin de placer un récipient à l'arrière pour recevoir le liquide.

Chaque fois que l'on démonte un traîneau, essuyer, sécher et graisser de suite à la vaseline les cylindres et tous les organes métalliques.

Démontage du frein.

Enlever le contre-écrou, ainsi que les rondelles de tampon de choc, desserrer l'écrou presse-garniture de dix à douze tours, enlever le bouchon arrière avec sa contre-tige, avoir soin de placer un récipient à l'arrière pour recueillir le liquide, repousser le piston de frein de l'arrière à l'avant à l'aide d'un manche de maillet ou tout autre morceau de bois dur passant librement dans la boîte à garniture.

Montage et remplissage du frein.

Après avoir graissé légèrement à la vaseline le cylindre et tous les organes, mettre en place le bouchon porte-garniture; l'écrou presse-garniture étant desserré comme il est indiqué plus haut, recouvrir la partie filetée de la tige avec la coiffe, la mettre en place et la faire coulisser dans le cylindre afin de s'assurer que rien ne peut nuire à son fonctionnement, serrer l'écrou presse-garniture, mettre en place les rondelles de tampon de choc et le contre-écrou.

S'assurer que le piston est bien à sa place en constatant que le contre-écrou, muni de ses tampons de choc, vienne bien s'appliquer sur l'écrou presse-garniture.

Pour remplir le frein dans de bonnes conditions, placer le traîneau à un angle négatif d'environ dix degrés, verser par le trou de la tige environ deux litres de liquide, mettre en place la contre-tige munie de la soupape et son ressort, ainsi que le grain de contre-tige et sa vis.

On vissera ensuite le bouchon de frein à l'extrémité filetée de la contre-tige, on le goupillera et on le mettra en place en conservant le trou d'orifice de remplissage en haut, enlever la vis de remplissage et faire le plein (moins 60 centimètres cubes environ) à l'aide de l'entonnoir, remettre la vis en place sans la bloquer de façon à laisser échapper l'air, puis bloquer le bouchon et la vis.

Montage du piston récupérateur.

Avant de monter le piston-récupérateur, avoir bien soin de graisser à la vaseline toutes les parties métalliques, les cuirs emboutis avec du suif naturel.

Mettre en place :

Le ressort;
La bague avant;
Le cuir embouti et sa coupelle;
La bague arrière;
Le deuxième cuir embouti, sa coupelle;
L'écrou de serrage des cuirs qui sera bloqué fortement.

Entre la bague et la coupelle, placer la rondelle de cuir, et, entre la coupelle et le cuir embouti, la lamelle d'acier.

Introduire le liquide au récupérateur.

Renverser le traîneau, cylindre récupérateur en haut.
Mettre en place le bouchon arrière porte-garniture, engager dans celui-ci la coiffe servant au montage du piston; introduire la quantité de liquide indiquée (8 litres 380) par le cylindre, le traîneau étant incliné d'environ 10° négatifs.
On peut également introduire le liquide au récupérateur celui-ci étant monté; pour cela, fixer le manomètre et son raccord au siège de la soupape de chargement; fixer le raccord de la pompe au manomètre; desserrer la vis-pointeau de deux tours et introduire, à l'aide de la pompe à liquide, la quantité indiquée plus haut.
Dans ce cas, on disposera le traîneau autant que possible à l'horizontale.

Montage du récupérateur.

L'écrou presse-garniture étant desserré, recouvrir l'extrémité filetée de la tige du piston avec la coiffe; visser l'entonnoir bien à fond à l'arrière du cylindre, de façon à ne pas détériorer les cuirs emboutis au moment où ceux-ci passeront sur la partie filetée du cylindre. Engager le piston dans le cylindre; puis, à l'aide d'un manche de marteau ou de tout autre morceau de bois dur, appuyer sur l'écrou de serrage des cuirs, afin d'amener le piston à sa place; serrer l'écrou presse-garniture; mettre en place le contre-écrou muni de ses tampons de choc et le bouchon de fond du cylindre.

Mettre le récupérateur en pression.

Se servir de la pompe à air destinée à cet usage; avoir soin de remplir d'eau le réservoir, afin d'empêcher l'échauffement du cuir du piston; mettre en place le manomètre et la pompe; desserrer la vis-pointeau de deux tours et introduire l'air jusqu'à la pression demandée, en pompant à une allure de trente coups à la minute environ; s'arrêter lorsque le manomètre marquera 25 kilogrammes; resserrer le pointeau suffisamment, de façon à obtenir une obturation parfaite.

Compression.

Après le montage complet d'un récupérateur, il est utile de s'assurer qu'il n'y a pas eu erreur dans la quantité de liquide employée, en faisant une compression à l'aide de la vis destinée à cet usage.

Pour cela, visser le bout de la tige de cette vis à l'extrémité filetée du piston récupérateur.

Mettre en place le manomètre en vissant son raccord sur le siège de la soupape de chargement; ouvrir le pointeau et lire la pression, qui doit être 25 kilogrammes; tourner la vis de compression jusqu'à fond, afin d'amener le piston hors batterie de 30 centimètres environ; s'assurer que la pression correspondante est celle indiquée à la table de compression.

Tourner la vis en sens inverse, pour ramener le piston à sa position normale.

Si la pression est inférieure aux données, remettre la quantité de liquide indiquée par la table, en se servant de la pompe; ramener la pression à 25 kilogrammes en la laissant échapper par la soupape de chargement, le traîneau retourné de façon à ne pas perdre de liquide; puis refaire une autre compression.

Au cas contraire, enlever la quantité de liquide indiquée, par la soupape; remonter la pression à 25 kilogrammes et refaire une compression.

Recharger les garnitures.

Récupérateur. — Lorsque cette garniture a besoin d'être rechargée, avoir bien soin de faire tomber la pression; pour cela, on devra séparer le traîneau du berceau et du canon, le renverser de manière à avoir le cylindre récupérateur en haut; on pourra ainsi faire tomber la pression par la soupape sans perdre une seule goutte de liquide et démonter sans crainte la boîte à garniture.

Pour cela, enlever :

Le contre-écrou du piston;
Les tampons de choc ;
L'écrou presse-garniture;
Le ressort;
La bague de guidage;

et remettre une rondelle de tresse suiffée à la demande.

Remonter la garniture, retourner le traîneau et remettre la pression à 25 kilogrammes.

Frein. — Pour recharger la garniture de frein, il suffit de dételer le traîneau; le mettre hors batterie de quelques centimètres, enlever la plaque avant du berceau et démonter la boîte à garniture de la même façon que celle du récupérateur.

On peut faire cette opération sans enlever le liquide et même sans séparer le traîneau du berceau et du canon.

Pompe.

La pompe de ce matériel possède deux cylindres : l'un servant comme pompe à air, l'autre, plus petit, comme pompe à liquide. Pour se servir de l'une ou de l'autre, il n'y a qu'à changer le raccord du tuyau de refoulement et le fixer sur le siège de la pompe dont on a besoin.

Pour que la pompe à air soit d'un bon rendement, ne pas assurer plus de trente coups de piston par minute et bien faire faire au piston toute la course disponible; de cette façon, un homme seul peut mettre un récupérateur en pression sans trop de fatigue.

Pour la pompe à liquide, ne pas donner plus de quinze coups à la minute, afin de permettre au liquide de bien s'introduire dans le cylindre de la pompe.

Vérification de la pression.

Pour vérifier la pression, le canon étant monté, ouvrir la porte de visite, mettre le manomètre en place, ouvrir le pointeau et lire la pression.

Si la pression est supérieure à 25 kilogrammes, cela ne peut provenir que de la température (12 degrés augmentant la pression de 1 kilogramme); il n'y a donc pas lieu de la modifier quand elle ne dépasse pas 27 kilogrammes.

Si elle est inférieure à la normale de 1 ou 2 kilogrammes et si cette baisse peut être attribuée à la température, il n'y a pas lieu de la modifier.

Compression, matériel monté.

Pour faire une compression, le matériel étant monté, on devra dételer le traîneau, le mettre hors batterie de quelques centimètres; enlever la plaque avant du berceau, de manière à pouvoir mettre en place la vis de compression; puis opérer comme il est dit plus haut.

MUNITIONS.

L'obusier de 120 S. tire des obus explosifs en fonte ou en acier, à explosif unique ou à explosif mixte. Ces projectiles ont une organisation analogue à celle de l'obus explosif de 7 c. 5 T. R.

TITRE IV.

OBUSIER DE 150ᵐᵐ SCHNEIDER A. T. R.

Iʳᵉ PARTIE.

PRESCRIPTIONS RELATIVES AU SERVICE DE LA PIÈCE

1. Le personnel affecté au service de la pièce se compose d'un maréchal des logis, *chef de pièce*, et de 6 servants, savoir :

Nᵒ 1, servant de culasse;
Nᵒ 2, pointeur et tireur;
Nᵒ 3, chargeur;
Nᵒ 4, pourvoyeur;
Nᵒ 5, artificier;
Nᵒ 6, régleur des charges.

Faire passer la pièce de la position de route à la position de tir.

2. Prendre les deux manivelles spéciales fixées de part et d'autre des flasques de l'affût et les introduire dans les mortaises des extrémités de la traverse du levier de pointage.

Décaler le système d'amarrage des freins en amenant dans sa position supérieure la manette des freins (manette qui se trouve sous la détente).

Imprimer aux deux manivelles un mouvement de rotation; la vis-intérieure sort du levier de pointage, pousse le tube vers l'avant; le tube entraîne tout le système des freins de recul.

Enlever le capot de la tête du berceau.

Faire descendre à la main la plaque calante des freins, au moment où le tube arrive au bout de sa course, abandonner la plaque calante à l'action de son

ressort; elle remonte le long de ses glissières et dans
cette position, elle emprisonne dans ses mortaises les
têtes des cylindres inférieurs du frein et immobilise
ces cylindres.

Refermer le capot de tête du berceau.

Soulever la pédale du levier de pointage, de manière
à supprimer la liaison avec le canon; faire rentrer la
vis intérieure dans le corps tubulaire du levier.

Remettre les manivelles à leur place.

3. Le passage de la pièce de la position de tir à la
position de route s'obtient par les moyens inverses.

4. Le passage de la position de route à la position de
tir et le passage inverse sont des manœuvres délica-
tes qui ne peuvent se faire qu'en présence d'un des
ajusteurs.

La fermeture du capot est difficile. S'il est mal fermé,
le tir le fera tomber; la plaque calante peut alors se li-
bérer et plus rien n'attache les freins à la partie fixe
de la pièce.

5. En position de route le timon est *équilibré*. Il y a
cependant un inconvénient à rouler en position de
route. Si on se trouve obligé de faire demi-tour sur
place et si le chemin est étroit (moins de 8 à 10 mètres),
on ne pourra exécuter cette manœuvre qu'en séparant
les trains. Mais la crosse d'affût est tellement surchar-
gée en position de route, que la séparation des trains
est impossible, quel que soit le nombre d'hommes employés à la manœuvre. On devra donc commencer par
mettre les pièces en position de tir, puis exécuter le
demi-tour, d'où une perte de temps sérieuse et un encombrement grave de la route.

6. En position de tir, il existe une prépondérance de
timon, qui fatigue les chevaux. Toutefois, cette prépondérance n'est pas exagérée.

La stabilité de la pièce en mouvement est très large-
ment suffisante.

On ne roulera jamais autrement en présence de l'ennemi.

Emplacement de la pièce.

7. Comme pour le canon de 7 c. 5 à T. R. sauf que le
n° 78 n'est pas applicable.

Paillassons de tir.

8. Deux paillassons de tir sont arrimés à l'avant-train à l'aide de deux courroies et de quatre bouts de cornières.

Lorsqu'on met en batterie, placer les paillassons immédiatement en arrière des roues et parallèlement à la pièce. Si le terrain est très meuble, placer les paillassons en arrière des roues (environ 10 centimètres).

Dans les changements de direction, le chef de pièce surveillera la mise en place des paillassons.

9. Lorsque l'essieu est déversé, on peut parfois racheter le déversement en ne plaçant qu'un paillasson. Il n'y a aucun inconvénient à employer ce procédé si le terrain est résistant.

Levier de pointage.

10. Le levier de pointage sert non seulement au pointage en direction, mais encore à placer la pièce en position de route ou de tir. Il contient une vis creuse à cette fin. Lorsque la vis est sortie de son logement et qu'elle n'est pas accrochée à la culasse, elle doit être maniée avec beaucoup de précautions, à cause des vibrations auxquelles elle est soumise et de sa faible section.

17. Le levier de pointage est mis en position de tir ou en position de route par n° 4, qui transporte le levier et par n° 3 qui le fixe dans l'une ou l'autre position à l'aide des manivelles.

Mettre la bêche de crosse dans la position de tir et dans la position de route.

18. La pièce étant en batterie et le levier de pointage dans la position de tir,

Pour mettre la bêche de crosse dans la position de tir: n°ˢ 3, 4 et 5 s'appliquent au levier; n° 1 à la poignée droite de l'affût; n° 6 à la poignée gauche; tous font effort au signal « levez » que donne le chef de pièce et soulèvent la crosse aussi haut qu'ils peuvent; n° 2 fait tourner la manivelle-robinet de la crosse, la bêche descend par son poids. N° 2 provoque l'embrayage de la manivelle avec la mortaise antérieure de la crosse si le terrain est meuble, avec la mortaise postérieure si le terrain est très résistant. Le chef de pièce surveille n° 2.

et lorsque celui-ci a terminé ses opérations, il commande « Posez »; les servants laissent descendre doucement la crosse.

19. Pour mettre la bêche de crosse dans la position de route : opérer inversement.

Démarrer et amarrer le canon.

20. En bataille, le canon doit toujours être amarré à l'affût. On le démarre lorsqu'on met en batterie; on l'amarre lorsqu'on amène les avant-trains.

21. Le système d'amarrage est double; il se compose d'un système d'amarrage en direction et d'un système d'amarrage en hauteur.

22. Pour démarrer en direction, n° 2 place la manivelle d'amarrage dans sa position arrière. Pour amarrer, n° 2, aidé éventuellement par n° 1, place le canon exactement dans le plan médian de l'affût au moyen de l'appareil de pointage en direction, puis il ramène la manivelle d'amarrage dans sa position avant.

23. Le système d'amarrage en hauteur est conçu de manière à placer à peu près la pièce horizontalement lorsqu'elle est en bataille.

Le berceau porte deux mortaises de forme circulaire dans lesquelles pénètrent deux tenons portés par l'affût.

Pour amarrer, n° 2 incline le canon à l'aide de l'appareil de pointage en hauteur de manière à placer les mortaises du berceau en regard des tenons de l'affût; n°s 1 et 3 placent les manivelles d'amarrage dans leur position avant, ce qui provoque l'introduction des tenons dans les mortaises.

Pour démarrer, n°s 1 et 3 placent les manivelles d'amarrage dans leur position arrière.

24. Si l'on éprouve quelque difficulté à exécuter l'un ou l'autre démarrage ou amarrage à cause du calage qui peut s'être produit par suite du roulage, n° 2 fait jouer les manivelles de pointage en hauteur ou en direction.

Hausse et lunette de pointage.

A. — Mettre la hausse et la lunette à leur place.

25. La lunette et la hausse sont transportées dans des boîtes spéciales placées dans le caisson de la pièce.

26. Pour mettre la hausse sur le canon, n° 2 la prend à deux mains et descend la hausse parallèlement au plan de tir, de manière à provoquer l'assemblage à queue d'aronde de la hausse et de son support.

Il prend ensuite la clef de hausse, la place sur son tenon et la fait tourner de gauche à droite; la partie pleine du verrou du support pénètre dans la partie entaillée de la hausse.

L'enlever par les moyens inverses.

27. Pour mettre la lunette sur la hausse, la prendre de la main gauche, repousser vers l'avant avec le pouce droit l'arrêtoir de lunette, introduire la lunette dans son logement, la pousser à fond, abandonner l'arrêtoir.

Enlever la lunette par les moyens inverses.

B. — Réglage de la lunette.

28. La lunette étant semblable à celle du canon de 7 c. 5, son réglage se fait de la même façon.

C. — Réglage de la hausse.

29. *Régler la hausse à la charge commandée.* — Saisir entre le pouce gauche et la phalange de l'index les deux poussoirs de hausse, repousser ceux-ci l'un vers l'autre, jusqu'à ce qu'ils cèdent sous les doigts, imprimer à la main gauche un mouvement de rotation jusqu'à ce que le numéro de la charge commandée apparaisse à la fenêtre de hausse, ralentir le mouvement, l'arrêter lorsqu'on sent le déclic.

30. *Régler la hausse à la distance commandée.* — Faire tourner à l'aide de la main droite le bouton moletté d'arrière, jusqu'à ce que la distance commandée vienne se placer en regard de l'index.

31. *Régler la hausse à l'angle de site commandé (1).* — Faire tourner de la main gauche le bouton moletté

---

(1) L'angle de site 0 correspond à la graduation 200.

d'avant, jusqu'à ce que l'on voie l'index en regard du nombre de centaines commandé (ou plus généralement entre ce nombre et le nombre de centaines supérieur) et le repère du bouton moletté en regard du nombre d'unités et de dizaines commandé.

32. *Corriger le déversement de la hausse.* — Saisir de la main gauche l'écrou à papillon, lui imprimer un mouvement de rotation jusqu'à ce que la bulle du niveau perpendiculaire au plan de tir apparaisse entre ses repères.

D. — POINTAGE EN DIRECTION ET EN HAUTEUR.

33. Comme le pointage indirect du canon de 7 c. 5 T. R.

Maniement des appareils de sûreté de la pièce.

34. *Sûreté de route.* — Dans les roulages, il importe d'immobiliser le marteau de l'appareil de détente.

A cette fin, prendre le marteau de la main droite, le relever presque à fond, repousser la broche de sûreté de façon à provoquer l'assemblage par tenon et mortaise de ces deux pièces.

35. *Sûreté contre le long feu.* — L'action de la détente met automatiquement cette sûreté en action, le recul la met automatiquement hors cause.

Lorsque l'action de la détente n'a pas été suivie du recul, l'appareil de fermeture est bloqué. Pour l'ouvrir néanmoins, repousser à l'aide de l'index de la main droite le tenon de sûreté vers la gauche, de manière à lui imprimer un déplacement égal à celui qu'il recevrait du pan incliné du berceau, l'abandonner lorsqu'on entend le déclic.

36. *Sûreté de tir.* — Pour mettre la sûreté : imprimer au levier de la sûreté une rotation qui l'amène en regard du mot « Sigur », gravé sur la face postérieure de l'appareil de fermeture. Dans cette position, la partie pleine de l'anneau de sûreté vient remplir le logement du marteau, qui ne peut plus atteindre l'enclume de percussion.

Pour supprimer la sûreté : mettre le levier en regard du mot « Foc ». Le logement du marteau redevient libre.

Ouvrir et fermer la culasse.

37. Toutes les sûretés étant au repos :

Pour ouvrir l'appareil de fermeture, n° 1 saisit de la main droite et à pleine main la poignée de l'appareil de fermeture, serre vigoureusement les doigts, de manière à faire rentrer dans la poignée le levier d'accrochage, fait décrire à la poignée un cercle de droite à gauche jusqu'à ouverture complète, desserre les doigts pour permettre l'accrochage de l'appareil ouvert.

38. N° 1 ferme de même l'appareil, en ayant soin de soulever la poignée pour aider l'appareil.

Manœuvrer le porte-projectile.

39. L'appareil de fermeture étant ouvert :

N° 1 tire vers l'arrière le verrou du porte-projectile et fait basculer celui-ci.

Pour le remettre en place, il l'applique violemment sur le tube de manière à provoquer le verrouillage.

40. Il faut que n° 1 s'assure d'un coup d'œil que le verrouillage est obtenu, parce que, s'il n'en est pas ainsi, le porte-projectile bascule par l'effet du recul, vient heurter la poignée de l'appareil de fermeture et provoque le décrochage de celui-ci.

Mettre le feu.

41. Le tire-feu étant accroché au levier de détente, n° 2, placé hors des roues, fait passer la corde sur la poulie de l'affût et tire *vigoureusement* la corde.

42. N° 2 étant assis, peut mettre le feu sans l'aide du tire-feu en maniant de la main droite le levier de détente. Il faut que la pièce soit solidement ancrée et même alors le choc reçu par le servant est très violent.

Fonctionnements défectueux de l'appareil de fermeture.

43. Le fonctionnement défectueux peut provenir du fait que le projectile n'est pas enfoncé suffisamment loin dans l'âme. Dans ce cas, il faudra fermer de force l'appareil de fermeture. Le chef de pièce s'efforcera d'éviter cet incident en exigeant un effort violent de n° 3 dans le refoulement. Il aura soin, dans un tir prolongé et surtout sous de grands angles, de remplacer de temps en temps cet homme par un autre servant solide. Si les hommes sont fatigués, employer le refouloir.

Le même fonctionnement défectueux peut provenir d'une douille mal en place. La retirer au besoin à l'aide de l'extracteur; l'examiner. Si elle présente des bavures, les redresser ou mettre une autre douille.

Cet incident peut provenir de l'interposition d'un corps étranger entre le projectile et l'âme, plus généralement entre la douille et la chambre. Le chargeur surveillera spécialement ce point.

Si les charges sont réunies par des cordonnets incombustibles, il arrive que ceux-ci restent dans la chambre. Le chargeur doit jeter un coup d'œil dans l'âme.

Enfin, les fonctionnements défectueux proviennent souvent de bavures sur les filets de la vis ou de l'écrou de l'appareil de fermeture. Démonter l'appareil, rechercher avec un doigt propre l'emplacement de la bavure et la redresser ou la limer.

Les fonctionnements défectueux ne sont pas rares; il est avantageux de prendre les nᵒˢ 1 parmi les ajusteurs ou les ouvriers en fer.

Maniement des munitions.

44. Comme pour le canon de 7 c. 5 T. R.

Visiter la pièce.

45. Comme pour le canon de 7 c. 5 T. R.

Désancrer une pièce.

46. Nᵒˢ 1 et 3 s'appliquent à la roue droite;
Nᵒˢ 2 et 4 à la roue gauche;
Nᵒˢ 5 et 6 au levier.

Le chef de pièce dirige et aide à la manœuvre. Tous font effort pour pousser la pièce *en avant*, ce qui décolle la bêche de crosse. Il est facile alors de la retirer.

Lorsque la bêche ne cède pas, employer tous les hommes de la section.

Lorsque ce moyen ne suffit pas, creuser le sol tout autour de la bêche pour la dégager. Il est parfois plus rapide de fixer des jarretières aux œillets de bout d'essieu, d'attacher les jarretières à l'avant-train et de décoller la bêche avec les chevaux et les hommes. Toutefois, ce procédé ne peut être utilisé qu'exceptionnellement.

IIᵉ PARTIE.

EXÉCUTION DU SERVICE DE LA PIÈCE.

Fonctions du chef de pièce et des servants.

47. Le chef de pièce a les mêmes fonctions que le chef de pièce du canon de 7 c. 5 T. R.

Nᵒ 1, servant de culasse, aide nᵒ 3 à démarrer le canon en hauteur, ouvre et ferme la culasse, abaisse et relève le porte-projectile, aide nᵒ 2 dans le pointage en direction.

Nᵒ 2, pointeur, manœuvre la manivelle de bêche de crosse et la manivelle d'amarrage en direction.

Il règle les appareils de pointage, pointe la pièce, manœuvre les sûretés, met le feu.

Nᵒ 3, chargeur, met en place le levier de pointage avec nᵒ 4; démarre le canon avec nᵒ 1.

Il refoule le projectile dans l'âme et introduit la douille.

Nᵒ 4, pourvoyeur, met en place le levier de pointage avec nᵒ 3. Il reçoit les projectiles de nᵒ 6 et les place sur le porte-projectile, reçoit les douilles de nᵒ 5 et les passe à nᵒ 3.

Nᵒ 6, régleur des charges, met en place le paillasson de gauche, règle les charge, aide éventuellement nᵒ 5 à placer les fusées, passe les douilles à nᵒ 4.

Nᵒ 5, artificier, met en place le paillasson de gauche, retire les projectiles du caisson ou de l'abri. Il place et règle les fusées, et passe les projectiles à nᵒ 4.

48. Les fonctions de nᵒ 3 étant très pénibles, le chef de pièce aura soin dans un tir prolongé de faire permuter ce servant avec un autre.

Formation du peloton de pièce. — Numéroter les servants.

49. Comme pour le canon de 7 c. 5 T. R.

Équiper la pièce.

50. Commandement : « Équipez la pièce (ou les pièces) ».

No 1 enlève la coiffe de culasse et la passe à n° 4.

No 2 enlève la coiffe de hausse.

No 3 enlève la coiffe de volée.

No 4 reprend toutes les coiffes et les place dans l'arrière-train du caisson.

Nos 5 et 6 ouvrent le caisson, en retirent la boîte de hausse et la boîte de lunette.

No 5 enlève la hausse de la boîte et la passe à n° 2 qui l'adapte sur la pièce.

No 6 fait de même avec la lunette.

No 5 prend le tire-feu dans la boîte aux accessoires, le passe à n° 2 qui l'attache au levier de détente et le fixe par un nœud au siège du tireur. Il remet l'extracteur à n° 3 qui le fixe à son ceinturon; n° 5 se munit des clefs de réglage des fusées.

Nos 5 et 6 referment le caisson.

Mettre la pièce en batterie.

51. La mise en batterie se fait séparément pour le canon et le caisson.

Commandement : « En batterie. »

Le chef de pièce se porte à l'emplacement exact que sa pièce doit occuper. Après avoir reconnu cet emplacement et ses accès, il retourne à sa pièce et guide celle-ci, de manière à l'amener par des changements de direction de grand rayon le plus près possible de l'emplacement et dans la direction du tir.

Tous les canonniers suivent la pièce sur deux rangs. Si le terrain est mauvais, prendre le trot.

Le chef du caisson suit des yeux le parcours de la pièce et amène le caisson par le même chemin, lorsque le chef de pièce lui fait signe (voir ci-dessous).

Lorsque la pièce est arrivée le plus près possible de l'emplacement, le chef de pièce commande : « Halte » et : « Séparez les trains ».

Nos 2, 5 et 6 se portent à droite de la pièce.

Nos 1, 3 et 4 se portent à gauche de la pièce.

No 1 détache le crochet de la chaîne de liaison des trains.

No 2 se place à la manivelle de bêche de crosse.

Nos 5 et 3 s'appliquent aux poignées d'affût.

Nos 6 et 4 prennent la partie inférieure des flasques.

Au commandement : « Levez », ils soulèvent la crosse de manière à dégager la cheville d'avant-train.

Au commandement : « Avancez », l'avant-train avance d'un mètre, puis s'arrête.

N° 2 manœuvre la manivelle de bêche de crosse, fait basculer la crosse avec n° 1 et la fixe dans l'une de ses positions de tir suivant les ordres du chef de pièce.

Celui-ci commande ensuite : « Posez », les servants laissent descendre la crosse.

N°ˢ 3 et 4 fixent le levier de pointage dans sa position de tir.

N°ˢ 5 et 6 retirent les paillassons de l'avant-train et les posent là où ils ne gêneront personne.

Le chef de pièce renvoie l'avant-train à l'endroit désigné.

N°ˢ 5 et 6 et le chef de pièce se portent au levier de pointage; n°ˢ 1 et 3 à la roue droite; n°ˢ 2 et 4 à la roue gauche.

Le chef de pièce fait mettre la pièce à bras à son emplacement exact.

N° 2 démarre la pièce en direction, décale l'appareil de fermeture.

N°ˢ 1 et 3 démarrent en hauteur.

N°ˢ 1 et 2 abattent le bouclier mobile.

N° 1 ouvre la culasse, abaisse le porte-projectile (1).

N°ˢ 5 et 6 placent les paillassons à leur place exacte.

N° 2 détache le tire-feu du siège du pointeur.

Le chef de pièce fait signe au caisson d'avancer et lorsque celui-ci arrive à proximité du canon, il dirige lui-même les attelages de façon à réduire au minimum la manœuvre à bras. Il l'arrête au commandement : « Halte ».

N°ˢ 1 et 3 se portent à gauche de la flèche.

N°ˢ 2 et 4 se portent à droite de la flèche.

N°ˢ 5 et 6 aux roues de l'arrière-train.

N° 1 fait basculer la pédale de dégagement.

N°ˢ 1, 2, 3, 4 soulèvent la flèche pour séparer les trains.

Le chef de pièce fait avancer l'avant-train de quelques mètres, les servants placent à bras l'arrière-train à 0ᵐ,50 à gauche de la roue gauche.

N°ˢ 5 et 6 se portent derrière le caisson.

N° 2 à la manivelle de renversement.

N°ˢ 3 et 4 devant le caisson.

N° 1 maintient la flèche horizontalement.

N° 2 manœuvre la manivelle de renversement.

---

(1) Sauf ordre contraire.

Le chef de pièce commande : « Renversez ».

N°s 3, 4, 5, 6 renversent le caisson; n° 1 met la flèche en place.

Les servants retirent ensuite les projectiles, les douilles et les artifices de l'avant-train et les placent à l'endroit désigné par le chef de pièce, qui renvoie l'avant-train.

N° 6 ouvre les portières (1).

N°s 5 et 6 retirent les plateaux à projectiles et une boîte à artifice.

Les servants prennent leur place de combat.

N° 1 à droite de la pièce, près de l'appareil de fermeture, face à la culasse.

N° 2 sur le siège de tir.

N° 3 à gauche de la pièce, près de la culasse, face en avant.

N°s 4, 5, 6 s'agenouillent derrière le caisson, face en avant, n° 5 à droite de n° 6 et n° 4 derrière n° 5.

Le chef de pièce se place où il croit que sa présence sera le plus utile.

Mettre la pièce en bataille.

52. Commandement : « En bataille ».

La pièce étant désancrée et toutes choses remises en place les chefs de pièce et les servants opèrent inversement que pour le numéro précédent, en commençant par le canon.

Déséquiper la pièce.

53. Faire la manœuvre inverse du n° 50.

Commandement : « Déséquipez la pièce (ou les pièces). »

Sortir de batterie.

54. Commandement : « Rassemblement ».

Comme pour le canon de 7 c. 5.

Prendre les postes.

55. Commandement : « A vos postes ».

Les servants prennent leurs postes de combat.

---

(1) Sauf ordre contraire.

Pointer, charger et mettre le feu.

56. Commandement :

Charge...
Site...
Point de pointage...
Direction...
(Distance)...
Avec retard (éventuellement) (1).
Feu.

Le chef de pièce inscrit sur le bouclier les éléments du pointage.

N° 2 règle les instruments de pointage et pointe le canon.

Nᵒˢ 1, 3 et 4 se portent au levier de pointage et obéissent à n° 2 pour le pointage en direction, jusqu'à ce que celui-ci soit entièrement terminé.

N° 6 retire du caisson un panier de douilles, y prélève une douille, en enlève le couvercle et éventuellement en extrait le nombre d'éléments de poudre nécessaire pour constituer la charge commandée.

N° 5 retire un projectile du caisson, le pose sur le plateau, fixe le culot au moyen du levier, adapte les artifices, les règle, et présente le projectile à n° 4 qui le pose sur le porte-projectile du canon.

Il prend ensuite la douille que lui présente n° 6 et la passe à n° 3.

N° 3 pose le poing droit sur le culot du projectile et le refoule fortement dans l'âme. Pour que le projectile soit bien refoulé, il faut qu'on entende un bruit sourd très caractéristique.

N° 1 relève le porte-projectile.

N° 3 reçoit la douille de n° 4 et la place à fond dans la chambre.

N° 1 ferme vivement la culasse et se porte au volant de droite du système de pointage en direction.

Nᵒˢ 1 et 2 sortent des roues.

Au commandement : « Feu » du chef de pièce, n° 2 met le feu et repointe la pièce dans les conditions du coup précédent.

N° 1 ouvre l'appareil de fermeture, reçoit la douille dans la main gauche et la rejette doucement derrière lui; puis il rabat le porte-projectile.

---

(1) Nᵒ 5 règle les fusées « sans retard » sans commandement.

57. Si des projectiles ont été enlevés de l'avant-train, les servants commenceront par charger ceux-ci avant ceux de l'arrière-train.

58. Dès le premier coup, la bêche est ancrée. Les pointages en direction suivants se feront exclusivement par coulissement sur l'essieu. Comme cette manœuvre est pénible, n° 2 se fera aider par n° 1 en commandant : « A la manivelle…, à droite (gauche)… »

59. Si une correction en direction est commandée, il faut que le chef de pièce s'assure immédiatement s'il peut la réaliser par coulissement. Il doit lire sur l'essieu la grandeur annulaire dont il peut encore faire coulisser la pièce. Si la correction est supérieure, il fait immédiatement désancrer et repointer comme au premier coup. Auparavant, n°ˢ 1 et 2 remettront le canon au centre de l'essieu.

60. La pièce qui a tiré est immédiatement repointée et rechargée dans les conditions du coup précédent.

Comme on ne peut décharger une pièce, il faut que le commandant du tir prévienne le personnel de ne plus recharger, ou de tirer un certain nombre de coups, puis de ne plus recharger. Si, néanmoins, à la fin du tir la pièce est chargée, le chef de pièce préviendra le commandant du tir, qui fera immédiatement vider la pièce.

61. A chaque coup, la bêche s'enfonce davantage. Le chef de pièce profitera de la première suspension du feu pour dégager la crosse. S'il attend trop longtemps, il s'expose à devoir exécuter des manœuvres très longues et très pénibles et à ne pouvoir obéir à un changement de direction ou d'objectif qui serait commandé.

Tir rapide.

62. Lorsqu'on veut faire tirer rapidement par chaque pièce un ou plusieurs coups sans changer les éléments du pointage ou du réglage des fusées, on commande :

« 1 (2, 3, etc.) Coups — Tir rapide. »

Le canon tire sans autre commandement le nombre de coups indiqué. Après le dernier coup de la série, la culasse est laissée ouverte; le canon est repointé, les servants se tiennent prêts à charger et à tirer dans les conditions précédentes.

Changer de but.

63. Commandement : « Halte — Changement de but ».

Le chef de pièce désancre la pièce et la fait pointer sur le nouveau but suivant les indications qu'il reçoit. Il fait déplacer ensuite le caisson, sauf s'il est urgent de tirer.

Suspendre le feu.

64. Commandement : « Halte — Suspendez le feu ».

Si le projectile est refoulé dans l'âme, continuer toutes les opérations du chargement, fermer la culasse, et mettre la sûreté de tir (n° 2).

Si le projectile n'est pas introduit dans l'âme, remettre les munitions en place; n° 5 aura soin de reconstituer entièrement la charge de la douille qui allait être chargée. Laisser la culasse ouverte.

Dans les deux cas, le chef de pièce fera améliorer l'emplacement de sa pièce si c'est nécessaire et remettre les douilles vides dans les paniers. Puis les servants reprendront leurs places et se mettront au repos.

Cesser le feu.

65. Commandement : « Halte ! Cessez le feu ».

N° 1 ferme la culasse.
Nᵒˢ 1 et 2 remettent la pièce dans son plan médian.
Nᵒˢ 1, 2 et 3 amarrent le canon.
Le chef de pièce fait désancrer.

Mouvements à bras.

66. *a*) Du canon en batterie.

Pour amener le canon à sa place exacte de batterie, il faudra généralement le pousser à bras.

Si le terrain est difficile mettre à une pièce le personnel de la section. Faire élever fortement la crosse, au besoin mettre un homme à califourchon sur la volée.

Fixer les jarretières aux œillets de bout d'essieu, y atteler les hommes, ou mieux, si c'est possible, les chevaux.

Si une roue s'enfonce, ou tombe dans un fossé, faire une rigole à la pelle devant la roue, puis faire un pan de roue.

b) De l'arrière-train de caisson. Si le caisson est renversé, le remettre en position de route.

Pour alléger la flèche, mettre deux hommes debout sur les cornières de la face postérieure.

TITRE V.

POINTAGE ET PRÉPARATION DU TIR.

CHAPITRE I.

DÉFINITIONS ET GÉNÉRALITÉS.

1. La *trajectoire d'un projectile* est la courbe que son centre de gravité décrit dans l'espace.

L'*origine de la trajectoire* est la position du centre de gravité du projectile au moment où celui-ci quitte l'âme du canon. On confond cette origine avec le centre de la tranche de volée.

La *ligne de tir* est constituée par le prolongement de l'axe du canon, lorsque la bouche à feu est complètement disposée pour le tir.

Le *plan de tir* est le plan vertical passant par la ligne de tir.

La *ligne de site* est la ligne qui joint le centre de la volée de la bouche à feu au point du but par lequel on veut faire passer la trajectoire.

Le *plan de site* est le plan déterminé par la ligne de site et une horizontale perpendiculaire à cette ligne.

L'*angle de site* est l'angle que forme la ligne de site ou le plan de site avec le plan horizontal. Cet angle est dit positif ou négatif, selon que le but est plus élevé ou plus bas que la bouche à feu.

L'*angle d'élévation* est l'angle que forme la ligne de tir avec le plan de site.

Les expressions *angle de tir, angle d'inclinaison* ou simplement *inclinaison* s'emploient pour désigner l'angle que forme la ligne de tir avec le plan horizontal.

Le *point d'impact* d'un projectile est le point de percée de sa trajectoire dans un plan vertical.

Le *point de chute* d'un projectile est le point où sa trajectoire rencontre le plan horizontal passant par l'origine. Dans la pratique, on appelle encore point de chute le point de percée de la trajectoire avec le plan de site ou le point d'arrivée du projectile sur le sol, quelle que soit la hauteur du terrain par rapport au plan horizontal passant par l'origine.

La *portée* est la distance du centre de la volée de la bouche à feu au point de chute du projectile.

L'*angle de chute* est l'angle que fait avec le plan de site la tangente à la trajectoire au point d'impact ou de chute.

L'espace mort est la partie du terrain comprise entre le haut du couvert où le pied du masque et le point de chute correspondant à la trajectoire passant par le sommet du couvert ou du masque.

La *vitesse initiale* est la vitesse avec laquelle le projectile quitte le canon. On l'exprime par le nombre de mètres que le projectile parcourrait en une seconde s'il conservait cette vitesse; elle est constante dans les canons; elle varie avec la charge dans les obusiers.

La *vitesse restante* en un point quelconque de la trajectoire est la vitesse que le projectile possède en ce point. Elle s'exprime par le nombre de mètres que parcourrait le projectile pendant une seconde s'il conservait cette vitesse.

La *hauteur de la trajectoire* en un point est la distance verticale de ce point de la trajectoire au plan horizontal passant par l'origine de cette courbe. Dans la pratique, c'est la distance du point considéré au sol.

Millième. — On appelle millième l'angle au centre qui intercepte sur la circonférence un arc de longueur égale au millième du rayon.

Par approximation, on peut dire que c'est aussi l'angle sous lequel une longueur de 1 mètre est vue à 1.000 mètres.

Il y a 6.283 millièmes dans un tour d'horizon.

Les lunettes panoramiques sont divisées en 6.400 ou 6.200 parties, suivant le matériel; chaque partie vaut donc approximativement 1 millième.

La *hauteur d'éclatement* d'un projectile fusant est mesurée par l'angle formé par les lignes droites joignant le canon, respectivement au pied du but et au point d'éclatement. La *hauteur-type* est la valeur de cet angle, qui correspond au maximum d'effet du projectile.

2. Pointer une bouche à feu, c'est lui donner une direction et une inclinaison déterminées pour le tir.

La *hausse* est un instrument qui sert à donner la direction et l'inclinaison à la bouche à feu à l'aide d'une visée.

Hausse signifie également angle d'élévation.

La *visée* est une opération qui consiste à faire passer la ligne de pointage (axe optique de la lunette ou ligne de mire déterminée par le cran de mire et le sommet du guidon) par un point désigné et appelé *point de pointage.*

Le *plan de pointage* est le plan vertical comprenant la *ligne de pointage.*

On nomme *angle de direction* et pour simplifier le langage « *direction* » l'angle que fait le plan de tir avec le plan de pointage. Cet angle a pour origine le plan de tir et se mesure dans le sens du mouvement des aiguilles d'une montre; la « *direction* » s'exprime par la graduation qui correspond à la ligne de pointage.

On nomme *écart angulaire* entre deux points l'angle formé par les plans verticaux passant par chacun de ces points et par l'œil de l'observateur.

L'angle de direction et l'écart angulaire se mesurent avec précision en se servant de la lunette de batterie. Ils se mesurent d'une manière approximative, soit à l'aide du procédé des doigts, soit à l'aide de la réglette de direction.

L'*écart* est la quantité dont on déplace le cran de mire du curseur à droite ou à gauche de sa position médiane. L'écart est dit à *droite* ou à *gauche* suivant que le déplacement du cran de mire a lieu à droite ou à gauche de la graduation 30.

Quand le mot écart est employé seul, il s'entend toujours à gauche.

Repérer la direction d'une bouche à feu ou d'une lunette *pointée* est une opération qui consiste à diriger la ligne de pointage sans déplacer le canon ou le support, sur un point appelé *point de repérage*.

Les points de repérage peuvent être naturels ou artificiels.

Les points de repérage naturels sont des objets choisis sur le terrain et parfaitement reconnaissables. Ils ne peuvent être exposés à disparaître.

Les points de repérage artificiels sont généralement les jalons des pièces. On peut utiliser, le cas échéant, un sabre, un piquet, une lanterne, etc.

Le point de repérage est pris comme point de pointage pour les visées ultérieures.

3. Le pointage en direction est *collectif* quand tous les canons font usage du même point de pointage; il est *individuel* quand le point de pointage est distinct pour chaque pièce.

Le pointage en direction est *direct* lorsque le point ou les points de pointage sont pris sur le but; il est *indirect* lorsque le point ou les points de pointage sont pris en dehors du but.

Le pointage collectif (direct ou indirect) est d'un bon emploi dans tous les tirs — sur buts mobiles aussi bien que sur buts fixes — où il est nécessaire que le commandant de batterie ait en main le faisceau des trajectoires.

Le pointage direct individuel convient particulièrement aux tirs sur buts très visibles et peu éloignés sur lesquels le feu peut être réparti dès le début du tir.

Dans le pointage collectif, les plans de *tir* de tous les canons d'une batterie peuvent être dirigés soit sur un même point, soit sur différents points de l'objectif; ils peuvent aussi être parallèles entre eux.

Le mode de disposition des plans de tir adopté constitue ce qu'on appelle le *régime du tir*.

4. On distingue trois régimes : la *convergence*, le *parallélisme*, la *répartition*.

Les canons sont en convergence lorsque leurs plans de tir passent par un même point du but.

Ils sont en parallélisme quand leurs plans de tir sont parallèles.

Ils sont en répartition lorsque leurs plans de tir passent en des points espacés de telle sorte que le but assigné est complètement battu.

Le régime choisi est réalisé par une détermination appropriée de l'angle de direction de chaque bouche à feu. Cette détermination est faite de manière à écarter ou à approcher du plan de tir d'une pièce, dite *pièce-base*, les plans de tir des autres pièces de la batterie.

La pièce-base est généralement à l'aile du côté de laquelle se trouve le commandant de batterie. La distance de cette pièce à la pièce voisine ou à l'emplacement du commandant de la batterie s'appelle *base* et l'angle sous lequel la base se voit d'un point du terrain s'appelle *parallaxe* de ce point par rapport à cette base.

Dans un régime déterminé, les angles de direction des canons varient d'une pièce à la pièce voisine d'une même quantité appelée *échelon*.

Suivant le régime, on distingue donc l'échelon de *convergence*, de *parallélisme* ou de *répartition*.

L'opération qui consiste à écarter ou à rapprocher de celui de la pièce-base les plans de tir des autres pièces correspond à une *ouverture* ou à une *fermeture* du faisceau des trajectoires.

« *Ouvrir* » c'est faire pivoter les plans de tir de manière à les écarter de celui de la pièce-base.

« *Fermer* » c'est faire pivoter les plans de tir de manière à les rapprocher de celui de la pièce-base.

Les opérations « ouvrir » et « fermer » se font encore

pour la pièce-base, par rapport au plan de pointage de la « lunette de batterie ».

Les échelons de convergence, de répartition et de parallélisme sont *additifs* ou *soustractifs* suivant que les plans de tir doivent pivoter vers la gauche ou vers la droite. Il en est de même de toute correction dite *générale*, c'est-à-dire devant affecter l'ensemble du faisceau.

En d'autres termes, on Grandit l'angle de direction pour tirer plus à Gauche; on le Diminue pour tirer plus à Droite.

Pour faciliter au personnel la compréhension de cette notion, on trace sur le milieu du bouclier, au-dessus de l'âme, le dessin suivant :

Les corrections générales, les ouvertures et les fermetures du faisceau s'exécutent au moyen de la lunette.

Les corrections particulières, c'est-à-dire celles qui n'affectent que la direction de certaines pièces sans modifier la constitution du faisceau, s'exécutent au moyen du curseur de la tête de hausse.

5. *Usage de la parallaxe.* — La connaissance de la parallaxe est nécessaire au calcul de l'échelon de parallélisme, de la correction de convergence et de l'échelon de convergence; elle intervient dans la correction générale à commander lors d'un changement d'objectif; elle sert à la détermination des distances; elle facilite enfin la désignation des objectifs par le commandant de groupe, lorsque celui-ci se trouve relativement éloigné de ses commandants de batterie.

6. *Détermination de la parallaxe d'un point par rapport à une base.* — Si la direction du point ne s'écarte pas de plus de 400 millièmes de la normale à la base, on obtient avec une approximation suffisante la valeur de la parallaxe en millièmes en divisant la base, exprimée en mètres, par le millième de la distance du point considéré.

Si la direction du point s'écarte de plus de 400 millièmes de la normale à la base, il y a lieu de mesurer la longueur de la perpendiculaire abaissée de l'une des extrémités de la base sur la droite joignant l'autre extrémité au point considéré (fig. 1).

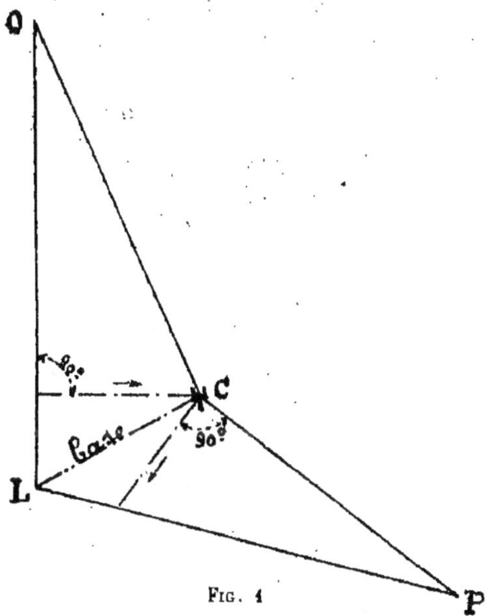

Fig. 1

Le procédé suivant est d'application générale; il est rapide et précis (fig. 2) :

1° Mesurer ou apprécier la longueur de la base (1);

2° Se placer à une des extrémités *l* de la base et mesurer l'écart angulaire entre l'autre extrémité *c* et le point *o* dont on cherche la parallaxe;

3° Multiplier le sinus de cet angle par la longueur *l* de la base;

4° Diviser le résultat par le millième de la distance *d*

---

(1) Pour mesurer cette longueur, on opère soit directement, soit indirectement, par un des procédés suivants :

a) Mesurer en millièmes la hauteur d'un objet de hauteur connue, situé à proximité de l'autre extrémité de la base; d'où l'on déduit la distance ;

b) Le chef de la section-guide fait placer deux servants à 10 mètres d'intervalle sur un front perpendiculaire à la direction de la lunette (observatoire) du commandant. Celui-ci mesure l'intervalle en millièmes et en déduit la distance de la pièce-base.

qui sépare le point considéré de l'autre extrémité de
la base.

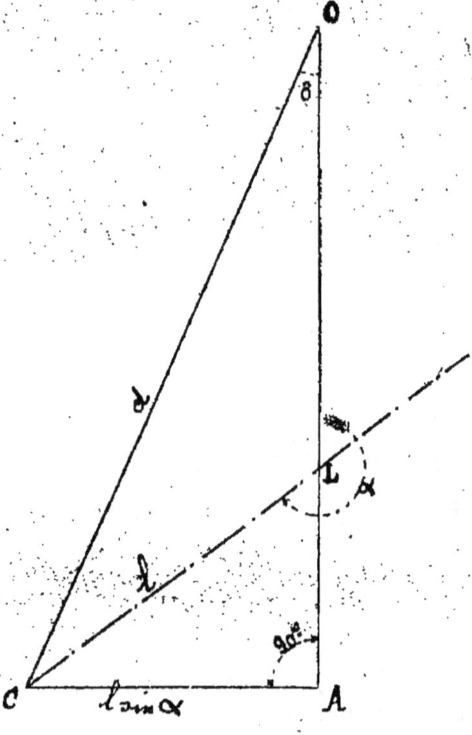

Fig. 2

Remarque. — Le sinus d'un angle compris entre 0 et
700 millièmes est très approximativement égal à la
millième partie de cet angle.

Le sinus d'un angle compris entre 700 et 900 millièmes est sensiblement égal à 0,7. Le sinus d'un angle
compris entre 900 et 1.100 millièmes est sensiblement
égal à 0,8.

Le sinus d'un angle compris entre 1.100 et 1.300 millièmes est sensiblement égal à 0,9. Le sinus d'un angle
compris entre 1.300 et 1.600 millièmes est sensiblement
égal à 1.

Ces chiffres peuvent être gravés sur la réglette de
direction.

CHAPITRE II.

PROCÉDÉS DE POINTAGE INDIRECT EN DIRECTION.

I. — Généralités.

Le commandant de batterie est juge du procédé qu'il doit adopter pour réaliser le régime choisi ou imposé avec la précision nécessaire à l'objet du tir et aussi rapidement que l'exige la situation tactique; il s'attache à prendre la solution la plus simple.

Il lui est loisible d'exercer son personnel à réaliser la division du travail pour autant que le procédé choisi le permette, en se réservant la détermination de la direction de la pièce-base et en laissant à l'un des chefs de section le soin de former le faisceau des plans de tir sous le régime qu'il aura indiqué.

Dans le cas où l'application des procédés ci-après serait d'une longueur incompatible avec la situation ou même impossible, on mettra la batterie en parallélisme approximativement dans la direction du but. On tirera ensuite avec la pièce-base un coup fusant à la distance appréciée, augmentée de 100 ou 200 mètres et un correcteur fortement diminué, de façon à obtenir un point d'explosion haut et visible, d'après la direction duquel on déplacera tout le faisceau.

II. — Mise en direction de la pièce-base.

A) PROCÉDÉ PAR JALONNEMENT.

La pièce-base peut être pointée sur jalon dans les conditions suivantes :

a) *On peut voir l'objectif en se tenant debout ou à cheval en arrière de la pièce et à proximité de celle-ci.* — Le chef de pièce fait placer approximativement la pièce dans la direction de l'objectif; puis il fait planter un jalon dans la direction « lunette-but ».

La pièce est pointée avec la direction 0,0 sur ce jalon, puis repérée soit en avant, soit en arrière, d'après les indications du commandant.

L'angle de repérage est inscrit sur le bouclier.

b) *On peut voir l'objectif en montant sur l'affût.* — Le chef de pièce, debout, soit sur le coffre d'affût, soit sur la culasse du canon (suivant le défilement de la pièce), fait placer approximativement la pièce dans la direction de l'objectif; puis il fait planter un jalon dans cette direction.

Ce jalon est ensuite déplacé vers la gauche de $0^m,33$ (1) (soit la longueur de l'alidade du jalon). La pièce est pointée avec la direction 0,0 sur ce jalon, puis repérée comme dans le cas précédent.

c) *Le terrain se relevant en arrière, on peut voir l'objectif d'un point plus ou moins éloigné de la pièce.* — Le chef de pièce se porte en arrière jusqu'à ce qu'il voie l'objectif; il se déplace ensuite latéralement jusqu'à ce qu'il soit dans la direction « lunette-but ».

Pendant ce temps, *n*° 2 dirige approximativement l'affût sur le chef de pièce au moyen du levier de pointage.

La pièce est ensuite pointée avec 32,00 sur le chef de pièce, puis repérée comme ci-dessus.

d) *On peut voir l'objectif d'un point du terrain situé en avant de la pièce.* — Deux circonstances peuvent se présenter :

1° La mise en place de la pièce peut se faire assez aisément après le jalonnement de la ligne de tir;

2° Le jalonnement de la ligne de tir ne peut se faire qu'après la mise en place de la pièce.

1° *Le chef de pièce, muni du jalon, se porte en avant.* — Dès qu'il voit le but, il s'arrête sans se découvrir, plante le jalon, place l'alidade dans la position de visée et dirige sur le but la ligne formée par les deux guidons. Le chef de pièce passe ensuite du côté du guidon d'avant et, par une visée en arrière, il fait placer un sabre sur un terrain convenable pour l'emplacement de la pièce. (Pour ces deux visées, l'œil doit être placé à 50 centimètres au moins du guidon le plus rapproché.)

On amène ensuite la pièce sur l'emplacement, de manière que la lunette de pièce se trouve au-dessus du sabre; on la pointe sur le jalon et on repère, ou bien, si le déplacement de la pièce est difficile, on amène ap-

______

(1) Distance de l'axe de la lunette au plan médian du canon. Si la lunette est hors de service, la direction 0.0 est celle de la graduation 30 du curseur de tête de hausse; sa distance au plan médian du canon est de $0^m,28$.

proximativement la pièce sur l'emplacement, et on agit comme il est dit ci-dessous.

2° Le chef de pièce, muni du jalon, se porte en avant. — Dès qu'il voit le but, il s'arrête, plante le jalon, place l'alidade dans la position de visée et dirige sur le but la ligne formée par les deux guidons.

Le chef de pièce passe ensuite du côté du guidon d'avant et, visant en arrière, estime à vue à quelle distance la ligne de visée passe à droite ou à gauche de la lunette de pièce. Il peut prendre comme unité d'estimation une largeur de pièce et déplacer latéralement son jalon en observant qu'un pas correspond environ à une demi-largeur de pièce. Il recommence l'opération jusqu'à ce que la ligne de visée vers l'arrière passe par la lunette.

La pièce est pointée avec la direction 0,0 sur le jalon, puis repérée en arrière.

En général, tout procédé permettant d'établir d'une manière quelconque le jalonnement d'une des pièces sur l'objectif peut être employé, à condition que son application n'ait pas pour effet d'attirer l'attention de l'ennemi sur l'emplacement de la batterie. On ne perdra pas de vue qu'en campagne les procédés les plus simples sont les meilleurs.

REMARQUE. — Le procédé par jalonnement peut convenir pour donner la direction à la pièce-base, la formation du faisceau pouvant être obtenue par l'emploi d'un autre procédé.

Ce n'est qu'exceptionnellement que l'on effectue le jalonnement individuel des pièces, notamment en cas de mise hors de service des lunettes.

B) PROCÉDÉ PAR POINT DE POINTAGE

Définition. — Un point de pointage est dit « en avant » quand il est situé du même côté de la base considérée que l'objectif.

Il est dit « en arrière » dans le cas inverse.

PROCÉDÉ. — Régler la lunette de batterie à 0,0; pointer sur l'objectif; repérer sur le point de pointage, lire l'écart angulaire ainsi obtenu; calculer les parallaxes P et O du point de pointage et de l'objectif pour la base formée par la lunette de batterie et celle de la pièce-base (fig. 3 et 4).

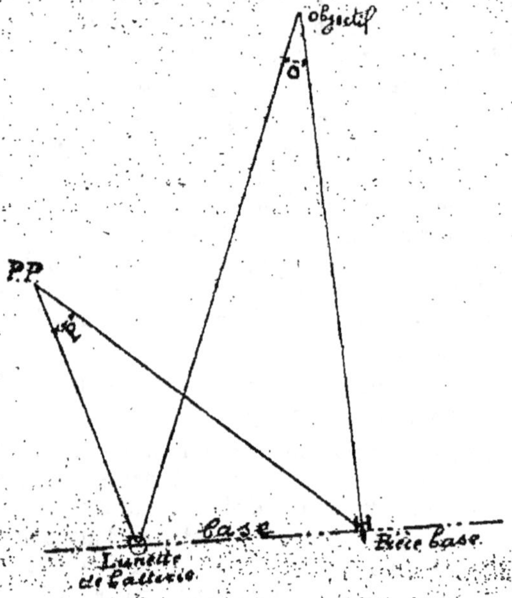

Fig. 3. — P. P. en avant.

Pour réaliser la *convergence* de la pièce-base et de la lunette, pointer la pièce avec l'écart angulaire de la lunette « ouvert de $\hat{P}$ et fermé de $\hat{O}$ », si le P. P. est en avant, ou « fermé de $\hat{P}$ et fermé de $\hat{O}$ », si le P. P. est en arrière (1).

Remarque I. — La correction « ouvrir (fermer) de $\hat{P}$ et fermer de $\hat{O}$ » s'appelle *correction de convergence*. Les opérations nécessaires pour la détermination de la correction de convergence exigent d'autant plus de précision que la distance du P. P. est plus petite.

Remarque II. — La pièce-base ne doit pas nécessairement être une pièce d'aile.

Remarque III. — Le P. P. « en arrière » présente sur le P. P. « en avant » les deux avantages suivants :

----

(1) P. P. signifie point de pointage.

1º La fenêtre de visée pouvant rester fermée, le personnel est mieux soustrait aux influences du combat;

2º Quel que soit l'écart angulaire du but, la ligne de visée n'est jamais arrêtée par le bouclier.

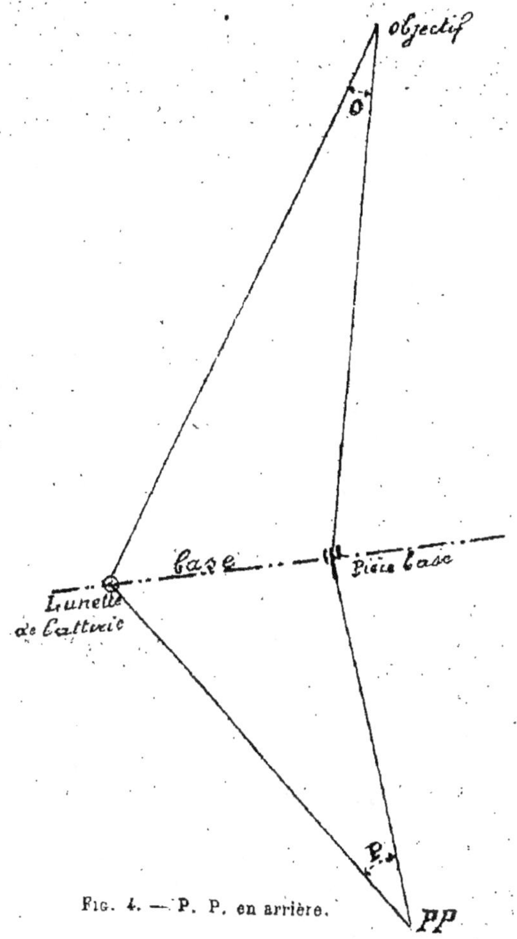

Fig. 4. — P. P. en arrière.

Si la nature du terrain impose l'emploi d'un P. P. « en avant », les chefs de pièce doivent assurer le pointage de leur pièce, même lorsque l'écart angulaire commandé est tel que la ligne de visée rencontre le bouclier.

A cet effet, lorsque *nº 1* signale cette circonstance au chef de pièce, celui-ci règle la lunette à 0,0 et pointe sur le P. P.; il choisit un point de repérage en arrière et mesure l'angle de repérage; il ajoute cet angle à l'écart angulaire commandé et fait pointer sur le repère avec la graduation ainsi obtenue; cette graduation est inscrite sur le bouclier et sert de base à toutes les corrections ultérieures commandées.

Ou bien, le chef de pièce règle la lunette à l'écart angulaire commandé, diminué (ou augmenté) d'un certain nombre de centaines de millièmes de manière que l'axe optique ne rencontre plus le bouclier; il fait pointer et mesurer l'angle de repérage; il augmente (ou diminue) cet angle du même nombre de centaines que précédemment et fait pointer sur le repère avec la graduation ainsi obtenue.

C) PROCÉDÉ PAR POINTAGE RÉCIPROQUE

Une lunette de batterie étant pointée sur un point déterminé de la zone d'action (objectif ou point marquant du terrain), le procédé par pointage réciproque permet de faire passer le plan de tir de la pièce-base par le point choisi de la zone d'action.

A cet effet, opérer comme suit ;

a) Calculer la parallaxe du point choisi par rapport à la base : lunette-pièce guide;

b) Régler la lunette de batterie à la graduation 0-6400 augmentée (diminuée) de la parallaxe calculée si la lunette se trouve à gauche (droite) de l'alignement : point choisi-pièce-base.

Pointer sur le point choisi.

c) Repérer la lunette de batterie sur la lunette de la pièce-base (disposée d'avance dans une direction approximative de celle à donner). Lire la direction et la communiquer au chef de pièce. Celui-ci fait régler la lunette de sa pièce à la direction indiquée augmentée ou diminuée de 3200, suivant que l'une ou l'autre opération est possible; il fait ensuite pointer sa pièce sur la lunette de batterie;

d) Repérer à nouveau la lunette de batterie sur la lunette de la pièce-base et recommencer l'opération *c)*, si le résultat trouvé diffère sensiblement de la première lecture;

e) La pièce étant pointée est ensuite repérée; le commandant indique, si possible, le point de repérage : le chef de pièce inscrit l'angle de repérage sur le bouclier, angle qui sert de base à toutes les corrections ultérieures en direction.

REMARQUE I. — L'opération *c)* n'est possible que lorsque la lunette se trouve en arrière de l'alignement des pièces. Cependant, si la nature du terrain imposait pour la lunette un emplacement situé en avant du front de la batterie et si, conséquemment, la ligne de visée rencontrait le bouclier, on pourrait procéder comme il a été dit à la remarque III ci-dessus.

REMARQUE II. — Le procédé par pointage réciproque sera parfois d'une application difficile dans un terrain un peu accidenté.

D) **POINTAGE D'APRÈS LA CARTE**

A l'aide d'un rapporteur transparent gradué en millièmes, on détermine sur la carte l'écart angulaire, pour l'emplacement de la pièce-base, entre l'objectif et le point de pointage.

Dans la guerre de position, ce procédé peut être perfectionné comme ci-dessous :

Pour déterminer les éléments initiaux d'un tir sur la carte, il faut placer sur cette carte :

1° La position de la pièce-base de la batterie;

2° La position de son point de pointage;

3° La position de l'objectif.

Ces trois éléments donnent la *direction* et la *hausse*.

1° DÉTERMINATION DE LA POSITION DE LA PIÈCE-BASE.

On peut, suivant le cas, avoir recours à l'un des procédés suivants :

a) *Emploi d'un instrument de mesure d'angle et du rapporteur en millièmes.* — Mettre un cercle de visée ou une lunette de batterie en station à l'emplacement de la pièce-base et faire trois visées au minimum sur trois points, de positions présumées bonnes sur la carte, et qui soient visibles dans un tour d'horizon.

Reporter ces directions sur un papier calque au moyen d'un rapporteur à vernier et déplacer ce papier sur la carte jusqu'au moment où chaque direction passe par le point correspondant.

Le point de rencontre des trois lignes est l'emplacement de la pièce-base.

Au lieu d'employer du papier calque, on peut matérialiser ces angles en se servant d'un compas à trois branches (fig. 5).

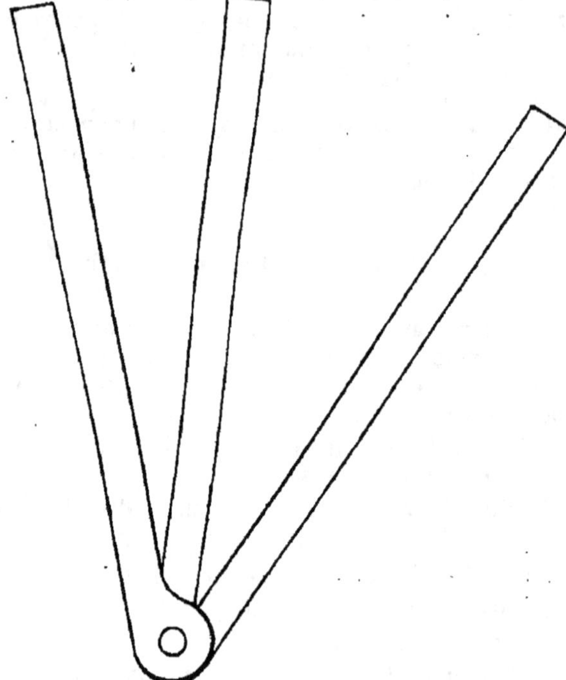

FIG. 5. — Compas à 3 branches.

MODE D'EMPLOI. — Fixer le rapporteur à vernier sur une table; placer l'axe du compas sur la punaise-pivot du rapporteur (gradué dans le sens direct); placer la ligne de foi d'une des branches sur le zéro du rapporteur, les autres sur les graduations correspondant aux angles lus au cercle de visée ou à la lunette de batterie, en visant trois points géodésiques; enlever le compas, le placer sur la carte de manière que les lignes de foi des branches passent par les points géodésiques correspondants. Au moyen d'une punaise-pivot, piquer sur la carte le point de rencontre des trois lignes de foi.

b) *Cas particulier ou, du point à déterminer, on ne découvre pas dans le tour d'horizon trois points de positions bien déterminées sur la carte.* — Dans ce cas, on pourra déterminer le point par l'un des procédés suivants :

Par intersection. — En faisant station en deux autres points susceptibles d'être déterminés par le procédé précédent, les visées donnant l'intersection étant reportées sur la carte avec le rapporteur.

Par cheminement. — Les directions étant reportées avec le rapporteur et les distances étant mesurées au double pas étalonné.

c) Cas particulier où l'on ne peut employer aucun des procédés précédents. — Dans le cas où l'on ne peut employer aucun des procédés précédents ou s'il y a inconvénient à le faire (raison de sécurité, manque de temps, etc.), on n'a d'autres ressources pour se situer que de s'en rapporter à la planimétrie voisine. Le mieux est de prendre ou d'estimer les distances à des chemins; se méfier des chemins de terre ou des sentiers qui peuvent ne pas être exactement en place sur la carte. Si, à défaut de tout autre moyen, on se place par rapport à des limites de bois ou au relief du terrain, on est exposé à des erreurs assez fortes provenant de ce que ces éléments n'ont pas toujours été levés avec assez de précision et surtout de ce que la revision de la carte n'a pas été tenue à jour.

Ces procédés ne peuvent donner de résultats satisfaisants que si on dispose de levés à grande échelle récents (carte belge au 20.000^e).

2° PLACEMENT DU POINT DE POINTAGE SUR LA CARTE

Tout ce qui a été dit ci-dessus s'applique au placement de l'objet servant au pointage en direction de la batterie, mais très souvent on n'aura pas besoin d'en faire la détermination directe et le repère sera choisi parmi l'un des points supposés en place sur la carte (clochers, etc.) (1).

---

(1) Pour le repère, comme pour la position de la batterie, on aura recours en cas de difficulté ou de doute aux officiers du service topographique de l'armée. D'ailleurs, il arrivera fréquemment que les batteries auront à occuper des positions reconnues à l'avance par le commandement en prévision d'un renforcement et pour lesquelles la détermination précise des positions des pièces directrices et des repères aura été effectuée par les officiers du service susdit.

3° PLACEMENT DES OBJECTIFS

1er CAS. — *Objectifs-invisibles de tout observatoire terrestre. La position en est donnée aux batteries par le commandement.* — Dans ce cas, qui est réellement celui du tir d'après la carte, la question du placement des objectifs ne peut être résolue par les batteries que si le commandement, en les leur désignant, leur fournit le moyen de les placer sur la carte.

Suivant l'état de l'avancement de l'organisation du tir d'un secteur, ces désignations pourront être faites sous une forme plus ou moins précise.

Dans la première période de l'attaque de positions nouvelles, les objectifs invisibles des observatoires terrestres et découverts par les observateurs en aéroplane ne peuvent être situés sur la carte que par ces derniers. C'est ce qui arrive également pour les nouveaux objectifs se dévoilant au fur et à mesure que les opérations se prolongent dans un même secteur d'attaque.

L'observateur en aéroplane situe les emplacements des objectifs aussi exactement que possible, sur sa carte au 40.000° quadrillée.

Il peut aussi photographier le terrain qu'il survole. Le cliché permet de reporter sur la carte les travaux ennemis.

Quel que soit le procédé employé par l'observateur, ses déterminations comporteront inévitablement les erreurs de position existant pour la planimétrie lui servant de repère. Mais l'emploi de la carte quadrillée permettra tout au moins d'éviter que d'autres erreurs tenant à la transmission du renseignement ne viennent s'ajouter aux premières. Il suffit pour cela que le commandement de l'artillerie, en envoyant la désignation de l'objectif à une batterie, *le définisse par ses coordonnées rectangulaires.*

L'établissement d'un plan directeur (carte au 20.000° carroyée), dont le but est précisément de fixer topographiquement aussi bien que possible les éléments de la défense ennemie, permettra ultérieurement des désignations d'objectifs plus précises. Les coordonnées des objectifs successivement situés pourraient être envoyées à toutes les batteries d'un secteur, mais il sera plus simple de leur envoyer des reproductions du plan directeur lui-même (sur lesquelles sera porté le *numérotage spécial des objectifs adopté dans l'armée*).

— 149 —

Chaque batterie reportera ses objectifs sur la carte, ce qui sera très facile grâce au quadrillage. Exceptionnellement même, elle pourra travailler directement sur la reproduction du plan directeur en y portant sa position et celle de son repère (1).

2e CAS. — *Les objectifs sont visibles d'observatoires terrestres.* — Si un objectif est visible d'un observatoire non éloigné de la batterie, la question du tir d'après la carte ne se pose pas. Les procédés couramment pratiqués par l'artillerie de campagne permettent, dans ce cas, de déterminer les éléments initiaux du tir et sans difficulté.

D'autre part, si un objectif n'est pas visible de la batterie, mais est visible d'un observateur qui peut aller se placer à proximité (cas fréquent du tir sur les tranchées ennemies), ce n'est pas sur cet objectif même qu'on cherchera en général à diriger avec précision les premiers coups, mais par précaution sur un point qui s'en trouvera à quelque distance au delà. L'observation étant particulièrement facile dans ce cas, on aura vite fait d'ailleurs de ramener les coups sur les points à battre, même si le premier point battu se trouve à une distance notable du but.

Le placement exact de l'objectif pour la détermination des éléments initiaux d'un premier tir importe donc peu dans ces conditions; il suffit de lui assigner un emplacement présumé qui soit très nettement dans la zone ennemie (2).

Mais si, dans l'un ou l'autre des cas ci-dessus, le problème du tir d'après la carte ou bien ne se pose pas, ou bien ne se pose que sous une forme ne nécessitant pas une grande précision, par contre, dans le cas où

---

(1) Sur la minute du plan directeur, les positions des pièces-base de toutes les batteries, ainsi que leur point de pointage, sont toutes exactement reportées, mais ces indications ne sont pas reproduites sur les tirages du plan qui est distribué aux batteries. Dans le cas où une batterie aurait une difficulté à situer exactement la position de sa pièce-base et celle de son point de pointage, elle pourra les demander au service topographique.

(2) Sur les exemplaires du plan directeur distribué aux batteries on trouvera figurée la ligne avancée de nos tranchées à la date du tirage. On aura ainsi la ligne des hausses courtes à quelques centaines de mètres au delà de laquelle il sera prudent de se tenir dans les premiers tirs de réglage sur les tranchées ennemies.

l'objectif ne peut être aperçu et déterminé que de postes d'observation qui sont éloignés tout à la fois et de la batterie et de l'objectif, il importe de situer aussi exactement que possible ce dernier sur la carte. C'est le seul moyen de permettre à la batterie de diriger ses premiers coups dans les environs du but et d'abréger les opérations forcément longues du réglage par observations latérales.

Pour faire cette détermination, on s'installera avec un cercle de visée, une lunette de batterie, un théodolithe en plusieurs postes d'observation qu'on relèvera avec précision par l'un des moyens indiqués plus haut; on les orientera sur un point de repère; on visera de chaque poste l'objectif; on fera des mesures angulaires qu'on reportera ensuite sur la carte.

Avec certaines précautions, le procédé pourra être appliqué, même de nuit, aux batteries ennemies se révélant par des lueurs.

Pour reporter sur la carte les directions de l'objectif, piquer à l'emplacement de chaque poste la punaise-pivot d'un rapporteur en cuivre à vernier mobile, orienter le zéro du rapporteur sur le point de repère choisi par le poste d'observation; à l'aide du vernier mobile, donner l'orientation renseignée par l'observatoire et tracer à l'extrémité du vernier un petit trait fin au crayon.

Enlever le rapporteur et, au moyen d'une règle en zinc s'engageant sur le pivot, tracer la ligne d'orientation.

Remarque. — Cette façon de procéder est applicable si le rapporteur est gradué dans le même sens que le cercle de visée. S'il est gradué en sens inverse, mettre l'orientation renseignée dans la direction du repère et tracer le trait fin au crayon le long du vernier, réglé au zéro du rapporteur.

III. — Formation du faisceau.

A) PARALLÉLISME

a) *Point de pointage en avant ou en arrière.* — On peut établir les pièces en parallélisme, en observant que, lorsque les plans de tir sont parallèles entre eux, leurs angles de repérage sur un même point de pointage diffèrent entre eux de l'échelon de parallélisme; celui-ci est égal à la parallaxe P du point de pointage, prise par rapport à un intervalle de pièce. Conséquemment, pour établir les pièces en parallélisme avec la pièce-base, il suffit d' « ouvrir » (fermer) sur celle-ci de $\hat{P}$, si le point de pointage est « en avant » (en arrière), chaque pièce « ouvrant » (fermant) d'autant d'échelons $\hat{P}$ qu'il existe d'intervalles entre elle et la pièce-base.

b) *Point de pointage latéral.* — Un point de pointage latéral, c'est-à-dire situé exactement sur le prolongement du front de la batterie supposée alignée, fournit le moyen d'établir rapidement la batterie en parallélisme. Il suffit, dans ce cas, de donner la direction à l'une des pièces et de faire pointer les autres pièces sur le point de pointage avec le même angle de direction. En pratique, ce procédé reste applicable tant que le P. P. est à moins de 200 millièmes de la direction du front de la batterie, et au moins à 1.000 mètres de distance, à condition que les pièces ne soient pas en retrait les unes sur les autres de plus de 2 mètres. Il convient de remarquer que le pointage sera d'autant plus précis que le P. P. sera plus éloigné et que les pièces seront mieux alignées.

c) *Pointage réciproque.* — S'exécute comme pour le pointage de la pièce-base.

B) CONVERGENCE

L'angle de direction de la pièce-base ayant été déterminé, on obtient la valeur des angles de direction des autres pièces en observant que chacun d'eux diffère du précédent d'une quantité égale à la correction de convergence calculée comme pour la pièce-base, mais cette fois pour l'intervalle qui sépare les pièces de la pièce-base.

Pour simplifier les opérations, on calcule cette correction pour un intervalle moyen de pièces et la correction ainsi obtenue s'appelle *échelon de convergence*.

On donnera ensuite à chaque pièce la direction de la pièce-base, corrigée d'un nombre d'échelons correspondant au nombre d'intervalles qui séparent la pièce considérée de la pièce-base.

CHAPITRE III.

POINTAGE DIRECT EN DIRECTION.

(Voir : *Ecole de la pièce.*)

CHAPITRE IV.

POINTAGE EN HAUTEUR.

(Voir : *Ecole de la pièce.*)

CHAPITRE V.

MANIEMENT DES PLANS DE TIR.

I. — Modifications du faisceau.

Si le régime des plans de tir n'est pas adapté au front de l'objectif, on peut, au cours du tir, soit déplacer le faisceau par des corrections générales ou par le fauchage, soit le modifier par des ouvertures et des fermetures.

Si, dans un faisceau, on doit modifier la direction d'une ou de plusieurs pièces pour obtenir une répartition particulière, par exemple la convergence de deux pièces d'une section, on exécutera une correction particulière au moyen de la graduation du curseur de la hausse.

II. — Changement d'objectif.

La batterie étant en convergence sur un objectif O, pour battre un autre objectif, le commandant mesurera l'écart angulaire entre les deux objectifs.

Si les deux objectifs sont à même distance, il suffira de prescrire une correction générale pour opérer le transport du faisceau des trajectoires, à moins que l'emplacement du commandant ne soit très éloigné de la batterie. Dans ce dernier cas, et aussi lorsque le second objectif se trouve à une distance différente de celle du premier, il faudra que le commandant, avant de commander la correction générale, modifie, de la *correction de convergence*, l'écart angulaire mesuré.

Cette correction est calculée en observant que l'ancien but peut être considéré comme P. P. nouveau.

Le commandant détermine de même *l'échelon de convergence* correspondant à la différence des distances du but ancien et du but nouveau.

Il commandera ensuite la correction générale et fera « ouvrir » ou « fermer » le faisceau du nouvel échelon déterminé.

Si la batterie est en parallélisme sur O, l'opération du transport sur un but nouveau situé à une autre distance se simplifie du fait que la notion des distances n'existe plus dans le parallélisme.

Il suffit, dans ce cas, de calculer la correction de convergence résultant de l'éloignement de l'emplacement du commandant de celui de la pièce-base et de modifier, en conséquence, la correction générale.

On *ouvrira* ou on *fermera* ensuite le faisceau, d'après la largeur du nouveau but.

Remarque I. — Un but qui se déplace peut être considéré comme constituant successivement plusieurs objectifs.

S'il s'éloigne, l'échelon de convergence se traduit par « ouvrir ».

S'il se rapproche, la convergence nécessite une « fermeture » progressive du faisceau.

Ces corrections d' « ouverture » et de « fermeture » sont indépendantes des « corrections générales »

CHAPITRE VI.

MANIEMENT DE LA TRAJECTOIRE
DANS LE PLAN DE TIR.

1. Le commandant pourra être amené au cours du combat à utiliser les relations existantes entre la hausse, l'angle de site et le correcteur.

2. La *trajectoire* dépend de l'angle de site et de la hausse. On peut changer la trajectoire en changeant l'un ou l'autre de ces éléments et on peut conserver la même trajectoire en les faisant varier en sens inverse de quantités correspondantes.

Une variation d'angle de site a sur la portée aux différentes distances, la même influence qu'une variation égale d'angle d'élévation.

3. La *hauteur d'éclatement* ne dépend que du niveau et du correcteur.

Une division du régloir belge correspond à une durée de 1/6 de seconde; il s'ensuit que le déplacement du point d'éclatement moyen résultant d'une correction de 1 unité est en moyenne de 50 mètres en portée et de 2 millièmes en hauteur (1).

Il en résulte que l'on ne peut prétendre, en général, placer le point d'éclatement moyen exactement à hauteur désirable et que l'on doit se contenter d'une certaine approximation.

Dans les conditions normales de la fusée du 7 c. 5 T. R., la bonne hauteur d'éclatement correspond au correcteur O. Pour abaisser le point d'éclatement, il faut augmenter le correcteur, c'est-à-dire augmenter la portée fusante; pour le relever, il faut diminuer le correcteur, c'est-à-dire diminuer la portée fusante; ces deux opérations correspondent respectivement aux signes + ou — donnés au correcteur.

---

(1) Le déplacement du point d'éclatement moyen résultant d'une correction de 1 unité de correcteur est en moyenne :

En portée, de 65, 50, 44 et 41 mètres respectivement à 1.000, 2.500, 4.000 et 5.000 mètres;

En hauteur, de 1,8, 2, 2,6, 2,7 millièmes respectivement à 1.000, 2.500, 4.000 et 5.000 mètres.

Lorsque le régloir fait défaut, on effectue le réglage des fusées à l'aide de la clef du coffret d'affût; le nombre du disque de la fusée à amener devant le trait de repère est celui de la distance (en centaines et demi-centaines de mètres) augmenté (ou diminué) d'autant de fois 50 mètres que l'indique le chiffre du correcteur positif (ou négatif).

On pourra relever ou abaisser d'une petite quantité le point d'éclatement moyen en agissant sur le niveau sans modifier ni le correcteur ni la hausse.

Dans le débouchoir français, une division du correcteur correspond à une variation d'angle de 1 millième; on relève le point d'éclatement lorsqu'on augmente le correcteur; on l'abaisse lorsqu'on diminue le correcteur.

Le débouchage de la fusée à obus à balles française peut se faire à l'aide d'une pince-débouchoir à main.

Le tableau ci-dessous indique le temps à employer dans les conditions normales avec la pince-débouchoir ainsi que le correcteur à employer avec le débouchoir *lorsqu'on tire l'obus à balles français dans notre canon de 7 c. 5 à T. R.*

DISTANCES.	TEMPS.	CORREC-TEUR.	DISTANCES.	TEMPS.	CORREC-TEUR.
100	0,2	20	1.600	4,4	12
200	0,4	19	1.700	4,7	11
300	0,6	18	1.800	5	11
400	0,8	18	1.900	5,3	11
500	1	17	2.000	5,6	11
600	1,3	17	2.100	5,9	11
700	1,7	16	2.200	6,2	10
800	2,1	16	2.300	6,6	10
900	2,5	15	2.400	6,9	10
1.000	2,8	15	2.500	7,2	10
1.100	3	15	2.600	7,6	9
1.200	3,3	15	2.700	7,9	9
1.300	3,6	14	2.800	8,3	8
1.400	3,9	13	2.900	8,6	7
1.500	4,1	12	3.000	9	7

DISTANCES.	TEMPS.	CORRECTEUR.	DISTANCES.	TEMPS.	CORRECTEUR.
3.100	9,3	7	5.100	17,3	— 1
3.200	9,7	6	5.200	17,7	— 1
3.300	10	6	5.300	18,2	— 1
3.400	10,4	5	5.400	18,6	— 2
3.500	10,8	5	5.500	19	— 2
3.600	11,2	5	5.600	19,4	— 4
3.700	11,6	4	5.700	19,9	— 4
3.800	11,9	4	5.800	20,4	— 4
3.900	12,3	4	5.900	20,9	— 4
4.000	12,7	4	6.000	21,5	— 4
4.100	13,1	3	6.100	22	?
4.200	13,5	2	6.200	22,5	?
4.300	13,9	2	6.300	23	?
4.400	14,3	2	6.400	23,5	?
4.500	14,7	1	6.500	24	?
			6.600	24,5	?
4.600	15,1	1			
4.700	15,6	1			
4.800	16,1	0			
4.900	16,5	0			
5.000	16,9	0			

Si l'un des éléments de tir est erronné (par exemple l'angle de site) l'erreur ne pourra être corrigée que par des altérations des autres éléments (hausse et correcteur).

La hausse trouvée dans un réglage ne correspond donc à la distance vraie du but que si l'angle de site est exact.

Après la première salve d'un réglage fusant obtenu avec un correcteur normal, il y aura intérêt à corriger la hauteur d'éclatement si elle est par trop défectueuse, par une modification d'angle de site, car l'écart observé est l'indice d'un angle de site inexact.

4. *Tir aux grandes portées.* — Notre matériel de 7 c. 5 T. R. peut effectuer le tir fusant jusqu'à 6.600 mètres et le tir percutant jusqu'à 7.600 mètres en enterrant la crosse.

On utilisera pour ces tirs les indications du tableau ci-dessous :

DIS-TANCE.	HAUSSE.	RÉGLAGE du NIVEAU (1).	DÉBOU-CHAGE FUSÉE.	OBSERVATIONS.
5.600	(257 mill.)	35	19 1/2	
5.700	»	42	20	(1) Lire le niveau à la tranche inférieure du cur-
5.800	»	49	20 1/2	seur porte-niveau.
5.900	»	57	21	
6.000	»	64	21 1/2	
6.100	»	72	22	
6.200	»	80	22 1/2	
6.300	»	88	23	
6.400	»	96	23 1/2	
6.500	»	104	24	
6.600	»	112	24 1/2	
6.700	»	120		
6.800	»	128		
6.900	»	136		
7.000	»	145		
7.100	»	154		
7.200	»	163		
7.300	»	172		
7.400	»	181		
7.500	»	190		
7.600	»	200		

5. Un ennemi qui parvient dans l'espace mort, existant en avant d'une batterie, ne peut plus être battu par les moyens ordinaires, soit en tir fusant, soit en tir percutant.

En tir fusant, on peut avoir encore un certain effet sur lui en faisant éclater les projectiles sur la trajectoire qui correspond à la hausse minima; il suffit de diminuer le temps de réglage de la fusée.

Avec l'obus à balles français, sur un terrain horizontal, avec la trajectoire de 1.300 mètres (angle de site O), les effets sont appréciables même lorsque le but est sous la partie la plus élevée de la trajectoire. Si la hausse est supérieure à 1.300 mètres, les points d'éclatement s'élèvent, les effets décroissent rapidement et cessent d'être appréciables lorsque l'objectif a pénétré de 200 à 300 mètres dans l'espace mort.

6. Quand un but est dispersé sur un glacis descendant vers la batterie ou sur une pente derrière une crête, chaque modification de hausse doit être accompagnée d'une modification d'angle de site.

CHAPITRE VII.

PRÉPARATION DU TIR.

I. — Généralités.

Le commandant de batterie reçoit les indications nécessaires concernant le but à battre, l'emplacement que doit occuper la batterie et, éventuellement, la tactique du feu à suivre.

Il s'attachera à ne pas dévoiler sa présence à l'ennemi avant de commencer son tir, afin de donner à son entrée en action tous les caractères d'une surprise.

Selon les ordres reçus, le commandant aura à ouvrir le feu immédiatement après la mise en batterie ou bien la batterie devra être installée en position de surveillance (1).

Dans l'un et dans l'autre cas, la prise de position doit être précédée d'une reconnaissance détaillée (2), dans laquelle le commandant portera son attention sur les points suivants :

Emplacement le plus favorable pour l'observation des tirs et la surveillance de la zone de terrain dévolue à l'action de la batterie.

Recherche de l'emplacement de la batterie satisfaisant aux conditions tactiques imposées.

Détermination des éléments initiaux du tir.

Transmission des ordres et commandements dans le cas où la batterie devra être établie au delà de la portée de la voix.

---

(1) Une batterie est dite en *position de surveillance* lorsqu'elle est en batterie, dissimulée aux vues de l'ennemi et prête à ouvrir le feu.

(2) Pendant cette reconnaissance, la batterie aura été placée en position d'attente.

Une batterie est dite en *position d'attente* lorsqu'elle se trouve en colonne ou en formation de rassemblement, à l'abri des vues de l'ennemi et le plus près possible des emplacements de tir qu'elle occupera vraisemblablement.

II. — Recherche de l'emplacement le plus favorable pour l'observation des tirs.

(Voir *Observation du tir.*)

III. — Recherche de l'emplacement de la batterie satisfaisant aux conditions tactiques imposées.

Une *position d'artillerie* est constituée par la zone de terrain assignée à une unité en action, en surveillance ou en attente. Elle comprend généralement un ensemble d'*emplacements*, dont le choix résultera de considérations tactiques et topographiques ou techniques.

En principe, les batteries occuperont sur la position désignée l'emplacement qui *leur permet le mieux de remplir leur mission.* Cet emplacement peut être complètement *masqué* ou incomplètement *masqué.*

A) OBSERVATOIRE TERRESTRE ENNEMI

---

a) EMPLACEMENTS MASQUÉS.

L'emplacement de l'artillerie est *complètement masqué,* quand la lueur des coups n'est perceptible d'aucun des postes d'observation de l'adversaire, ce qui exige, dans les circonstances atmosphériques et topographiques normales, *au moins 4 mètres de défilement* (pour les canons de 7 c. 5).

Quand ce défilement est moindre, pour tout l'emplacement ou pour une partie de celui-ci, l'artillerie est *incomplètement masquée.* Le personnel peut même, dans certains cas de faible défilement, avoir des vues directes sur la zone de terrain dévolue à l'action de l'arme (défilement du matériel, de l'homme debout, du cavalier).

Il faut considérer dans un emplacement masqué, deux éléments : le *défilement* et la *distance de la masse couvrante,* dont les variations confèrent aux emplacements ci-dessus des propriétés différentes.

Le *défilement* procure à l'artillerie cuirassée un plus grand degré d'invulnérabilité; il lui donne la possibilité de déterminer avec soin les éléments initiaux de ses tirs, à l'abri des vues de l'ennemi; d'agir par surprise avec efficacité, et de ne révéler sa présence qu'au moment de son intervention.

Il facilite l'occupation de la position et le ravitaillement en munitions; enfin, il donne aux batteries la faculté de manœuvrer, sans déceler leurs mouvements, avant et pendant l'action.

L'incertitude sur la position réelle des batteries rend le réglage de l'artillerie adverse trop peu précis pour qu'elle puisse exécuter un tir à démolir. . :

L'artillerie peut aussi, par ce procédé d'occupation de la position, tromper l'ennemi sur sa force et sur ses intentions.

La *distance de la crête de la masse couvrante* influe également sur la protection assurée à l'artillerie. Quand les batteries sont très rapprochées de la masse couvrante, elles décèlent souvent leur présence, par les lueurs des coups ou la poussière soulevée par le souffle des pièces. Un tir progressif, de faible profondeur (2 hausses), ou même un tir sur hausse unique, *bien réglé sur le couvert*, peut avoir la même efficacité que si l'objectif était vu directement.

A mesure que la distance du couvert augmente, la profondeur du tir progressif doit croître dans les mêmes proportions, mais la densité des atteintes diminue.

Si cette distance excède la profondeur habituelle d'un tir de l'espèce (400 à 500 mètres), des feux exécutés dans ces conditions défavorables perdraient toute efficacité, et l'ennemi sera tenté d'y renoncer; la sécurité pourra ainsi devenir presque complète pour les batteries masquées, tout au moins pendant un temps suffisant pour préparer les tirs avec tous les soins nécessaires.

Un inconvénient grave inhérent à tous les emplacements masqués est l'existence, devant le front, d'une zone non battue *d'autant plus profonde que le défilement est plus considérable et la distance de la masse couvrante moindre*, ce qui restreint sensiblement le champ d'action de l'artillerie et favorise les attaques par surprise. Cet *angle mort* peut exister également devant certains emplacements découverts, très élevés ou situés en arrière d'une dépression de terrain.

Cet inconvénient est fortement atténué, si les pentes en avant de la masse couvrante, situées dans l'angle mort, sont efficacement battues par l'infanterie, au moins sur une partie de leur profondeur, et, pour le reste, par des batteries de flanquement.

Il y a lieu de remarquer que les emplacements masqués seront d'un usage presque forcé, au début de la lutte, car la possibilité d'amener de l'artillerie sur un emplacement découvert, et de l'y maintenir en action, devant de l'artillerie postée à bonne distance et non entamée, n'est plus admise. Un personnel bien dressé, employant des mécanismes de tir simples et pratiques, peut d'ailleurs exécuter, de ces emplacements, tous les tirs de la guerre de campagne, sur buts fixes et sur buts mobiles.

La présence d'écrans sombres, en arrière de l'emplacement (bois de haute futaie, sapinières, escarpements, constructions), un temps brumeux ou pluvieux, augmentent la visibilité des lueurs.

Les masques naturels pénétrables (haies, champs de blé, rideaux de plantations, certains taillis) sont d'un emploi avantageux.

La création de masques artificiels et même de nuages de fumée, devant le front, peut également donner de bons résultats.

Le commandant de l'artillerie ou de tout groupement de l'arme s'inspirera des considérations précédentes dans le choix de l'emplacement sur la position désignée.

b) RECHERCHER UN EMPLACEMENT DONNANT UN ANGLE MORT IMPOSÉ.

On procède par tâtonnements de la façon suivante, en s'installant en un point du terrain : déterminer l'angle d'élévation correspondant à la grandeur de l'espace mort (1); ajouter ou retrancher l'angle de site suivant que l'objectif est au-dessus ou en dessous de la crête.

La somme ou la différence donne l'angle de site sous lequel, de l'emplacement de la batterie, on doit voir la crête.

---

(1) On peut se dispenser de consulter la table de tir pour les distances de 1.000 à 3.000 mètres, en observant que la hausse de 1.500 mètres étant de 37 millièmes, les hausses de 100 en 100 mètres sont en progression arithmétique dont la raison est 3 pour les distances inférieures à 1.500 mètres et dont la raison est 4 pour les distances supérieures. Pour ces dernières, les résultats obtenus sont légèrement forts.

Pour les distances de 100, 200, 300, 400 mètres (distances usuelles en deçà du masque), la hausse de 100 mètres étant de 1 millième, les autres hausses sont respectivement, en millièmes, 3, 5, 7.

B) OBSERVATION AÉRIENNE ENNEMIE

Ses moyens d'observation sont : l'observation directe et la photographie.

Ce qui a été dit précédemment au point de vue du masque et du couvert n'est plus exact si l'ennemi emploie l'observation aérienne. Le mieux est alors de rechercher des emplacements dans des bouquets de bois, sous des arbres, dans des vergers, des maisons, des granges.

S'il ne pouvait en être ainsi, il faudrait s'installer dans des emplacements où l'on enterrerait les pièces autant que le terrain le permet.

Contre des investigations aériennes, il est difficile de se cacher, la photographie décelant tous les travaux de l'homme : épaulements, boyaux de communication, pistes à travers champs, etc. Il est donc à recommander de donner à ces travaux l'aspect du terrain environnant, soit, s'il s'agit de parapets, en les recouvrant de gazons, de plantations, en les ensemençant, soit, s'il s'agit de boyaux de communication, en les recouvrant.

IV. — Éléments initiaux du tir.

A. — Les éléments initiaux d'un tir sont : la distance, le correcteur, la direction de la pièce-base, l'échelon et l'angle de site.

a) La *distance* est mesurée ou appréciée;

b) La détermination du *correcteur* résulte de la connaissance que l'on a de la manière dont les fusées se sont comportées dans les tirs antérieurs et, éventuellement, de l'angle de site;

c) La direction de la pièce-base et l'échelon sont déterminés conformément aux prescriptions relatives aux divers procédés de pointage (voir aussi plus loin : action du vent);

d) La détermination de l'angle de site est obtenue :

1° Avec la *lunette de batterie*, au moyen de l'éclimètre.

EXEMPLE. — Supposons que la lunette étant pointée sur le but, l'éclimètre marque 1.27 (85); le commandant commande : Niveau 1.27 (85). Il augmente ou réduit éventuellement ces nombres en raison de l'altitude de son poste d'observation par rapport à l'emplacement de la batterie.

2° *A l'aide de la carte* : déterminer la différence d'altitude entre l'emplacement de la batterie et celui de l'objectif. Cette différence, exprimée en mètres et divisée par la distance de l'objectif, exprimée en kilomètres, donne l'angle de site en millièmes.

3° Avec les *moyens de fortune* qui permettent de mesurer un angle en millièmes (doigts, réglette de direction, etc.).

B. — Lorsque la batterie est établie en arrière d'un masque, la préparation du tir comporte, en outre, la détermination de l'*espace mort* en avant du masque ou de la *hausse d'écrêtement*; pour cela :

Mesurer ou apprécier la distance du couvert à la batterie. Régler la hausse à cette distance et faire pointer chacune des pièces sur le point le plus élevé de la partie du couvert qui se trouve dans le secteur correspondant. Puis, sans toucher à l'inclinaison de la pièce, relever la hausse dans sa boîte jusqu'à ce que la bulle d'air du niveau placé à 100 se trouve entre ses repères.

Lire sur la face droite de la hausse l'angle d'élévation en millièmes; augmenter cet angle de $\left(5+\dfrac{320}{d}\right)$ millièmes (1), d étant la distance en mètres de la pièce au sommet du couvert.

On obtient ainsi l'angle d'inclinaison minimum permis par le masque : c'est l'*angle d'écrêtement*.

Lire la hausse en distance correspondante : c'est la *hausse d'écrêtement* pour le niveau 100.

Cette distance est inscrite sur la partie supérieure droite du bouclier comme ci-dessous :

N(iveau)	E(lévation)	H(ausse d'écrêtement)
100	37	1.500

---

(1) De 5 millièmes pour tenir compte des erreurs possibles de pointage et de $\dfrac{320}{d}$ pour tenir compte de ce que l'axe optique de la lunette est surélevé de 0,32 par rapport à l'axe de l'âme. La correction de $\dfrac{320}{d}$ ne se fera que pour des distances d plus petites que 100 mètres.

Au lieu d'inscrire sous la lettre E l'angle d'élévation obtenu par la lecture sur la face droite de la hausse augmentée de $5+\dfrac{320}{d}$, on inscrit le résultat augmenté de 100, comme ci-dessous :

N	E	H
100	137	1.500

Si, au cours du tir, le commandant prescrit un angle de site différent de 100, 97 par exemple, le chef de pièce l'inscrit sous le chiffre 100, retranche 97 du chiffre inscrit sous la lettre E (137) et marque le résultat (40) sous le chiffre 137. C'est l'angle d'élévation minimum pour le niveau 97; la hausse d'écrêtement correspondant se lit sur la face :

N	E	H
100	137	1.500
97	40	1.600

postérieure de la hausse et s'inscrit sous la lettre H (1.600).

Chaque hausse d'écrêtement est communiquée au commandant par les chefs de section; en aucun cas, sauf quand on emploie les plaquettes, on ne peut tirer avec une hausse plus petite que la hausse d'écrêtement pour le niveau commandé.

L'espace mort est égal à la hausse d'écrêtement diminuée de la distance séparant la pièce du sommet du couvert.

IV. — Transmission des ordres et commandements.

(Voir : *Moyens de communication à distance.*)

V. — Détermination de la charge dans le tir des obusiers.

Dans cette détermination, il faut tenir compte des considérations relatives aux points suivants :

a) Fatigue du matériel;

b) Hausse d'écrêtement;

c) Précision du tir;

d) Défilement de l'objectif derrière un couvert.

a) *Fatigue du matériel.* — Pour diminuer la fatigue du matériel, employer la plus faible charge satisfaisant aux autres conditions. (Voir *b*), *c*) et *d*) ci-dessous.)

b) *Hausse d'écrêtement.* — Pour une même distance de tir, l'angle d'élévation diminue quand le poids de la charge augmente; par conséquent, *pour un emplacement de pièce donné*, on peut déterminer la plus forte charge permettant le tir au-dessus du couvert (voir, à ce sujet, la détermination de la hausse d'écrêtement dans « Préparation du tir, IV, Éléments initiaux du tir, B ».

c) *Précision du tir.* — Si le tir ne doit pas être précis, tel le cas d'un tir sur une localité, on prendra conformément au *a*) la plus faible charge permettant d'atteindre l'objectif. Au contraire, si le tir doit être très précis (cas d'un objectif situé près des tranchées amies, par exemple), on emploiera la plus forte charge qui permette le tir au-dessus du couvert, car les déviations probables sont plus petites pour les fortes charges que pour les faibles.

d) *Défilement de l'objectif derrière un couvert.* — Dans ce genre de tir, la trajectoire est déterminée par trois points : le centre de la bouche de la pièce, le point de chute le plus rapproché et un point de la crête couvrante ou un point situé au-dessus de cette crête, à une hauteur donnée. La charge à employer dépend de la position de ce troisième point par rapport aux deux autres.

Si la trajectoire rasant la crête couvrante passait par le point de chute moyen désirable, la moitié des coups tomberaient dans la masse couvrante. Outre le point de chute moyen désirable, il y a donc lieu de déterminer aussi le point de chute le plus rapproché désirable, c'est-à-dire celui par lequel doit passer la trajectoire rasant la crête couvrante.

Si le point de chute moyen désirable est indiqué par les conditions du tir, ce qui est le cas le plus général, il est nécessaire de placer le point de chute le plus rapproché désirable à une distance égale à la déviation longitudinale probable en deçà du point moyen, afin d'avoir dans le but les deux zones centrales du groupement contenant 50 p. 100 des coups tirés.

Mais tant que la charge n'est pas connue, on ne connaît pas non plus la déviation probable. Pour trouver celle-ci d'une façon approximative, on calcule la charge nécessaire pour faire passer la trajectoire rasant la crête par le point moyen désirable, et c'est la dévia-tion longitudinale probable correspondant à cette charge qui détermine la position du point de chute le plus rapproché désirable.

Connaissant la position du point le plus rapproché désirable, soit qu'elle ait été déterminée comme il vient d'être dit, soit qu'elle résulte des conditions du tir, on calcule la charge nécessaire pour faire passer la trajectoire rasant la crête par ce point; puis on re-lève cette trajectoire de la quantité nécessaire pour la faire passer par le point moyen.

Comme les tables de tir ne donnent les éléments de tir que pour un nombre limité de charges, la charge cherchée se trouvera généralement entre deux charges tabulaires, entre lesquelles il faudra choisir. Le point de chute le plus rapproché sera donc, en réalité, un peu plus au delà ou un peu plus en deçà que le point le plus rapproché désirable, selon qu'on choisira la charge la plus grande ou la plus petite.

Soit O F (fig. 6) le plan horizontal passant par le centre de la bouche de la pièce;

C la crête couvrante;

b le point de chute moyen désirable;

B le point de chute le plus rapproché désirable;

O E la distance de la crête couvrante à la pièce;

E F la distance de la crête couvrante au but;

α l'angle de site par rapport à C;

β l'angle de site par rapport à B;

γ l'angle A B C que fait, avec le plan horizontal, la droite qui joint les points C et B;

θ l'angle de la tangente-trajectoire O C B au point C avec la droite O C.

La formule fondamentale du tir est :

$$tg\ \theta = tg\ \gamma \mp tg\ \beta,\ \text{formule } approximative$$

qui se déduit de la trajectoire considérée comme une parabole et qui n'est applicable que si l'objectif n'est pas très éloigné du couvert.

Les tangentes des angles γ et β sont données par les triangles A B C et F' O B. Le signe — se rapporte au cas où le point B est au-dessous du plan horizontal O F, et le signe + au cas contraire.

Supposons que le point moyen b soit seul donné, et nommons θ' l'angle de chute en C relatif à la trajectoire O C B, γ' l'angle A b C et β' l'angle de site par rapport au point b.

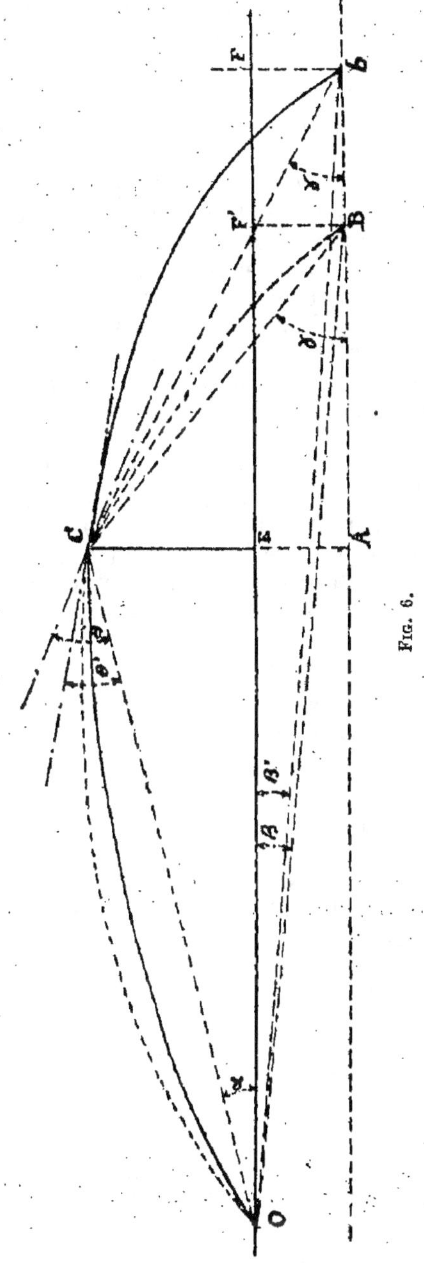

FIG. 6.

Pour déterminer la position du point d'impact le plus rapproché désirable, on calcule $tg\ \gamma'$ et $tg\ \beta'$, d'où l'on déduit $tg\ \theta'$, et l'on cherche dans la table de tir :

1° La charge qui, à la distance O E, donne un angle de chute dont la tangente est immédiatement supérieure à $tg\ \theta'$;

2° La déviation longitudinale probable avec cette charge à la distance O F, et l'on fait b B égal à cette déviation.

Connaissant b B, on calcule $tg\ \gamma$ et $tg\ \beta$, d'où l'on déduit $tg\ \theta$, et l'on cherche dans la table la charge correspondante à cette dernière tangente.

Ordinairement, $tg\ \theta$ est comprise entre deux tangentes tabulaires correspondant à deux charges. Si elle diffère très peu de l'une des deux tangentes tabulaires, le choix de la charge est tout indiqué. Si la différence est sensible, il y a lieu d'examiner laquelle des deux charges convient le mieux au point de vue de l'effet à produire.

La chance d'atteindre le but dépend de la quantité dont on relèvera la trajectoire au-dessus de la crête C. Supposons qu'on la relève d'une quantité égale à la déviation verticale probable; la chance d'atteindre sera de 75 p. 100, pourvu que la longueur du but, au delà du point B soit au moins égale à cinq fois la déviation probable en portée.

REMARQUE. — Dans la guerre de position près de l'Yser, on pourra se borner à négliger β et à rechercher la charge qui donne à la distance de l'objectif un angle de chute égal à γ.

VI. — Action du vent.

L'action résultant de la vitesse du vent peut se décomposer suivant deux directions, l'une perpendiculaire au plan de tir résultant de la vitesse transversale Vt, l'autre parallèle au plan de tir résultant de la vitesse longitudinale Vl.

L'action résultant de la vitesse transversale agit sur la direction du projectile, celle résultant de la vitesse longitudinale sur la portée.

La première est la plus importante pour le pointage des bouches à feu.

La déviation en direction produite par l'action transversale du vent augmente avec cette vitesse et avec la section méridienne du projectile.

Elle est en raison inverse de la masse du projectile.

Pour des projectiles semblables, la section dans le projectile est proportionnelle au carré du calibre et la masse est proportionnelle au cube de celui-ci; la déviation latérale due au vent est donc inversement proportionnelle au calibre.

Cette déviation augmente avec la durée de l'action du vent sur le projectile, c'est-à-dire avec la durée du trajet, donc avec la portée.

En pratique, cette déviation est donnée d'une façon suffisamment approximative par la formule :

$$d = \mathrm{V}t \left(t - \frac{\mathrm{P}}{\mathrm{U}} \right)$$

dans laquelle d est la déviation latérale en mètres, $\mathrm{V}t$ la vitesse tranversale du vent en mètres, t la durée du trajet en secondes, P la portée en mètres, U la composante horizontale de la vitesse initiale en mètres.

L'effet du vent sera d'autant plus considérable sur un projectile que sa vitesse U sera plus considérable, c'est-à-dire qu'il sera tiré avec une plus grande vitesse initiale, ou, à égalité de vitesse, sous un angle plus petit.

La déviation longitudinale due à l'action de la vitesse longitudinale du vent sur la portée peut se calculer approximativement par la formule :

$$p = \mathrm{V} \times t.$$

Le réglage du tir élimine l'erreur de portée provenant de cette action; aussi, dans la pratique, peut-on négliger la correction à apporter aux premiers éléments du tir pour en tenir compte.

Cependant, lorsqu'on doit ouvrir instantanément le feu, il y a avantage à corriger l'angle de tir du premier coup en tenant compte de la vitesse longitudinale du vent.

Lorsque la vitesse du vent est oblique par rapport à la ligne de tir, on peut pratiquement déterminer ses composantes longitudinales et transversales de la façon suivante :

Si la direction du vent fait un angle d'environ 45 degrés avec le plan de tir, on prend pour chacune des composantes les deux tiers de la vitesse absolue.

Si l'angle que fait la direction du vent avec le plan de tir est de beaucoup inférieure à 45 degrés, on prend pour valeur de la composante longitudinale la vitesse absolue du vent et on néglige la composante transversale. On néglige de même la composante longitudinale lorsque la direction du vent avec le plan de tir est de beaucoup supérieure à 45 degrés et la composante transversale est prise égale à la vitesse absolue du vent.

Il n'y a lieu de tenir compte, surtout pour une faible durée de trajet, dans la détermination des éléments initiaux du tir, de la vitesse du vent que lorsque celle-ci est d'au moins 7 à 10 mètres (vent fort qui agite les grosses branches des arbres).

CHAPITRE VIII.

RECHERCHE ET DÉSIGNATION DES OBJEC-TIFS. — MESURE ET APPRÉCIATION DES DISTANCES. — MESURE ANGULAIRE EN LARGEUR ET EN HAUTEUR.

I. — Recherche et désignation des objectifs.

Il est de la plus haute importance, en vue de la promptitude de l'ouverture du feu, que le commandant de batterie soit habile à découvrir les objectifs et les points de pointage et à les désigner rapidement et sans ambiguïté à son personnel.

D'autre part, il importe, en vue du service des éclaireurs de terrain et d'objectifs, que tous les officiers et sous-officiers de la batterie s'efforcent d'acquérir pareille habileté.

L'on s'attachera à toujours désigner les choses par leurs appellations exactes et à accompagner éventuellement celles-ci d'explications claires et concises ou de qualificatifs bien appropriés, de manière à permettre de différencier un objet déterminé des objets similaires avoisinants.

Pour ce qui concerne la désignation d'un objectif, on apprendra à formuler, d'une façon claire, précise et succincte, sa situation, sa formation, son attitude, l'action qu'il exécute, le sens et la vitesse de sa marche, les divers incidents auxquels sa présence peut donner lieu (1).

---

(1) Au tir, les désignations détaillées qui se rapportent à l'objectif n'ont de raison d'être que si le pointage est direct ou si les chefs de section ont à intervenir dans l'observation du tir.

II. — Mesure et appréciation de distances.

Généralités.

La connaissance des distances est un facteur important de la réduction des préliminaires du tir.

Malgré l'influence que peuvent avoir les circonstances du moment (atmosphériques ou autres) sur la variation des portées, il serait presque toujours possible d'abréger la recherche de l'encadrement du but, si la distance réelle était connue assez exactement.

On se rendra compte du grand avantage qui en résulterait en songeant que la phase initiale du tir est particulièrement lente, parce que l'observation des coups doit être suivie de commandements pour les coups suivants, commandements qui entraînent souvent des modifications dans le réglage des appareils de visée et dans le pointage.

Les opérations à effectuer exigent d'autant plus de temps que leur exécution doit être contrôlée par les gradés.

La distance de deux points peut être obtenue avec plus ou moins de précision selon qu'elle est déterminée par l'un ou l'autre des procédés suivants : *mesure directe sur le terrain, mesure sur la carte, mesure télémétrique, appréciation à la vue.*

Mesure directe. — En principe, on ne mesure directement que des distances relativement faibles entre points situés sur la position même ou aux abords.

La mesure directe peut se faire au pas ordinaire ($0^m,75$) lorsque le terrain s'y prête (1).

En comptant par foulées ou doubles pas ($1^m,50$), on aura l'avantage d'éviter l'essoufflement, car on devra prononcer moins de nombres (2) et ces nombres seront moins longs, de sorte que l'opération arithmétique à effectuer pour obtenir la distance cherchée sera moins compliquée. Toute distance mesurée en foulées vaudra en mètres le nombre des foulées augmenté de la moitié

---

(1) Sans aucune habitude spéciale, tout militaire parvient aisément, après quelque exercice, à mesurer au pas ordinaire une distance en terrain uni ou peu accidenté, avec une approximation de 1/25°, voire même bientôt de 1/50°.

(2) L'énonciation des nombres à haute voix est propre à faire éviter des erreurs.

de ce nombre. Par exemple : une longueur mesurée par 26 foulées vaudra 26+13=39 mètres; 100 mètres seront mesurés par 66 foulées et 1 pas.

La *mesure de la distance sur la carte* n'est applicable que lorsque les deux points dont on veut avoir la distance peuvent être reportés sur la carte avec une exactitude absolue.

Mesure télémétrique. — Les *télémètres* peuvent fournir concernant les distances des points marquants du terrain, des évaluations d'autant plus exactes que les instruments sont plus précis et maniés avec plus d'habileté.

Parmi les procédés de télémétrie basés sur l'emploi des lunettes de batterie, le plus simple consiste à déterminer la parallaxe du point dont on veut connaître la distance, par rapport à une base aussi normale que possible à la direction de ce point. Il suffira ensuite de mesurer cette base, de la diviser par la parallaxe, et l'on aura la distance du point en kilomètres.

Lorsque deux lunettes installées aux extrémités d'une base ont leurs lignes 0.0 parallèles, on obtient la parallaxe d'un point quelconque du terrain en faisant la différence des « directions » indiquées par les deux lunettes, pointées sur ce point.

Lorsque la base peut être prise de manière à ne pas s'écarter de la normale à la direction du point dont on veut connaître la distance de plus de 250 à 300 millièmes (1) et lorsque l'organisation des instruments permet d'obtenir la parallaxe à 1 millième près, le procédé en question peut donner les distances avec une approximation de 1/50ᵉ à 1/25ᵉ.

Lorsqu'on recherche la distance d'un objet dont une dimension est connue, ou si pareil objet existe à proximité d'un point dont on désire connaître la distance, on en mesure ladite dimension en millièmes au moyen de l'éclimètre ou du goniomètre d'une lunette (selon que la dimension connue se présente verticalement ou horizontalement). La division du nombre de mètres par le nombre de millièmes donnera en kilomètres la distance cherchée.

Appréciation à vue. — En dehors des procédés de

---

(1) Au delà de 300 millièmes, le procédé cesse d'être applicable.

détermination des distances exposés ci-dessus, il convient de ne pas négliger l'appréciation à la vue, car ce procédé est de beaucoup le plus rapide; il permet à celui qui a acquis une certaine pratique d'évaluer et de comparer les distances avec une exactitude très suffisante.

L'exercice de l'appréciation des distances ne demande guère de préparation; on peut l'effectuer en tous temps, en tous terrains, pendant les manœuvres, les marches, les exercices journaliers, les promenades, etc.

La recherche et la détermination de la nature des objectifs peuvent s'effectuer en employant des lunettes jumelles, mais l'appréciation des distances à la vue doit toujours se faire à l'œil nu.

On contrôle toujours les distances appréciées afin de connaître le sens et la valeur des erreurs commises, car c'est de cette connaissance que doit résulter l'habileté progressive à acquérir.

Le contrôle de la distance appréciée s'exécute par un des procédés de mesure décrits précédemment.

III. — Mesure angulaire en largeur et en hauteur.

On s'exercera à évaluer directement en millièmes les écarts angulaires séparant des points marquants du terrain, les extrémités d'un bois ou d'un massif de plantations, les côtés gauche et droit d'une construction; on évaluera de même la différence d'altitude de certains points, la hauteur des arbres, des constructions, des cheminées d'usines, des clochers, etc.

L'emploi de la lunette de batterie ou de pièce est tout indiqué pour mesurer les écarts angulaires. Il suffit, en effet, sans déplacer le support (trépied ou canon) de la lunette, de viser successivement à gauche et à droite (ou en dessous et au-dessus) de l'objet; en prenant la différence des deux « directions » (ou graduations d'éclimètre), on obtiendra en millièmes la largeur (ou la hauteur) de l'objectif considéré. Si l'on a soin de diriger, par pointage du support, la ligne 0.0 de la lunette sur le côté gauche de l'objectif, la « direction » correspondant à la ligne de visée amenée ensuite sur le côté droit donnera directement la largeur de l'objectif.

A défaut de lunette ou pour opérer plus rapidement

(mais avec moins d'exactitude), on peut évaluer les largeurs des espaces de terrain en utilisant des réglettes graduées en millièmes (avec ou sans coulisses).

Un procédé pratique et rapide consiste à apprécier les largeurs en se servant des doigts de la main droite ainsi que l'indique la planche ci-contre.

D'une façon générale, on constate qu'il existe une relation constante entre les dimensions de la main et du bras ainsi que de la poitrine. Il en résulte qu'en étendant le bras dans toute sa longueur et en plaçant la main droite comme l'indique le dessin, les appréciateurs, quelle que soit leur conformation, couvrent à très peu près les mêmes espaces angulaires.

Pour s'exercer à apprécier les largeurs, il convient de se placer à 10 mètres (de préférence, 100 mètres, si possible) d'un mur sur lequel ont été tracées des lignes verticales à 0^m,30, 0^m,60, 1^m,20, 2^m,40 et 3^m,60 d'intervalle (3, 6, 12, 24 et 36 mètres sur le mur à 100 mètres) et de s'exercer à acquérir la position voulue de la main pour couvrir ces espaces.

Pour toute évaluation angulaire en largeur ou en hauteur faite à la vue, il faut utiliser l'œil dont l'acuité visuelle est la plus grande et fermer soigneusement l'autre. Contrairement à ce qui doit se faire pour une mesure à l'aide de la lunette, il ne faut pas diriger successivement le rayon visuel de l'un et de l'autre côté, soit de l'objet à évaluer, soit de la réglette ou des doigts de la main, ce qui supposerait une fixité absolue de celle-ci; mais il faut s'attacher à couvrir d'un seul coup d'œil l'objet à évaluer par telle ou telle partie de la réglette ou de la main. Les mécomptes que l'on aura dans l'application de ce procédé proviendront en général uniquement de l'inobservance de cette prescription.

Toutefois, lorsque la largeur à évaluer sera grande, il sera plus difficile de l'embrasser d'un seul coup d'œil et l'on obtiendra de meilleurs résultats si l'on assure l'immobilité de la main en l'appuyant sur ou contre un objet fixe quelconque, tel que bord de bouclier, roue de voiture, arbre, poignée de sabre fiché en terre, etc.

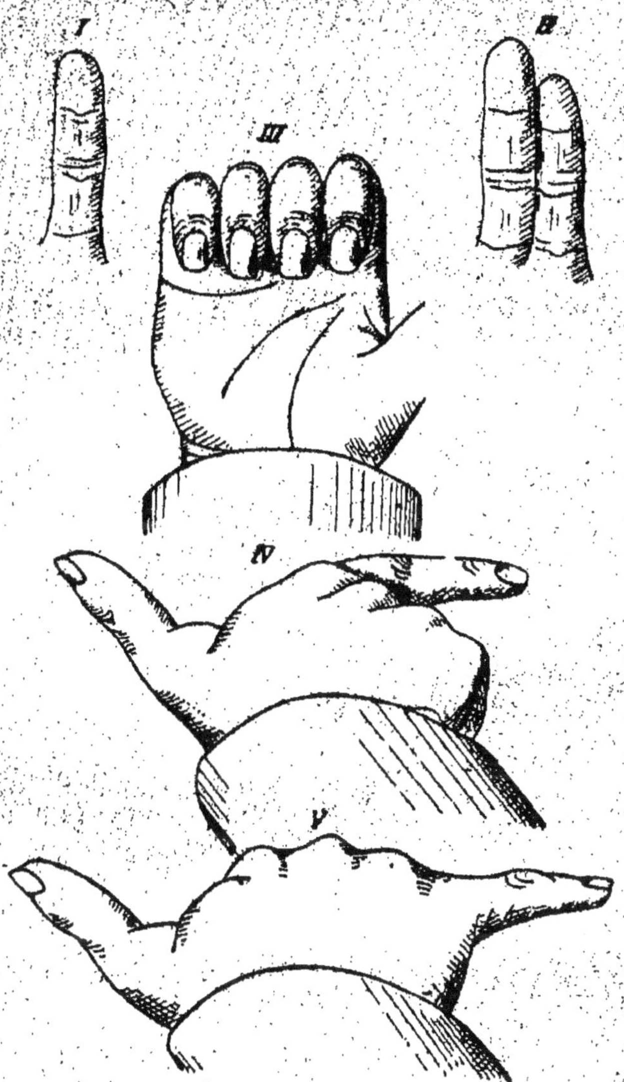

Note. — Pour apprécier la dimension en front d'un but ou l'espace qui sépare en largeur un point saillant du terrain d'un autre point également très visible, étendre le bras droit dans toute sa longueur et rejeter la tête un peu en arrière.

Les espaces couverts par les doigts ou par la main droite dans une disposition indiquée dans le croquis ci-dessus correspondent aux dimensions angulaires suivantes :

I. L'index placé verticalement, la paume de la main tournée vers l'observateur (pli de la phalangette) . . . . 30 millièmes.

II. — L'index et le médius placés verticalement, la paume de la main tournée vers l'observateur (pli de la phalangette du médius). . . . . 60 id.

III. — Les quatre doigts repliés, la paume de la main tournée vers l'observateur . . . . 110 id.

IV. — Le pouce et l'index écartés, la paume de la main en dessous . . . . 240 id.

V. — Le pouce et le petit doigt écartés, la paume de la main en dessous . . . . 360 id.

TITRE VI.

—

EXÉCUTION DES TIRS.

—

CHAPITRE I.

DÉFINITIONS ET GÉNÉRALITÉS.

Encadrer un but, c'est tirer de manière que l'objectif soit compris entre des coups observés en deçà et des coups observés au delà.

On appelle *fourche*, la différence qui existe entre les distances auxquelles ont été tirés les coups au delà et les coups en deçà qui ont permis de déterminer l'encadrement du but. Si deux coups, tirés en salve à une même distance, tombent l'un au delà et l'autre en deçà de l'objectif, on dit que ces deux coups ont produit une *salve encadrante*.

Un tir est fusant ou percutant; il peut présenter une combinaison du tir à shrapnel fusant, à shrapnell percutant, et du tir à obus explosifs.

Il présente deux phases et se subdivise généralement comme suit :

A) DÉTERMINATION DES ÉLÉMENTS DU TIR (1)

Encadrement du but et réglage en direction.

Réglage en portée.

Réglage de la hauteur d'éclatement.

B) TIR D'EFFICACITÉ

Conduite du tir.

Contrôle du tir.

---

(1) L'exécution d'un tir dont les éléments ont été déterminés d'après la carte sera indiquée dans le chapitre IV.

CHAPITRE II.

TIR SUR BUT FIXÉ.

A) DÉTERMINATION DES ÉLÉMENTS DU TIR

---

a) ENCADREMENT DU BUT.

1. En principe, la détermination de l'encadrement se fait sur le même point du but. Toutefois, si le but est très visible et de largeur suffisante, la recherche de l'encadrement est exécutée en répartissant le feu sur toute sa largeur.

Quand un but est difficile à découvrir, le commandant essaie d'obtenir au début des éclatements au delà de l'objectif, afin que celui-ci se détache sur la fumée de l'explosion.

Il pourra aussi rechercher le but en faisant varier les hausses et les directions et en ayant même recours à des salves en parallélisme.

Il cherche également à débuter par des coups longs si les circonstances atmosphériques sont telles que la fumée de l'explosion de ses projectiles puisse gêner l'observation, ou s'il doit tirer au-dessus de troupes amies momentanément arrêtées, avant de se lancer à l'assaut.

2. La détermination de l'encadrement s'exécute *par batterie, par section* ou *par pièce*. On commence généralement à la distance appréciée ou mesurée, arrondie en multiple de 100 mètres.

3. L'encadrement qui limite l'emplacement occupé par le but est obtenu en *tir percutant* ou en *tir fusant* par bonds successifs, en augmentant ou en diminuant la hausse, de manière à porter des coups en deçà et des coups au delà de l'objectif.

On diminue graduellement l'étendue des bonds, mais la longueur des premiers doit être telle que les groupements correspondant à leurs extrémités ne puissent chevaucher.

Le premier encadrement est, en général, déterminé par bonds de 400 ou de 200 mètres. On réduit ensuite les encadrements par moyennes successives et on s'arrête à la *fourche* de 100 mètres. En principe, les limites de cette fourche doivent être contrôlées, c'est-à-dire, qu'il faut avoir deux coups observés, *avec certitude*, à chaque limite de la fourche.

Aux faibles distances, ou lorsqu'on possède des renseignements sur la distance, on peut procéder à l'encadrement du but par bonds de 100 mètres, quand l'observation est facile.

4. Il peut se présenter que, pendant la recherche de l'encadrement, les deux coups tirés à une même distance soient observés + et — et forment ce qu'on appelle une *salve encadrante*.

La probabilité que l'objectif se trouve à cette distance est très grande, mais il est cependant prudent, en général, de contrôler ce résultat par des coups tirés de façon à ne créer aucune confusion dans les groupements. Ce contrôle se fera à 100 mètres au delà et à 100 mètres en deçà de la salve encadrante et l'observation exacte *d'un des coups* de chacune de ces distances suffit à donner tout apaisement. Ce contrôle se fera de préférence à la distance de la salve encadrante, surtout dans le cas où l'objectif se trouve rapproché des tranchées.

5. Un coup observé manifestement *but* donne également une grande probabilité que la distance convient pour le tir d'efficacité. Il sera cependant contrôlé en général de la même manière qu'une salve encadrante.

Lorsque la distance est faible et l'observation facile et certaine, la distance d'une salve encadrante ou ayant donné un coup but n'est pas contrôlée.

6. Lorsque, dans le contrôle d'une salve encadrante, on obtient à 100 mètres au delà ou à 100 mètres en deçà une nouvelle salve encadrante, il y a probablement erreur et l'on doit recommencer les opérations.

L'existence de ces deux salves encadrantes est, en effet, impossible quand les dispersions ne sont pas supérieures à celles des tables; sa probabilité est faible lorsque les dispersions sont doubles des dispersions tabulaires. Si donc cette éventualité se présente, il est probable qu'il y a eu faute commise, soit dans le tir, soit dans l'observation.

7. Lorsqu'il ne sera pas possible d'encadrer l'objectif dans une fourche de 100 mètres ou si celui-ci se présente dans des conditions telles qu'il soit nécessaire de le paralyser très rapidement, on se contentera d'un

encadrement plus large qu'on déterminera en multiples de 100 mètres. On resserrera l'encadrement à la première occasion.

8. Quelques exemples donnent la marche à suivre pour la détermination de l'encadrement.

1° Distance appréciée : 2.400 mètres.

Deux coups à 2.400 mètres — ?
   Id. 2.800 id. — —
   Id. 3.200 id. + ?
   Id. 3.000 id. + +
   Id. 2.900 id. — —

2° Distance appréciée : 1.800 mètres.

Deux coups à 1.800 mètres + +
   Id. 1.600 id. — —
   Id. 1.700 id. + —

3° Distance appréciée : 2.600 mètres.

Deux coups à 2.600 mètres — ?
   Id. 3.000 id. + —
   Id. 3.100 id. + ?
   Id. 2.900 id. — ?

4° Distance appréciée : 1.100 mètres.

Deux coups à 1.100 + — ou un coup « but ».
On ne contrôle pas la fourche.

5° On obtient pendant la recherche de l'encadrement :

Deux coups à 2.400 mètres + —
   Id. 2.500 id. + —

On recommence la recherche de l'encadrement.

6° Distance appréciée : 3.200 mètres (but qu'il n'est pas possible d'encadrer dans une fourche de 100 mètres ou qu'il faut paralyser rapidement.

Deux coups à 3.200 mètres + +
   Id. 2.800 id. ? ? On ne voit pas l'explosion des coups, ce qui fait supposer l'existence d'une dépression de terrain.
   Id. 2.800 id. ? ?
   Id. 3.000 id. + +
   Id. 2.600 id. — —
   Id. 2.700 id. — —
   Id. 2.900 id. ? ?

La fourche est de 300 mètres.

B) Réglage en direction.

9. Si on a des doutes sur l'exactitude de la mise en direction de la pièce-base, on tire un coup d'essai, et on corrige le tir de l'écart observé.

Lorsque le capitaine ne voit pas ses coups, il diminue momentanément le correcteur.

10. Le réglage en direction se fait généralement en même temps que la détermination de l'encadrement.

11. Le commandant indique, s'il y a lieu, la direction initiale à donner aux pièces. Dans les tirs à pointage direct, les chefs de section règlent la direction de chaque pièce par des corrections particulières en se basant sur les principes énoncés ci après.

Ces corrections se font au moyen du curseur de la hausse (1).

On corrige après un coup lorsque la déviation constatée est supérieure à 2 millièmes, après plusieurs coups lorsque la déviation moyenne est plus grande que 1 millième.

Le commandant n'intervient que quand les circonstances l'exigent, par exemple pour signaler une direction continuellement fautive ou pour commander une correction générale nécessitée soit par l'action du vent, soit par toute autre cause.

12. Dans les tirs à pointage indirect, lorsque la détermination de l'encadrement a été faite avec une seule section ou avec une seule pièce, on exécute le réglage en direction de toutes les pièces, en lançant une salve de batterie, de manière à répartir le feu sur toute la largeur du but.

Cette salve peut aussi servir à régler la hauteur d'éclatement.

13. Dans le pointage collectif, on réglera les directions au moyen de corrections générales données au goniomètre des lunettes et ayant pour objet de déplacer, d'ouvrir ou de fermer le faisceau des trajectoires

---

(1) Le chef de section et le chef de pièce ne perdront pas de vue qu'il faut remettre le curseur à 30 en cas de changement de but, à moins que le changement d'objectif ne se fasse par correction générale, ou bien qu'il ne soit constaté que ces corrections ont été nécessitées par un déréglage de l'appareil de pointage.

d'après la position et la largeur de l'objectif et le but que l'on se propose d'atteindre. Toutefois, même dans le pointage collectif, lorsque l'exactitude en direction acquiert une importance capitale, comme notamment dans le tir d'obus explosifs contre de l'artillerie, il pourra être nécessaire, indépendamment des corrections générales, d'exécuter des corrections particulières aux pièces.

c) RÉGLAGE EN PORTÉE.

14. Si l'objet du tir exige une grande précision, il convient de déterminer la distance relative avec la plus grande approximation possible. On effectue alors le *réglage en portée.*

15. 1° On n'observe que le *sens* des déviations (cas général de l'observation terrestre).

Le réglage se fait alors généralement en percutant.

En principe, ce réglage se fait en tirant 6 coups à la distance moyenne de la fourche ou à la distance de la salve encadrante. (On tient compte éventuellement des coups déjà tirés à la même distance pendant la détermination de l'encadrement.)

Si, sur ces 6 coups, on en a 2, 3 ou 4 en deçà, le tir est réglé.

Si l'on n'observe qu'un coup au delà (en deçà), on augmente (diminue) la portée de 50 mètres et l'on tire une nouvelle série de coups.

Toutefois, si les trois premiers coups du réglage sont de même signe, on fait immédiatement la correction de 50 mètres.

Si la correction de 50 mètres a été trop forte (ce qui se vérifie de la même manière que ci-dessus), on en fait une de 25 mètres (1) en sens inverse et le tir est considéré comme réglé à cette distance intermédiaire.

Si la correction de 50 mètres a été trop faible, on reprend la recherche de l'encadrement, généralement à l'échelon de 100 mètres.

Exemples de réglage en portée :

On a obtenu dans la recherche de l'encadrement :
2.600 — — 300 + +; 2.800 — — 2.900 — —.

---

(1) Pour corriger la hausse de 25 mètres, on règle l'instrument entre deux subdivisions donnant un écart de 50 mètres.

1. La série de coups à 2.950 mètres donne :

+ — — + ou bien
— — + — + ou bien
— + — — +

Le tir est réglé à 2.950 mètres, qui est la distance relative.

2. Dans la série de coups à 2.950 mètres, les trois premiers sont :

+ + + : on corrige de 50 mètres.

{ 2.900 — ou   { 2.900 + — +
{ Le tir est réglé à 2.925 m.   { Le tir est réglé à 2.900 m.

3. Dans la série des coups à 2.950 mètres, les trois premiers sont :

— — — : on corrige de 50 mètres. Distance 3.000 mètres.

{ 3.000 mètres +   { 3.000 mètres —
{ Le tir est réglé à 2.975 m. ou { Cette distance étant une limite extrême de l'encadrement, il faut déterminer une nouvelle limite avant de poursuivre le réglage.
{   { Deux coups à 3.100 m. + +
{   { 3.000 + —; tir réglé à 3.000.

16. 2° On observe la *grandeur* des déviations.

Le réglage peut se faire en tir percutant ou en tir fusant.

Pour juger de la position de la trajectoire moyenne, il convient d'attendre le résultat d'au moins trois coups tirés avec le mêmes éléments et bien observés. On calcule alors la déviation du point moyen de ces coups par rapport au point désirable.

Il n'y a pas lieu de faire une correction si cette déviation ne dépasse pas la déviation probable.

En général, une correction doit être complète, c'est-à-dire calculée de manière à faire disparaître complètement la déviation; elle doit être plutôt trop forte que trop faible.

Il y a lieu de corriger après les deux premiers coups et même après le premier coup, si la déviation observée dépasse la double déviation probable.

Réglage de la hauteur d'éclatement.

17. Il a pour objet de déterminer le correcteur convenable pour que la hauteur moyenne du tir soit égale à la hauteur-type (de 2 millièmes pour le canon de 7 c. 5 T. R.)

La hauteur moyenne se détermine sur trois coups au moins et d'après les procédés indiqués dans le chapitre « Observation du tir ».

On corrige de la différence entre la hauteur moyenne et la hauteur-type.

18. Quand la hauteur moyenne est de 2/1.000, on doit avoir, en général, un coup percutant ou fusant en dessous du but sur quatre, car l'écart probable en hauteur d'un tir collectif fusant peut être évalué à 2 millièmes (canon de 7 c. 5 à T. R.).

Si tous les coups sont percutants, il faut diminuer le correcteur de 4 unités.

Si, après les coups de réglage, une forte correction est nécessaire, on la fera avantageusement par l'angle de site, sauf dans le cas d'un terrain plat.

Il ne doit pas être tenu compte des salves dans lesquelles la hauteur d'éclatement est très irrégulière. Ces irrégularités sont dues à des erreurs dans le réglage de la fusée, dans le pointage, l'angle de site, la hausse, qu'il faut rechercher dans la batterie.

B) **TIR D'EFFICACITÉ**

a) CONDUITE DU TIR.

19. La recherche de l'encadrement, le réglage en direction et en hauteur, ainsi que le réglage éventuel de la portée étant terminés, on effectue le tir d'efficacité qui a pour objet la destruction, la désorganisation ou la neutralisation de l'objectif.

En principe, le tir d'efficacité est constitué par des alternances de rapidité, de ralentissement et de suspension du feu, de manière à arriver rapidement à une désorganisation matérielle et morale de l'adversaire, tout en ménageant les munitions.

Le tir d'efficacité s'exécute en percutant (shrapnells ou obus explosifs) ou en fusant.

20. Si la situation tactique exige une grande précision, le tir d'efficacité n'est exécuté qu'après le réglage en portée.

21. Si la situation tactique exige qu'on entame le plus tôt possible le tir d'efficacité, on exécute celui-ci :

a) A la distance moyenne de l'encadrement de 100 mètres;

b) A la distance de la salve encadrante ou d'un coup but;

c) A la distance inférieure de l'encadrement de 100 mètres, quand celui-ci a été obtenu en fusant bas.

22. S'il n'a pas été possible d'encadrer l'objectif dans une fourche de 100 mètres, on exécute un tir en dispersion entre les limites de la fourche obtenue.

A cet effet, on lance des salves de batterie au commandement, en partant d'une des limites de la fourche et en procédant par bonds de 100 mètres, jusqu'à la limite opposée.

On recommence ensuite en faisant varier de 50 mètres la hausse de départ de la nouvelle progression. On peut aussi exécuter un « tir progressif » au lieu de lancer des salves.

23. Le commandant de batterie s'attache, pendant l'exécution du tir échelonné, à relever des observations lui permettant de restreindre les limites de l'encadrement obtenu primitivement; il pourra aussi réduire la zone à battre.

24. Si la détermination de l'encadrement s'est faite en tir fusant, il sera prudent de battre le terrain jusqu'à 100 mètres en deçà de la limite inférieure de la fourche obtenue.

25. Le tir d'efficacité s'exécute en concentration ou en répartition suivant le résultat que l'on cherche à obtenir.

Dans la concentration du feu, une partie seulement du but est battue par toute la batterie, jusqu'au moment où le commandant, ayant obtenu le résultat désiré, déplace le faisceau par une correction générale.

Dans la répartition du feu, chaque pièce ou chaque section bat une fraction de l'objectif par l'ouverture systématique du faisceau des trajectoires ou le fauchage.

b) CONTRÔLE DU TIR.

26. En tir d'efficacité percutant, le contrôle se fait naturellement.

Le commandant surveille, en effet, l'ensemble de son tir et son attention est, en outre, attirée sur les perturbations qui peuvent se produire, par les avertissements qui lui sont donnés par les chefs de section, lorsque ces derniers ont été amenés à faire à la hausse une correction atteignant 50 mètres. (Voir : *Rôle des chefs de section*, n° 64.)

27. En tir d'efficacité fusant, le contrôle de la hauteur d'éclatement se fait d'après la proportion de percutants : un quart quand le tir est réglé (canon de 7 c. 5 à T. R.).

28. En ce qui concerne la portée, la majorité des coups observables doit être en deçà.

Dans les tirs de longue durée exécutés sur un même but il sera prudent de contrôler de temps en temps la portée par un tir percutant de quatre coups.

Au besoin, on reprend la recherche de l'encadrement.

29. Dans le cas du tir courbe contre un objectif placé derrière un couvert, une crête, le contrôle du tir s'obtient par la proportion des coups tombés dans la masse couvrante. (Voir : *Détermination de la charge* dans « Préparation du tir ».)

CHAPITRE III.

EMPLOI DE LA PLAQUETTE.

Considérations générales.

30. Un terrain de pente égale ou supérieure à l'angle de chute ne peut être battu en tir percutant.

Il y a donc intérêt, avec l'obus explosif, à augmenter le nombre des cas dans lesquels ce projectile peut être utilisé.

Toutefois, l'angle de chute ne doit pas dépasser 15 degrés, parce que si le terrain au point de chute était sensiblement horizontal la proportion des ricochets deviendrait insuffisante.

Les plaquettes diminuent la vitesse du projectile dans l'air et augmentent l'angle de chute.

Elles abaissent toujours dans une limite très appréciable la hauteur du point d'éclatement du projectile après ricochet; mais cet abaissement semble sans influence sensible sur l'efficacité.

La précision du tir est légèrement diminuée par l'emploi de plaquettes; il n'en résulte pas d'inconvénients au point de vue de l'efficacité dans le tir sur zone.

L'angle de chute est majoré par leur emploi, tout en laissant une proportion acceptable de ricochets jusqu'à 2.700 mètres environ pour la plaquette de 68^{mm} et jusqu'à 3.500 mètres environ pour celle de 58^{mm}. Ces limites d'emploi sont d'ailleurs notablement augmentées lorsque le terrain sur lequel se trouve l'objectif présente une pente importante vers l'arrière.

31. *Limite d'emploi.* — La plaquette de 68^{mm} est employée pour tout tir sur un objectif situé en arrière d'une crête dont la distance est inférieure à 2.500 mètres.

La plaquette de 58^{mm} est employée pour tout tir sur un objectif situé en arrière d'une crête dont la distance est comprise entre 2.500 et 3.500 mètres.

Pour les tirs sur objectif en arrière de crêtes situées à plus de 3.500 mètres, ne pas employer de plaquettes.

32. *Règles de tir.* — *a*) Lorsqu'on n'a pas de données suffisamment approchées sur la distance de la crête couvrante, tirer à shrapnells, avec l'angle de tir de ladite crête et aux distances de 2.500 et de 3.500, avec un correcteur donnant des éclatements observables.

L'observation renseignera sur le fait que la crête couvrante est à une distance :

1° Inférieure à 2.500 mètres (employer la plaquette de 68^{mm});

2° Comprise entre 2.500 et 3.500 mètres (employer la plaquette de 58^{mm});

3° Supérieure à 3.500 mètres (ne pas employer de plaquettes).

b) Chercher la fourche de 100 mètres sur la crête couvrante avec des obus explosifs percutants munis du dispositif approprié, en prenant comme hausse de départ la distance appréciée augmentée de :

800 mètres si on emploie la plaquette de 68^{mm};

400 mètres si on emploie la plaquette de 58^{mm}.

c) Prendre la hausse longue augmentée de 100 mètres comme hausse de départ du tir d'efficacité.

d) Procéder par hausses décroissantes de 25 en 25 mètres jusqu'à ce qu'on aperçoive des coups courts. Recommencer en faisant varier la direction pour répartir les projectiles le plus également possible.

CHAPITRE IV.

AMÉLIORATION DES ÉLÉMENTS INITIAUX DANS LE TIR D'APRÈS LA CARTE.

33. Ayant reporté sur la carte, par l'un des moyens indiqués ci-dessus, les positions exactes des pièces-base, des points de pointage et des objectifs, on a pour chaque objectif la *direction* et la *distance topographique*. La carte donne, en outre, avec une approximation plus ou moins grande, la différence de niveau d'où, avec la distance, l'on déduit le *site*.

La direction et la distance exactes, la distance surtout, devraient être corrigées d'une certaine quantité pour correspondre aux conditions atmosphériques et balistiques réelles du tir à exécuter.

34. Deux cas peuvent se produire :

1° *On n'a pas le moyen de déterminer la correction de la « hausse du jour »*. — Si on n'a pas le moyen de déterminer cette correction, s'il s'agit, par exemple, d'un tir fait au début d'une journée, dans des circonstances de temps qu'on n'a pas eues au cours des journées précédentes, avec des munitions d'un lot nouveau, etc..., on admettra naturellement comme éléments les plus probables du tir ceux résultant des mesures ainsi faites sur la carte.

L'erreur commise de ce fait ne pourra en aucun cas, d'ailleurs, être de nature à troubler et ralentir à l'excès les opérations du réglage par l'avion ou par les observateurs terrestres; les premières salves seront de toute façon dans les environs du but.

Ainsi, on peut dire qu'il est *sans inconvénient sérieux qu'on n'ait pu déterminer les corrections de la hausse du jour si on dispose d'un avion ou d'observateurs terrestres pour diriger le tir de réglage et d'efficacité.*

Par contre, dans le cas où, ne disposant pas d'avion ni d'observateurs terrestres pour faire le réglage définitif, on voudrait cependant diriger sur l'objectif visé un tir d'efficacité, on se trouverait amené, si on n'avait pas la correction de la hausse du jour, à faire une grosse consommation de munitions (1).

____

(1) En appliquant la règle admise pour le siège, on trouve qu'il faudrait alors battre uniformément un rectangle com-

On peut en conclure pratiquement qu'il n'y a pas lieu de chercher à exécuter des *tirs d'efficacité sur des objectifs invisibles, même s'ils ont été déterminés avec précision sur la carte dans le cas où l'on n'a pas la correction du jour et où l'on ne dispose pas d'avion ni d'observateurs terrestres pour faire le réglage.*

Tout ce qu'on pourra faire dans ce cas sera de faire un tir de neutralisation sur la surface à battre, tir qui pourra être lent et beaucoup moins dense et qui n'aura pour but que de fixer *l'objectif sur sa position* et de le *gêner dans son tir*, en attendant mieux.

2° La hausse du jour peut être déterminée par des tirs sur buts auxiliaires.

a) PRINCIPES DU TIR SUR BUT AUXILIAIRE ET DU TRANSPORT DE TIR.

Le procédé du transport de tir, appliqué dans la guerre de siège, peut être étendu très facilement à l'artillerie de campagne dans la guerre de position actuelle.

Un premier tir sur un but de position bien connue et se prêtant à l'observation facile est conduit jusqu'au réglage.

De la comparaison entre les éléments de ce réglage et les éléments initiaux empruntés à la carte, ainsi que des distances relatives de ce premier but auxiliaire et du véritable but invisible, on déduit les corrections à faire subir aux éléments topographiques du tir sur ce dernier, également empruntés à la carte.

Il faut théoriquement, pour que le procédé soit applicable, que les directions du but auxiliaire et du but définitif ne fassent pas un angle de plus de 250 millièmes environ, et que le rapport de la distance du but auxiliaire à la distance du but définitif soit compris entre 4/3 et 3/4.

---

prenant l'objectif, 200 mètres en deçà, 200 mètres au delà et 3 millièmes à droite et à gauche. Mais cette règle, qui suppose l'emploi de planchettes au 20.000°, ne saurait s'appliquer au tir d'après la carte au 40.000°; en particulier, il semble qu'il y ait lieu, dans ce cas, d'augmenter un peu la profondeur de la zone battue et surtout sa largeur, qui devrait être portée à 10 ou 15 millièmes à droite et à gauche. Dans ces conditions, une batterie ennemie de 100 mètres de large, et sans profondeur, située à 4.000 mètres, entraînerait à un tir sur une surface d'environ 200 mètres sur au moins 400 mètres de profondeur; ce serait un tir sur une zone assez étendue.

La règle pour passer de la correction correspondant au but auxiliaire à la correction analogue du but définitif est la suivante :

En direction, les corrections sont les mêmes;

En portée, elles sont proportionnelles aux distances initiales de tir.

Les éléments initiaux du tir à exécuter sur objectif ayant été améliorés par l'effet de cette correction, il est de règle dans le siège que, avant de passer au tir d'efficacité, on fait tout d'abord un tir de réglage *observé*.

L'avion ou les observateurs terrestres observent ce tir de réglage, qui devra être très rapide dans le cas où toutes les opérations précédentes auront été bien effectuées.

REMARQUE. — Dans le cas où, ne disposant pas d'avion, on voudrait cependant faire par transport de tir un tir d'efficacité sur objectif invisible, il faudrait, d'après la règle admise dans l'artillerie de siège, tirer à 100 mètres en deçà de l'objectif et à 100 mètres au

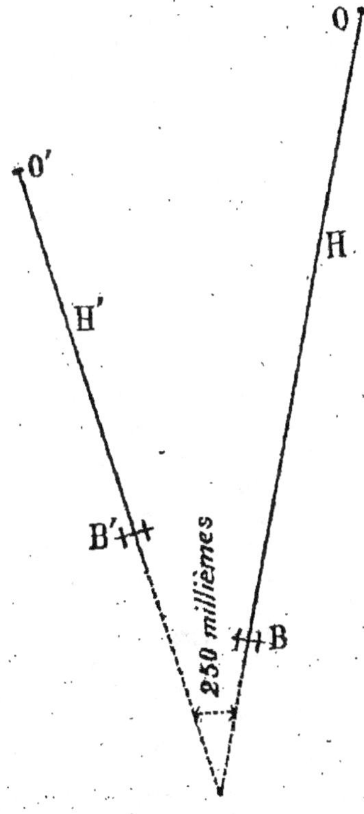

delà (1). On aurait encore à exécuter un *tir sur zone*, mais sur une zone d'étendue relativement faible.

b) APPLICATION PRATIQUE DE LA MÉTHODE.

On perdrait cependant une grosse partie du bénéfice qu'on peut retirer des réglages sur buts auxiliaires si chaque batterie, devant tirer sur un objectif invisible, devait tout d'abord faire un tir sur un autre but, bien qu'on puisse fréquemment prendre comme buts auxiliaires des points mêmes de la défense ennemie et ne pas perdre absolument tous les coups dépensés de cette façon, il y a évidemment tout intérêt, pour économiser du temps et des projectiles, à réduire au minimum ces réglages auxiliaires. C'est au commandement d'artillerie divisionnaire qu'il appartient d'organiser pour le mieux le tir sur but auxiliaire, de désigner les batteries ayant à effectuer ces tirs et sur quels buts, de recevoir, condenser, puis transmettre aux batteries les éléments voulus pour faire chaque jour (ou au cours de chaque fraction de jour) les corrections de direction et surtout de hausse dans les différents azimuts; *parfois, d'ailleurs, il suffira, pour avoir ces éléments, de tenir simplement compte des résultats des tirs normalement effectués par les batteries sur leurs objectifs permanents* (les tranchées ennemies, par exemple).

35. *Tenue des carnets de tir.* — Les résultats des tirs effectués dans l'artillerie, même dans la guerre de mouvement, sont consignés sous forme de notes et de croquis par le commandant de batterie.

Dans la guerre de position, il importe de donner à cette inscription une forme répondant aux nécessités de l'organisation d'ensemble du tir. Ainsi qu'il a été dit plus haut, le résultat des réglages effectués sur des objectifs visibles ou non des observatoires terrestres ne doivent pas seulement servir, en effet, aux batteries intéressées à reprendre ultérieurement sur leurs objectifs des tirs relativement exacts en direction et assez approchés en portée (approchés seulement à cause des

---

(1) Supposons, par exemple, qu'il s'agisse d'une batterie ennemie de 100 mètres de large sans profondeur, située à 4.000 mètres. En tenant compte de l'incertitude avec laquelle la hausse du jour a été obtenue dans le tir sur but auxiliaire avec la fourche de 50 mètres, on voit qu'il faut faire un tir sur une profondeur de 250 mètres. Si on déborde l'objectif de 10 millièmes, on battra 180 mètres de large. On aurait ainsi à battre uniformément un rectangle de 250 mètres sur 180.

éléments variables d'ordre balistique et atmosphérique). Ils doivent contribuer aussi à la détermination topographique des objectifs *en vue des tirs à effectuer éventuellement de toutes les autres positions du secteur*; c'est-à-dire à l'établissement du plan directeur.

Le plan directeur s'appuie sur un canevas de points déterminés avec précision par triangulation — canevas d'ensemble — et topographie directe; les restitutions photographiques sont également employées pour le compléter. Mais, pour situer certains objectifs, on ne dispose que des résultats des tirs. Tout tir *réglé* donne avec une grande précision une direction et, sur cette direction, une position approchée du but.

Chaque objectif se trouvera ainsi déterminé assez exactement s'il a été l'objet d'un réglage par deux batteries suffisamment éloignées l'une de l'autre; si on n'a qu'un réglage, on aura une direction et un point approché sur cette direction, mais qui pourra être ensuite définitivement fixé par une visée directe, soit par une restitution photographique ou de toute autre façon.

Or, la construction à faire par les officiers du service topographique de l'armée pour placer un objectif sur le plan directeur à l'aide des résultats des tirs, nécessite qu'ils aient communication, pour chaque réglage, de *l'angle correspondant à la direction*, de la *hausse* et du *site*.

Ce sont ces éléments qui doivent être inscrits sur le carnet de tir de chaque batterie.

Pour faciliter la tenue des carnets de tir ainsi que leur lecture par tous les officiers pouvant avoir à le consulter, il serait utile de distribuer à toutes les batteries des carnets imprimés suivant un modèle uniforme comportant, en outre de pages blanches réservées pour les croquis et inscriptions diverses, des pages divisées en colonnes (voir page suivante).

Quand une batterie sera remplacée sur une position par une autre, elle aura à lui passer son carnet de tir ou une copie de ce carnet.

Pour que cette prescription soit efficace, il faut que les niveaux des différentes batteries soient réglés d'une manière identique. Les commandants des unités vérifieront très souvent le réglage de ces instruments. (Voir pages 63 et suivantes.)

Carnet de tir.　　　　　　　　　　N° Batterie.

DATE.	OBJECTIF.	DIRECTION (1).	NIVEAU.	HAUSSE.		CORRECTEUR. (Temps du débouchage.)	OBSERVATIONS. — (1) Point de pointage.
				OBUS explosifs.	OBUS A BALLES ou shrapnells.		

35 bis. Tir par observation indirecte unilatérale ou bilatérale.

a) *Unilatérale.* — Tirer le premier coup avec les éléments initiaux. Si le point de chute n'est pas dans la zone d'observation, c'est-à-dire n'est pas observable en portée, corriger la direction sans modifier la hausse; on adopte comme base de la correction à faire, la déviation angulaire constatée, transformée en mètres.

Dès que l'on aura obtenu un coup observable en portée, on procédera, par bonds de 100, 200, 400 mètres, à la détermination de l'encadrement en modifiant la direction comme il est indiqué dans « Observation du tir, titre VII », de manière à maintenir les coups dans la zone d'observation et à conduire le tir suivant la ligne *observatoire-but*, comme on le conduit suivant la ligne *batterie-but* dans l'observation directe.

Ce procédé est d'application facile tant que la parallaxe du but pour la base *observatoire-batterie* est plus petite que 45°. Quand elle sera plus grande, il vaudra mieux régler le tir sur un but auxiliaire convenablement choisi et employer le procédé par transport de tir.

b) *Bilatérale.* — Des renseignements fournis par les observateurs, on déduit la position des points d'éclatement par rapport au point à battre comme il est indiqué dans « Observation du tir, titre VII ».

CHAPITRE V.

TIR SUR BUT MOBILE.

A) RECHERCHE DES ÉLÉMENTS DU TIR

36. Elle se fait comme sur but fixe, mais on resserrera les limites de l'encadrement aussi rapidement que possible, sans essayer de restreindre la fourche à moins de 200 mètres.

B) TIR D'EFFICACITÉ

37. Si le but s'avance vers la batterie, établir un barrage de feux à la limite inférieure de la fourche, en fusant ou à obus explosifs.

38. Dans tous les autres cas, battre le terrain, entre les limites de la fourche, par salves de batterie échelonnées ou en tir progressif (régressif).

CHAPITRE VI.

TIR CONTRE OBJECTIFS AÉRIENS.

---

39. Fera l'objet d'une instruction particulière.

CHAPITRE VII.

TIR DE NUIT.

---

40. Pour avoir des chances de succès, il faut que le but présente une grande surface (localités, bivouacs, etc.) ou qu'il consiste en un point repéré pendant le jour, de préférence par le tir même (pont, sortie de défilé, maison, ferme, tranchées, etc.).

41. Dans le premier cas, on détermine un encadrement plus ou moins large du but en observant les coups au moyen d'observateurs latéraux.

On bat ensuite toute l'étendue de la zone ainsi déterminée par des salves percutantes (à obus explosifs) ou fusantes (à shrapnells).

42. Lorsque le repérage de l'objectif aura pu être fait pendant le jour par le tir, on conservera, pour les tirs de nuit, les éléments déterminés par le tir de jour. Toutefois, la fraîcheur de la nuit étant de nature à diminuer les portées, tant percutantes que fusantes, il faudra commencer le tir à une distance augmentée de 100 mètres aux distances moyennes. Ce tir doit être contrôlé par des observateurs latéraux.

CHAPITRE VIII.

MÉCANISMES DE TIR.

43. Dans la batterie, les tirs peuvent être exécutés suivant les cas :

1° Par salve de 4 pièces : c'est la *salve de batterie* ou le *tir par batterie;*

2° Par salve de 2 pièces : c'est la *salve de section* ou le *tir par section;*

3° Avec une pièce ou par pièces successives;

4° *En tir rapide.*

44. Le *tir par batterie* ou la *salve de batterie* se fait au commandement du commandant de batterie.

Cette salve peut s'employer pour le réglage de la hauteur d'éclatement et la répartition; éventuellement, pour la recherche de la distance; pour battre une zone d'indécision du but; pour atteindre un objectif en formation profonde ou mobile, auquel on veut enlever rapidement sa liberté d'action. Le commandant y a encore recours lorsqu'il veut reprendre en main son personnel momentanément désorganisé et qu'il craint de le voir échapper à son autorité.

La salve de batterie s'exécute sur hausse unique :

Percutant,   ) PAR BATTERIE ! 1.800.
fusant ou obus explosifs.) BATTERIE. — TIREZ.

Les chefs de pièce commandent : FEU ! successivement de la droite à la gauche, en ayant soin de laisser entre deux coups successifs le même intervalle que dans le tir par section (voir n° 45), à moins qu'une cadence autre n'ait été commandée par le commandant de la batterie.

Après une salve de batterie, les culasses sont laissées ouvertes, les canons sont repointés, les servants se tiennent prêts à charger et à tirer dans les conditions précédentes.

La salve de batterie exécutée avant le tir d'efficacité a l'inconvénient de dévoiler prématurément l'emplacement de toutes les pièces d'une batterie masquée; elle a l'avantage de donner une idée de la répartition du faisceau.

Elle sera avantageusement remplacée par le tir avec

une section et, de préférence, par le tir avec une seule pièce.

45. Le *tir par section* s'exécute sur hausse unique au commandement : TIREZ du commandant de section. Le chef de la pièce de droite commande : FEU; dès que cette pièce a tiré, le chef de la pièce de gauche compte mentalement dans la cadence du pas ordinaire 1, 2, 3 et commande : FEU, de manière à séparer les coups des deux pièces.

Après un tir par section, on recharge les pièces sans commandement.

Le *tir par section* peut s'employer dans la détermination de l'encadrement, mais il a les inconvénients de la salve de batterie sans en avoir les avantages. Il n'est pas à conseiller. Il peut s'exécuter avec une section seulement; l'autre section suit le tir et donne les corrections en portée et en direction commandées à la section qui tire.

46. Le *tir avec une pièce* s'emploie fréquemment dans les positions masquées pour la détermination de l'encadrement. On augmente ainsi les difficultés pour l'ennemi de repérer l'emplacement. Ce procédé s'impose en outre quand le but présente un front restreint, quand les opérations pour la direction ont été faites au sentiment ou quand l'emplacement du commandant est fort éloigné de la batterie.

Dans ces cas, ce tir s'exécute avec une seule pièce; les autres pièces suivent le tir et donnent les corrections en portée et en direction commandées à la pièce qui tire.

Il s'exécute au commandement :

POUR TELLE PIÈCE : 1, 2, 3 ou 4 coups (canon de 7 c. 5 T. R.).

Ce tir s'emploie aussi pendant le réglage en portée et le réglage de la hauteur d'éclatement.

47. Le *tir par pièces successives* s'emploie pendant la conduite du tir. Il s'exécute dans la cadence du tir par section, à moins qu'une autre cadence n'ait été indiquée, et au commandement :

PAR PIÈCE.

48. Le *tir rapide sur hausse unique* convient contre un objectif sur lequel on a pu resserrer la fourche à

100 mètres ou sur lequel on a eu le temps de régler le tir.

Il s'emploie, en principe, alternativement avec le tir par pièce pour produire un effet violent, mais de courte durée.

Il s'emploie aussi quand la batterie doit se défendre contre une attaque inopinée. Dans ce cas, le nombre de coups à tirer n'est pas indiqué. Le feu est alors arrêté au commandement : Halte.

Ce tir rapide s'exécute suivant les prescriptions détaillées à l'école de la pièce.

49. Le *tir rapide progressif* (*régressif*) convient contre un objectif sur lequel on n'a pas pu resserrer la fourche à 100 mètres. Il s'exécute suivant les prescriptions détaillées à l'école de la pièce. Un demi-tour de la manivelle de pointage en hauteur modifie l'inclinaison du canon de 7 c. 5 T. R. d'une quantité correspondant à une variation de hausse de 50 mètres environ aux distances moyennes.

50. On emploie le *fauchage* si le front de l'objectif ne peut être battu sans intervalles privés de feu par la répartition des plans de tir (d'une façon générale, si ce front dépasse 100 mètres).

Le fauchage exécuté par un tour de manivelle dans le canon de 7 c. 5 T. R. ou par deux tours dans le canon de 7 c. 5 P. déplace les points d'éclatement successifs de 6 millièmes.

Dès lors : 1° dans le tir rapide sur hausse unique, on fauchera 2 (3, 4..., *n*) coups d'après le rapport existant entre le front à battre par chaque pièce et ce nombre de millièmes. On aura soin d'établir, avant le fauchage, la répartition de manière que les plans de tir de deux pièces voisines soient ouverts du front à battre divisé par le nombre de pièces;

2° Dans le tir rapide progressif avec le canon de 7 c. 5 T. R., on ne tire jamais dans plus de deux directions : la direction initiale et celle-ci modifiée par un tour de manivelle de pointage en direction.

Remarque. — Avec le canon de 7 c. 5 T. R, il faut éviter d'amener le plan de tir à plus de 30 millièmes à gauche ou à droite du plan vertical de l'axe de l'affût, le canon fauchant naturellement par dépointage lorsque ces limites sont dépassées.

51. Le feu, sauf ordre contraire, commence par la droite, suit la série naturelle des sections ou des pièces, pour recommencer ensuite, dans le même ordre, sans indications spéciales.

Pendant la recherche de l'encadrement, le chef de chaque section attend, pour commander le feu, que le commandant de batterie ait indiqué la distance.

Quand une section ou une pièce, dont le tour est venu de tirer, n'est pas prête, on fait immédiatement tirer la section ou la pièce suivante, de façon à ne pas ralentir le feu.

Quand la chose intéresse la section suivante, le commandant de section avertit son collègue en disant :

Deuxième ou *quatrième pièce : manque.*
Telle section : manque.

Dans le tir rapide, on ne suit pas l'ordre des pièces.

Aucune pièce ne peut être tirée que suivant les dernières indications du commandant de la batterie; les chefs de section devront prendre éventuellement l'initiative de faire décharger les pièces si le commandant n'en a pas donné l'ordre.

Rapidité du feu.

52. L'allure générale du tir dépend essentiellement des circonstances.

L'intensité du feu variera selon *les* nécessités tactiques, l'état de fatigue du personnel ou la difficulté d'observation.

En principe, la vitesse ne peut jamais être obtenue au détriment de la bonne exécution du service de la pièce.

L'allure d'un tir de durée ou continu, qui sera toujours un tir « par pièce », doit être réglée par le commandant, qui aura le souci de ménager ses munitions ainsi que les forces de son personnel.

Si le commandant de batterie s'aperçoit que l'allure générale du feu est trop lente, il active son personnel par le commandement : Accélérez le feu.

Si, au contraire, il désire, soit pour la facilité de l'observation, soit pour économiser les munitions ou pour toute autre raison, donner au tir une allure moins vive, il commande : Ralentissez le feu.

Il peut également régler lui-même l'allure du feu en commandant : A mon avertissement. Il commande alors : Tirez, quand il le juge convenable. La pièce ou la section dont c'est le tour fait feu. Cette prescription est, en particulier, appliquée pendant le réglage.

Il peut, dans un tir de durée, s'affranchir de l'obligation de commander lui-même le feu, en indiquant le nombre à compter dans la cadence du pas ordinaire entre deux coups consécutifs. Il dira, par exemple : « PAR PIÈCE — CADENCE 10 (15 ou 30) », ce qui correspondra à environ 12 (8 ou 4) coups par minute.

Si le tir a lieu par *salve de batterie* ou par *salve de section*, le chef de pièce lève le bras et on attend, avant de faire feu, le commandement : TIREZ, du commandant de batterie ou du commandant de section.

Si le tir a lieu *par pièce*, le chef de pièce commande : FEU, quand son tour de tirer est arrivé. Le commandant de section l'avertit au besoin.

CHAPITRE IX.

RÔLE DES DIFFÉRENTS CHEFS.

A) RÔLE DU COMMANDANT DE BATTERIE

---

a) POINTAGE INDIRECT.

Cas où la batterie doit ouvrir le feu immédiatement après la mise en batterie.

53. Le commandant, installé à son poste d'observation, dirige la lunette de batterie, réglée 0,0 sur la partie du but la plus visible, ou, si le but est également visible dans toutes ses parties, sur celle qui correspond à sa position par rapport à l'emplacement des pièces. Il apprécie la distance du but ou la mesure; il détermine l'angle de site, la largeur du but, et, le cas échéant, l'écart angulaire entre l'objectif et un point de pointage dont la distance approximative lui est connue.

Le commandant annote ces renseignements et calcule éventuellement l'angle de direction d'une des pièces de la batterie choisie comme pièce-base. Il fait mesurer le front occupé par la batterie.

S'il fait chercher la batterie, il envoie généralement au plus ancien lieutenant communication des renseignements qu'il juge utiles, ainsi que les instructions pour la mise en batterie et l'emplacement des avant-trains.

Pendant l'arrivée de la batterie, le commandant qui a fait choix, d'après la nature du but, du régime à adopter, répartition, parallélisme ou convergence, détermine, en conséquence, l'échelon.

Aussitôt que la batterie est arrêtée, le commandant indique aux chefs de section, qu'il a appelés auprès de lui s'il le juge nécessaire, les éléments du tir :

Il commande par exemple :

> *Correcteur : n (— n').*
> *Niveau : tant.*
> *Point de pointage : tel.*
> *Direction (m, m').*
> *Sur la ... pièce, ouvrir (fermer) : tant.*
> *Distance :*
> *Percutant (fusant, obus explosifs).*

ou il donne telles instructions qu'il est nécessaire pour le procédé de pointage à employer.

Cas où la batterie doit être en position de surveillance.

54. Quand l'objectif n'est pas connu au moment où commence la préparation, on choisit un repère vers le centre de la zone de surveillance et les opérations se font ensuite comme si ce repère était l'objectif.

55. Quand le faisceau est formé et orienté, le commandant de batterie, en vue d'une utilisation ultérieure, fait inscrire les angles de repérage sur le bouclier.

56. Après un tir où le faisceau a été amélioré, le commandant peut garder trace des améliorations apportées en faisant une correction générale pour l'amener sur le repère et en faisant annoter les nouveaux angles de repérage.

57. Dans le cas où la batterie n'a pas à commencer le feu immédiatement, la préparation du tir peut recevoir un complément utile par l'appréciation ou la mesure des distances, la mesure des angles de site et des écarts angulaires des points marquants du terrain.

Le commandant établit alors un bulletin de surveillance. Dans la guerre de position, la préparation du tir doit se faire pour *tous les objectifs probables* de la batterie.

b) POINTAGE DIRECT.

58. Dès que la batterie est en position, le commandant commande les éléments de tir. Eventuellement, il indique s'il faut répartir le feu.

Si le commandant doit désigner rapidement le but à toute la batterie, il s'attache à en caractériser brièvement la position par rapport aux parties marquantes du terrain.

Exemple :

Vers la droite, un moulin !
(Autant de) millièmes à gauche !
3 colonnes d'infanterie !
Point de visée : colonne du centre !

c) POINTAGE DIRECT OU INDIRECT.

59. Le commandant indique, quand c'est nécessaire, la section ou la pièce qui doit faire la recherche de l'encadrement. En principe, le feu n'est ouvert que quand toutes les pièces sont prêtes.

Au début du tir, il observe ou fait observer le tir de chaque pièce et prescrit les corrections en portée.

Il indique aux chefs de section quelles sont celles de leurs pièces qui tirent en dehors de la direction, en formulant, s'il voit seul le but, ses observations. Il donnera, par exemple, l'indication suivante : QATRIÈME PIÈCE, 10 MILLIÈMES TROP A GAUCHE, ce qui veut dire que le commandant de section doit reporter le coup 10 millièmes à droite; il peut aussi indiquer directement la correction à faire : « QUATRIÈME PIÈCE, CORRIGEZ — 10. »

Il n'intervient, en général, dans la correction que si elle intéresse toute la batterie, soit pour neutraliser l'action du vent, soit pour toute autre cause.

Dans le tir à pointage indirect, le commandant devra se montrer très circonspect en ordonnant des corrections *particulières*, et il ne perdra pas de vue que, par suite de la grande précision des pièces, les corrections de l'espèce ne peuvent être nécessitées que par le fait d'erreurs de « direction ». Ces corrections devront être exécutées à l'aide du curseur de la hausse, de manière à éviter de détruire la collectivité du fais-

ceau des trajectoires. Les corrections particulières
pourront cependant être nécessaires, si l'on s'astreint
à obtenir une grande exactitude dans la direction.

60. Une pièce peut être *perdue* par suite :

1° D'un mauvais réglage de la lunette ou du curseur;

2° D'un mauvais pointage, d'un changement de point
de pointage, etc.;

3° De calculs fautifs opérés sur la direction primitive.

A l'indication : *Telle pièce, vérifiez la direction*, le
commandant de section vérifie dans l'ordre ci-dessus.
S'il ne trouve rien, c'est qu'il y a eu erreur dans le
choix du point de pointage; il le désigne de nouveau
et la pièce peut rentrer dans le tir.

61. Le commandant s'efforce de régler le tir le plus
promptement possible. Une appréciation exacte de la
distance et de bonnes dispositions prises pour l'observation du tir raccourciront sensiblement les préliminaires de sa tâche, pour l'accomplissement de laquelle
une décision rapide, du calme et de l'énergie dans le
commandement sont indispensables.

Ses ordres doivent être clairs et simples et il s'abs-
tiendra de paroles inutiles : *la concision du langage a
une importance très grande.*

S'il veut appeler l'attention du personnel, s'il s'aperçoit qu'un ordre n'a pas été compris ou s'il sent que
la batterie échappe à son autorité, il intervient énergiquement par le commandement : Halte ! qui doit avoir
pour effet de suspendre le feu d'une manière automatique.

Il conduit et répartit le feu d'après les circonstances; il augmente ou ralentit la vitesse du tir d'après les
nécessités tactiques. Il s'inspire sans cesse du principe de l'alternance des feux lents, des feux rapides
et des silences qui caractérisent l'emploi du matériel à
tir rapide, sans toutefois gaspiller les munitions. Le
commandant de batterie ne perdra jamais de vue qu'un
tir bien réglé, conduit avec entrain, cause en peu de
coups à l'adversaire des dégâts matériels très grands
et provoque chez lui une impression morale beaucoup
plus vive qu'un tir de toute rapidité, mais perdant
bientôt la précision de son réglage et dispersant ses
coups inutilement sur un grand espace.

Le commandant ne peut abandonner la direction du

feu que si ses occupations tactiques l'exigent impé-
rieusement. Dans ce cas, il se fait remplacer par le
plus ancien chef de section, mais il rejoint sa batterie
dans le plus bref délai possible.

62. Dans le tir de précision, cas du tir à démolir, contre une artillerie blindée, après le réglage général en
portée, le commandant remet, quand c'est possible, la
direction du tir de chaque section à son chef.

A cet effet, il s'assure que les chefs de section voient
bien la partie du but qui va leur être attribuée et, en
même temps, il commande la correction à effectuer
pour la répartition du feu.

Rôle des chefs de section.

63. Les chefs de section assurent l'exécution des ordres du commandant de batterie et exigent l'exactitude dans le service de leurs pièces.

Eventuellement, ils répètent les commandements importants qui s'adressent à toute la batterie, en les in-
terprétant, s'il y a lieu (1). Ils indiquent, autant que
possible, par signes, au commandant qu'ils l'ont compris et n'élèvent la voix que quand c'est absolument
nécessaire.

Ils veillent au bon placement de leurs pièces et s'assurent, avant le tir du premier coup, qu'elles sont
pointées sur le point indiqué.

64. Dans le cas du tir à pointage direct sur but
fixe, ils font repérer les directions à volonté, à moins
que le commandant ait indiqué le point de repérage.

Les chefs de section sont responsables de la direction du tir de leurs pièces et ils doivent s'efforcer, dès
que la hauteur de défilement de la batterie le permet,
d'observer le tir de leur section.

Quand le tir de la batterie doit être réparti, ils re-
portent le feu de leurs pièces sur la portion de l'objectif qui leur est dévolue et maintiennent le réglage
en portée. Ils peuvent être autorisés à apporter, le cas

---

(1) Lorsqu'ils transmettent à leurs pièces les directions
commandées, ils ne se bornent pas, par exemple, à répéter
« ouvrir » ou « fermer » tant, mais ils traduisent cette indication comme suit : le commandant commande : *Sur la 4ᵉ pièce
fermer 10*; le chef de la 2ᵉ section dit : 3ᵉ pièce +10; le chef
de la 1ʳᵉ section dit : 2ᵉ pièce +20; 1ʳᵉ pièce +30.

échéant, dans le tir continu percutant, des modifications de 25 mètres à la distance. Toutefois, ils avertiront le commandant de la batterie, quand la modification apportée à la distance atteindra, en plus ou en moins, 50 mètres.

65. Dans le tir à pointage indirect, les chefs de section font prendre les dispositions spéciales à ce genre de tir et préviennent le commandant de la batterie dès que leur section est prête.

66. Dans le cas où des corrections *particulières* ont été apportées à la direction de l'une ou de l'autre de leurs pièces, ils veillent *soigneusement* à ce qu'elles soient annulées si l'on passe sur un autre but : voir la restriction mentionnée au renvoi (1) de l'article 11, chapitre II, Exécution des tirs.

67. Ils suivent, autant que possible, la marche générale du tir, à l'effet de pouvoir remplacer éventuellement le commandant de batterie, et avertissent, le cas échéant, ce dernier de tout événement anormal pouvant en modifier les conditions.

Rôle des chefs de pièce.

68. Les chefs de pièce surveillent le service de leur pièce et veillent à sa stricte exécution en se conformant aux prescriptions de l'école de pièce.

Ils font tirer leur pièce en temps voulu.

Dans le tir rapide, ils s'attachent à empêcher toute précipitation dans le pointage et la mise de feu. Ils surveillent le service de leur pièce avec la plus grande attention, afin d'assurer la concordance du réglage des fusées et des distances de tir.

Dans le tir à pointage indirect, ils s'assurent que leur pièce est pointée ou repérée sur le point désigné et surveillent le placement éventuel des jalons.

Les chefs de pièce inscrivent, à la craie, sur le côté gauche du bouclier, chacune des *directions* commandées pour leur pièce (1). Ces inscriptions sont faites avec ordre et méthode. On séparera, par un trait horizontal, les annotations se rapportant à un autre but,

---

(1) Éventuellement, ils inscrivent l'angle de repérage, la hausse d'écrêtement, etc.

Emplacement du commandant. — Observateurs auxiliaires

69. *Emplacement du commandant.* — Le commandant se place au point du terrain où il peut le mieux observer le tir, du côté du vent, en dehors de la fumée ou de la poussière, et il ne quitte son emplacement qu'en cas de nécessité. Autant que possible, il doit voir sa batterie et être vu de son personnel.

Si l'observation du tir n'est possible que d'un point éloigné de la batterie, le commandant peut diriger le tir à distance en transmettant ses ordres par téléphone, par signaux ou par relais.

Lorsque le commandant se place à l'une des ailes de la batterie, il lui est recommandé de contrôler ses observations par celles de ses chefs de section : il évite ainsi les erreurs qui peuvent provenir de ce qu'il observe les coups obliquement par rapport au plan de tir.

Lorsque le commandant fait usage de l'échelle observatoire (1), il doit avoir égard au fond sur lequel l'échelle se projette et éviter de s'élever plus qu'il n'est nécessaire, afin de ne pas dévoiler prématurément la présence de la batterie et de ne pas donner à l'adversaire un point de visée ou un repère facilitant l'observation.

Si la visibilité du but est faible ou si le commandant n'a pas suffisamment confiance en ses observations, *il peut se faire aider* par un homme de son personnel particulièrement dressé à l'observation.

En outre, si le service des éclaireurs d'objectifs n'est pas organisé, il sera utile de désigner un gradé ou un soldat chargé d'observer la zone d'action réservée à la batterie et de signaler immédiatement la présence ou l'apparition des objectifs.

70. *Observateurs auxiliaires.* — L'observateur auxiliaire se place en dehors de la batterie, mais de manière à ne pas attirer l'attention de l'ennemi.

---

(1) En principe, l'échelle n'est dressée que sur l'ordre précis du commandant; l'allonge n'est employée qu'en cas de nécessité.

CHAPITRE X.

EFFETS DES PROJECTILES.

1° Shrapnell.

71. Le shrapnell, muni d'une fusée à double effet, est à volonté percutant ou fusant.

Le shrapnell est dit *fusant* quand son explosion a lieu sur la trajectoire avant le point de chute; il est dit *percutant* quand l'explosion a lieu sur le sol ou très près du sol. Si le shrapnell fusant n'éclate pas dans la partie descendante de sa trajectoire, son explosion aura lieu, grâce à la fusée à double effet, par le choc sur le sol, sauf dans le cas *très rare* d'un éclatement après ricochet, par le système fusant. Il est alors dit *ricochant*. Il est dit *raté* quand il n'éclate pas et *éclaté dans l'âme* si son explosion a lieu avant sa sortie du canon.

Le shrapnell est tiré fusant contre les buts animés et contre les ballons. Par l'effet des gaz de la charge explosive, le bouchon fileté portant la fusée est arraché et les éléments intérieurs sont lancés en avant, le diaphragme poussant devant lui le chargement des balles et le tube intérieur.

La boîte du projectile reste entière.

72. Les balles sont projetées avec une vitesse qui est la résultante de trois vitesses : la vitesse restante de translation, la vitesse de rotation du shrapnell au moment de l'éclatement et la vitesse d'expulsion imprimée aux éléments par la charge intérieure.

On admet généralement que, dans les premiers moments qui suivent l'explosion, les balles se meuvent dans un cône dont l'axe est la tangente à la trajectoire au point d'éclatement et dont l'angle d'ouverture croît avec la portée, en raison inverse de la somme de la vitesse restante et de la vitesse d'expulsion. Mais les balles, perdant très rapidement leur vitesse et obéissant aux lois de la pesanteur, ne tardent pas à s'abaisser en dessous de la direction dans laquelle elles ont été projetées; le cône primitif s'infléchit et prend l'aspect d'une gerbe courbe.

Toutefois, cette modification se produit relativement lentement et l'on peut admettre que, dans l'intervalle qui sépare le point d'éclatement de l'objectif, elle ne soit pas assez accentuée pour que l'on doive en tenir compte.

Les indications concernant l'organisation du shrapnell, l'angle d'ouverture du cône, la vitesse d'expulsion des balles, la profondeur et la largeur de la zone d'action sont données dans la table de tir.

73. Pour que les balles produisent de l'effet au but, il faut qu'elles y arrivent avec une force vive suffisante pour être meurtrières.

On évalue généralement à 8 kilogrammètres par centimètre carré de section la force vive nécessaire pour mettre un homme hors de combat.

Dans ces conditions, la balle de 11 grammes du shrapnell de 7 c. 5 doit encore posséder, au moment où elle frappe le but, une vitesse de 120 mètres. Elle cessera donc d'être meurtrière à 320, 315, 306, 298 et 293 mètres au delà du point d'éclatement pour les distances de tir de 1.000, 2.000, 3.000, 4.000 et 5.000 mètres.

74. La densité des atteintes sur un objectif placé dans l'étendue du terrain battu par un shrapnell est considérée comme suffisante tant qu'elle n'est pas inférieure à 0,2.

Dans ces conditions, l'insuffisance de densité des atteintes se produit toujours à une distance horizontale du point d'éclatement de 244, 176, 139, 116 et 105 mètres pour les distances de tir de 1.000, 2.000, 3.000, 4.000 et 5.000 mètres.

75. La profondeur d'action ainsi limitée sera auxdites distances de 224, 149, 109, 85 et 78 mètres.

On peut mettre ces chiffres en regard les uns des autres :

Distance de tir.	Limite par densité.	Limite par force vive.
1.000ᵐ	224ᵐ	320ᵐ
2.000ᵐ	149ᵐ	315ᵐ
3.000ᵐ	109ᵐ	306ᵐ
4.000ᵐ	85ᵐ	298ᵐ
5.000ᵐ	78ᵐ	293ᵐ

Ce tableau montre que l'efficacité du shrapnell est, en général, limitée plutôt par le défaut de densité d'atteintes que par l'insuffisance de la vitesse restante.

Dans un tir continu et concentré, exécuté avec une seule pièce, la limite inférieure de la zone d'efficacité est ramenée, suivant la distance de tir, de 70 à 100 mètrès en deçà du pied de la trajectoire moyenne; la limite supérieure n'est guère reculée, parce que le nombre de balles meurtrières envoyées dans cette partie par les coups courts et hauts est insignifiant.

76. La largeur de la zone d'action du shrapnell de 7 c. 5 isolé éclatant à hauteur de 3 millièmes varie peu avec la distance de tir; elle peut être évaluée à 25 mètres jusqu'à 2.500 mètres et 20 mètres au delà.

En tir continu et concentré, la largeur de la zone battue par le shrapnell augmente légèrement; cette largeur peut être évaluée à 45 mètres quelle que soit la distance de tir.

La profondeur de la zone d'action efficace du shrapnell fusant isolé de 7 c. 5 est de 100 mètres; celle des shrapnells dans un tir continu et concentré est de 150 mètres.

77. En général, lorsqu'un shrapnell, réglé percutant, rencontre le sol, il y creuse un sillon peu profond, ricoche et éclate immédiatement après sur sa nouvelle trajectoire.

Sur un terrain ferme et horizontal, l'angle de relèvement varie entre une et deux fois l'angle de chute.

La gerbe d'éclatement du shrapnell percutant a une forme conique analogue à celle du shrapnell fusant; mais, par suite de la perte de vitesse que subit le projectile par sa chute et par sa pénétration dans la terre, le cône est plus ouvert que dans le tir fusant; les balles sont plus dispersées et elles retombent sur le sol à une distance plus ou moins grande après avoir perdu leur puissance meurtrière.

Aussi l'effet du shrapnell percutant est-il, surtout aux moyennes et aux grandes distances, loin d'égaler celui du shrapnell fusant.

Un terrain dur et plat favorise les effets du shrapnell percutant. Dans un sol très mou, et sous un grand angle de chute, le projectile fait fougasse.

La balle du shrapnell ne possède pas la dureté nécessaire pour percer des boucliers de pièce d'épaisseur minima (3^{mm}). D'autre part, le shrapnell qui touche un bouclier le traverse et éclate à 1 mètre au delà; il ne produira plus, que bien rarement, un effet destructeur sur le matériel ou sur le personnel.

Néanmoins, l'emploi du shrapnell peut amener la neutralisation de l'artillerie adverse.

Le shrapnell est, à défaut d'autre projectile, tiré percutant contre les habitations et autres obstacles résistants.

78. Le shrapnell réglé à zéro éclate à 10 mètres de la bouche à feu. La largeur du front battu avec une densité 1 est de 20 mètres à 100 mètres de la pièce.

2° Obus à balles.

79. Aux distances de 2.500 mètres, une pièce bat efficacement en tir fusant, avec une hauteur d'éclatement de 3 millièmes, un front de 25 mètres environ à raison de deux coups tirés avec la même hausse; si l'on ne tire qu'un seul coup, le front battu est de 20 mètres environ.

La profondeur de la gerbe efficace, dans les mêmes conditions, est d'environ 150 mètres.

Une batterie bat donc en tir fusant, sans intervalles privés de feu, un front de 100 mètres quand on ne fauche pas.

3° Obus explosif de 7 c. 5.

80. C'est un projectile extrêmement puissant, contenant environ 800 grammes d'explosif violent. Il se tire uniquement percutant avec retard (tir à ricochet).

Le projectile ricoche en arrivant au sol et éclate à une certaine distance (25 à 50 mètres) plus loin, donnant une gerbe très ouverte (plus de 120°). Pour cette raison, il n'est plus efficace dès que l'angle de chute est trop grand pour qu'il puisse ricocher (250 millièmes), c'est-à-dire vers 4.000 mètres; il est surtout efficace aux distances inférieures à 3.000 mètres.

Proportion dans nos caissons : 2/3 obus, 1/3 shrapnells. Il a une grande propriété de destruction et un grand effet moral.

4° Obus explosifs de gros calibre.

81. Chiffres approximatifs pour le 15 c. : poids du projectile, 40 kilos; 20 p. 100 d'explosif, soit 8 kilos. Grande puissance de destruction.

CHAPITRE XI.

PROJECTILES EMPLOYÉS
CONTRE LES DIFFÉRENTS OBJECTIFS
DU CHAMP DE BATAILLE.

82. La plus grande partie des objectifs du champ de bataille rentrent dans l'une des catégories suivantes :

a) Obstacles à détruire, terrassements, défenses accessoires;
  b) Localités;
  c) Bois;
  d) Reconnaissances;
  e) Observateurs, signaleurs, téléphonistes;
  f) Objectifs aériens;
  g) Cavalerie;
  h) Artillerie;
  i) Infanterie.

83. *Obstacles.* — La plupart des obstacles peuvent être détruits par l'artillerie de campagne au prix d'une consommation plus ou moins grande de projectiles; on les battra par un tir percutant d'obus explosifs.

Contre les murs crénelés, on atteindra les défenseurs qui sont en arrière en employant des obus explosifs; on tirera avec des obus explosifs contre les terrassements et contre les défenses accessoires.

84. *Localités.* — Les localités sont battues en vue d'infliger des pertes aux troupes qu'on y soupçonne accumulées, ou pour les rendre intenables par la destruction des constructions, destruction à laquelle pourra occasionnellement s'ajouter l'incendie.

On les attaquera par le tir des obus explosifs.

L'efficacité des obus du canon de campagne permet d'obtenir le résultat cherché; cependant, les obus de l'artillerie lourde, contenant plus d'explosif, peuvent produire une désorganisation plus considérable sur les localités importantes (maisons hautes et serrées).

85. *Bois.* — Si les lisières sont occupées, elles sont battues en tir fusant.

L'intérieur d'un bois dans lequel on veut atteindre des troupes dissimulées est battu par un tir percutant, de préférence avec des obus explosifs.

86. *Reconnaissances.* — Ils constituent des objectifs importants, très vulnérables, mais ne fournissant qu'une occasion fugitive.

Le tir sera exécuté fusant sur un front large, dans des limites larges et avec la rapidité maxima.

87. *Observateurs, signaleurs, téléphonistes.* — Ils offrent des objectifs importants de vulnérabilité variable, présentant une certaine fixité.

Le tir sera resserré en largeur, dans des limites de plus en plus resserrées en portée; au tir fusant succédera un tir percutant à obus explosifs si l'observateur est sur un observatoire.

88. *Objectifs aériens.* — 1° Avions. — On emploiera le shrapnell ordinaire ou, de préférence, le shrapnell brisant, à cause du remous de l'air qu'il provoque et de sa gerbe plus ouverte. Il ne nécessite pas, par conséquent, une si grande précision que le shrapnell ordinaire.

2° Ballons captifs ou dirigeables. — Le shrapnell a peu d'efficacité à cause de la gaine de gaz neutre enveloppant les ballonnets d'hydrogène et qui empêche l'hydrogène d'entrer en contact avec l'oxygène de l'air.

Il faut, par conséquent, un projectile incendiaire ou un obus explosif.

89. *Cavalerie.* — Très vulnérable à l'arrêt et en formations serrées, les objectifs de cavalerie se défendent contre le feu de l'artillerie par la mobilité et la dispersion. La cohésion de la cavalerie adverse détruite, sa dispersion imposée correspondent déjà à un résultat sérieux obtenu au profit de la cavalerie amie. Quelques pertes effectives et l'appréhension de traverser certaines zones (effet d'autant plus puissant qu'il est produit à la fois sur des hommes et sur des animaux) viennent le plus souvent s'ajouter à ces effets. Cet ensemble de résultats correspondra généralement au maximum de ce que l'artillerie peut espérer.

L'occasion de tirer sur la cavalerie sera fugitive, le tir de peu de durée. On lui donnera la rapidité maxima en utilisant soit des shrapnells percutants, soit des obus explosifs.

Lorsque la cavalerie dirige son attaque contre une batterie, celle-ci opérera avantageusement en établissant un barrage en shrapnells percutants ou obus explosifs devant la ligne ennemie.

90. *Artillerie.* — L'artillerie présente des buts de vulnérabilité éminemment variable.

La vulnérabilité la plus grande existe depuis le début des reconnaissances jusqu'à l'achèvement de la mise en batterie (exactement jusqu'au moment où l'artillerie ennemie est prête à tirer).

Un feu efficace sur les reconnaissances peut apporter des retards importants dans la mise en batterie et priver l'artillerie de ses chefs.

Un feu efficace au moment de la mise en batterie peut produire des pertes et un désordre tels que l'artillerie s'en relèvera difficilement. Le moment où elle se retire du feu est aussi pour elle des plus critiques, si elle le fait par un mouvement d'ensemble.

Si l'on considère l'artillerie en batterie, et si ses pièces sont vues à bonne portée, il ne faudra pas une consommation exagérée de projectiles pour détruire son matériel (1).

Si les pièces ne sont pas vues, si elles sont trop loin ou si l'on connaît seulement la direction de l'objectif par ses lueurs, par la poussière que soulève le tir, on ne peut tenter le tir à démolir sans risquer d'y employer un nombre de projectiles inadmissible; mais l'artillerie n'en conserve pas moins une certaine vulnérabilité.

Il existe toujours dans les batteries, en avant, en arrière ou dans les intervalles, un personnel de commandement, d'agents de transmission, d'observateurs qui est complètement abrité et qui l'est moins, en général, dans les moment d'activité de l'artillerie.

D'autre part, les boucliers ne confèrent pas à tous ceux qui s'en abritent une protection absolue.

Le tir fusant lui-même conserve quelques effets et d'autant plus grands qu'on met les batteries sous un tir plus oblique. Enfin, les obus explosifs atteignent les servants quelles que soient leurs places.

Seul, un éloignement suffisant de la crête couvrante ou du masque pourrait rendre un objectif indemne, car on n'a pas les moyens de battre une profondeur de

---

(1) Le nombre de projectiles à tirer pour atteindre une des deux voitures d'une pièce (canon et caisson) varie avec la distance de tir et les conditions de l'observation. Il est en moyenne de 15 ou 25 projectiles, suivant que le but est à 2.500 ou 3.500 mètres.

Naturellement, le tir à démolir le matériel est efficace contre le personnel.

terrain indéfinie. Mais on sait, d'autre part, que le grand éloignement des batteries entraîne au moins quelques difficultés et incertitudes de commandement.

Il convient de se faire une opinion, d'après les indices de toute nature qu'on peut observer, sur la profondeur de la zone qu'on peut raisonnablement considérer comme suspecte.

En certains cas, on aura une certitude; en d'autres cas, de simples probabilités. On on conclura ce qu'il en peut coûter de projectiles pour un effet utile probable. On mettra en regard l'urgence de produire cet effet utile et l'on décidera.

91. *Infanterie*. — On emploiera soit le shrapnell, soit l'obus explosif.

TITRE VII.

DÉCOUVERTE
ET
DÉTERMINATION DES OBJECTIFS.
OBSERVATION DU TIR.

CHAPITRE I

DÉCOUVERTE ET DÉTERMINATION
DES OBJECTIFS.

1. Les observateurs chargés de la découverte des objectifs s'installent dans des postes qui doivent être relevés par les soins des commandants de groupe ou du service topographique de l'armée et de la même manière que pour l'emplacement de la pièce-base et les points de pointage. (Voir : *Pointage d'après la carte.*)

Après avoir mis en station et orienté le cercle de visée, chaque observateur détermine l'orientation du but à battre.

Si le but est bien visible, les observateurs déterminent l'orientation de son milieu.

Si le but est une batterie qui ne se décèle que par la fumée de ses pièces, les observateurs déterminent les orientations de plusieurs coups tirés par les pièces ennemies et en prennent la moyenne.

Mais, en général, les buts ne seront visibles qu'en partie par un observateur et même très souvent par tous les deux; par analogie, la fumée de quelques pièces ennemies pourra échapper aux vues. Or, pour pouvoir établir avec précision un recoupement, il est nécessaire d'avoir la certitude de viser un même point du but ou d'avoir relevé les orientations de coups tirés par les mêmes pièces de l'adversaire.

Pour arriver à ce résultat, **il est utile que les observateurs soient mis directement en relation entre eux.**

Ils peuvent ainsi s'entendre, d'après la configuration de la partie du but qui s'offre à leur vue, sur un point de visée commun. De même, ils peuvent noter les orientations de coups ennemis qu'ils voient partir au même moment.

Les observateurs peuvent aussi employer des théodolithes; ils sont munis d'un croquis perspectif, reproduction de photographies prises de leur poste, d'un bulletin de surveillance établi pour leur poste, de chronomètres, de cartes au 1/20.000 fixées sur une planchette, etc.

CHAPITRE II.

OBSERVATION DU TIR.

I. — Généralités.

2. Les tirs peuvent être exécutés par *observation directe* ou par *observation indirecte*.

L'observation est *directe* lorsque la position du point d'éclatement ou de chute du projectile est déterminée par un seul observateur placé à la batterie, en avant ou en arrière de celle-ci, mais toujours à *proximité* de la ligne batterie-but.

Dans cette situation, l'observateur apprécie le sens de la déviation en portée par rapport au but, la hauteur d'éclatement par rapport au pied du but (tir fusant), ainsi que la déviation en direction (grandeur et sens) par rapport à un point déterminé du but (généralement le centre de la partie visible).

Dans tous les autres cas, l'observation est *indirecte*.

Si l'observation se fait par un poste s'écartant sensiblement (1) de la ligne batterie-but, l'observation est dite *indirecte unilatérale*. Ce poste observe les déviations en direction (grandeur et sens) par rapport à son axe d'observation, ainsi que le sens des déviations en portée. Il peut aussi observer directement les hauteurs d'éclatement.

Quand l'observation indirecte utilise les renseignements fournis par deux observateurs, l'un au moins doit se trouver à une assez grande distance de la ligne batterie-but. Chacun de ces postes observe la déviation en direction du point de chute par rapport à la ligne observatoire-but, qui est son axe d'observation, et la position du point de chute est déterminée par l'intersection des deux lignes d'observation correspondant à ce point.

Cette observation s'appelle *indirecte bilatérale*.

3. *L'observation du tir* consiste à déterminer l'emplacement par rapport à l'objectif du nuage de fumée produit par l'explosion du projectile.

---

(1) Quand l'angle formé par la ligne poste-but et la ligne batterie-but est supérieur à 5°.

L'observation exacte des coups est la condition essentielle de la bonne exécution d'un tir.

Lorsqu'un coup est tiré, on doit, autant que possible, observer tout ce qui se manifeste au but : le nuage de fumée; le point de chute du projectile, s'il est percutant; sa hauteur d'éclatement, s'il est fusant; la projection de ses balles, la poussière soulevée, les effets produits sur le but, etc.

Il faut tâcher de voir le nuage produit par l'explosion du projectile au moment même où il se produit (I). C'est à cet instant que le nuage de fumée se distingue le mieux : il est dense, opaque; il masque complètement les objets devant lesquels il se trouve ou il forme un fond sur lequel se projettent, comme sur un écran, les objets qui se trouvent en avant.

II. — Observation directe.

4. Pour pouvoir apprécier avec exactitude le sens de l'écart en direction d'un coup, il faut que l'observateur soit dans le voisinage de la pièce qui l'a tiré. L'observation latérale des écarts en direction peut donner lieu à des erreurs notables, principalement lorsque les coups observés sont tirés avec des hausses différant sensiblement de celle du but.

5. Lorsque, dans le *tir percutant*, la fumée masque le but en tout ou en partie, le coup est en deçà du pied du but et il est dit *court* ou « *moins* » (—). Au contraire, si la fumée de l'explosion est couverte en partie par le but, dont la silhouette se détache alors sur un fond blanc, grisâtre ou noir, le coup est au delà du pied de l'objectif et il est dit *long* ou « *plus* » (+). Il peut, dans ce cas, avoir atteint le but de plein fouet. Il est alors dit « *but* » (±).

Quand la fumée apparaît d'abord en deçà, puis peu après au delà du but, ou vice versa, l'explosion a eu lieu à proximité de l'objectif.

Dans les tirs contre des buts situés sur des hauteurs, contre des retranchements ou des batteries en terre, on pourra quelquefois observer le point de chute dans la déclivité du terrain, ou le point d'impact dans

---

(1) Cette recommandation est essentielle dans le tir des obus explosifs, dont le nuage de fumée noire, par rapport auquel doit être faite l'observation, est très fugitif.

le talus extérieur, et apprécier ainsi de combien le coup est en deçà; mais cette appréciation est, en général, très difficile.

Sauf de rares exceptions, on n'aura aucune indication sur la grandeur de la déviation en portée au but.

6. Lorsque l'explosion se produit ailleurs que devant ou derrière une partie marquante du but (dans l'intervalle de deux pièces ou de deux colonnes, par exemple), et que le vent souffle en travers de la ligne de tir, on doit attendre, pour observer, que la fumée longe le front du but.

Si le vent se dirige en même temps d'arrière en avant, les coups peu en deçà peuvent être pris pour des coups au delà; inversement, si le vent souffle d'avant en arrière, les coups peu au delà peuvent être pris pour des coups en deçà.

A défaut de fumée, les poussières et les débris soulevés par la chute du projectile ou de ses éclats peuvent fournir des renseignements.

Quand le vent chasse la fumée normalement au plan de tir, il est avantageux, si le but est étroit, de tirer au début en dehors de sa direction, du côté d'où vient le vent, afin d'être certain que la fumée soit ramenée vers l'objectif et permette l'observation. C'est ce qu'on appelle « *piquer dans le vent* ».

Il faut avoir soin, quand on use de ce procédé, de ramener le tir dans la direction utile, dès que les préliminaires sont acquis.

7. Dans le *tir fusant*, pour qu'on puisse observer si un point d'éclatement fusant est en deçà ou au delà du but, il faut, en général, que l'explosion du projectile ait lieu à proximité de la ligne qui joint l'œil de l'observateur au but.

Il se présente également que les balles projetées sur le sol soulèvent de la poussière ou des débris dont on peut reconnaître la position par rapport au but.

Quand on recherche les éléments du tir en fusant ou qu'on contrôle la portée d'un tir fusant, il faut observer la position relative du point d'explosion du projectile par rapport à l'objectif et non celle du pied de la trajectoire par rapport à cet objectif.

On peut considérer comme court tout coup fusant dont la fumée couvre l'objectif.

Un coup fusant dont la fumée est occultée par l'objectif et dont les balles ne projettent de la poussière et des débris qu'au delà du but est certainement long.

8. Quand un but est difficile à découvrir, le commandant essaie d'obtenir au début des éclatements au delà de l'objectif, afin que celui-ci se détache sur la fumée de l'explosion.

Il pourra aussi rechercher le but en faisant varier les hausses et les directions et en ayant même recours à des salves en parallélisme.

Il cherche également à débuter par des coups longs si les circonstances atmosphériques sont telles que la fumée de l'explosion de ses projectiles puisse gêner l'observation, ou s'il doit tirer au-dessus de troupes amies momentanément arrêtées, avant de se lancer à l'assaut.

Un coup est *non observé* quand la position relativement au but n'a pu être constatée de la batterie ou d'un poste d'observation. Un coup est *douteux* quand l'observation ne fait pas connaître avec certitude s'il est en deçà ou au delà du but.

En principe, un coup dont l'observation est douteuse ne peut servir de base à une correction; on doit le considérer comme n'ayant pas été tiré.

9. Dans les tirs de nuit, l'observation directe des points de chute du projectile est en général impossible. On emploiera alors l'observation indirecte.

III. — Observation indirecte.

10. Dans le cas de l'observation indirecte, les observateurs doivent, autant que possible, relever topographiquement l'emplacement de leur poste.

11. *Méthode à suivre.* — L'observateur détermine un alignement sur le milieu du but au moyen du cercle de visée ou de tout autre dispositif.

Il observe la position du point d'éclatement du projectile par rapport à cet alignement et transmet son observation à la batterie ou au poste qui est relié téléphoniquement à celle-ci.

Des renseignements fournis par les observateurs, on déduit la position des points d'éclatement par rapport au point à battre de la façon suivante.

12. 1° *Observation unilatérale.* — Dans certains cas (tir sur ballon, sur aéroplane, tir de nuit, etc.), on aurait les plus grandes difficultés à connaître le sens des écarts en portée par une observation directe :

a) La direction du tir étant assurée et l'observateur placé à droite de la batterie (par exemple), tout coup vu par cet observateur à droite du but sera + ; tout coup vu à gauche sera —.

La distance de l'observateur à la batterie doit être d'autant plus grande que l'exactitude de la direction est moins sûre et que le but est plus éloigné.

b) Si on n'est pas sûr de la direction, ce qui est le cas général, il faut avoir recours à la notion de l'échelon de direction.

Echelon de direction. — Dans ce cas, la direction doit subir une correction à chaque changement de distance afin de conserver les points de chute dans une zone telle que le but et la fumée de l'explosion se profilent l'un sur l'autre, ou théoriquement de les ramener sur la droite qui joint l'observateur au centre de l'objectif.

Cette correction peut être calculée pour une variation de portée de 100 mètres : elle porte alors le nom d'*échelon de direction* et l'application s'en fait à une variation de portée quelconque.

L'échelon de direction en millièmes est égal à la parallaxe du but par rapport à la base divisée par le nombre de centaines de la distance du but (1).L'échelon de direction est de signe contraire (même signe) à celui de la correction apportée à la distance lorsque le commandant se trouve à gauche (droite) du plan de tir de la pièce-base.

Exemple. — Distance appréciée batterie-but : 2.600 mètres :

Poste d'observation à 400 mètres en avant et à 150 mètres à gauche.

Parallaxe du but : $\dfrac{150}{2.2} = 68$.

Nombre de centaines de la distance du but : 26.

Echelon de direction : $\dfrac{68}{26} = 2$ millièmes.

Soit B le point d'explosion d'un projectile tiré à la distance *d*, et observé dans la zone d'observation.

---

(1) Distance appréciée batterie-but=*d* mètres. Poste d'observation L, à *b* mètres en avant et à *a* mètres à gauche de la pièce-base C, donc approximativement à *d* — *b*=*c* mètres de l'objectif (voir figure page suivante).

Si sans modifier la direction des pièces, on tire à
$d - 100$, le coup tombera en B_1 et ne sera plus dans la

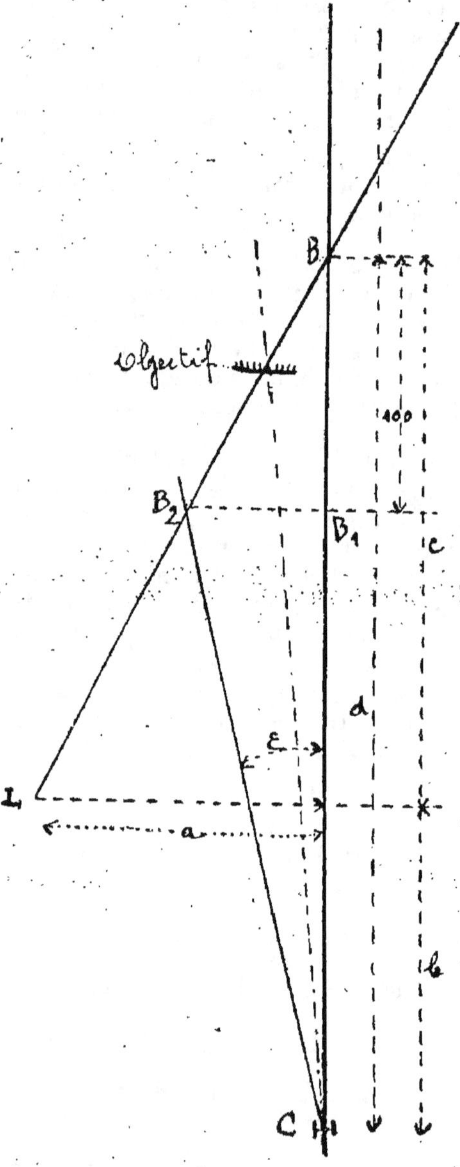

zone d'observation du commandant de la batterie. Pour
l'y amener, il faut le déplacer en B_2. La longueur $B_1 B_2$
correspond à une variation de portée de 100 mètres et

nous admettrons que les corrections de direction $B_1 B_2$ sont proportionnelles aux variations de portée.

$$\text{or} : \frac{B_1 B_2}{100} = \frac{a}{c}.$$

Et l'échelon de direction z sera égal à :

$$\frac{B_1 B_2}{\dfrac{d-100}{1000}}, \quad \text{c'est-à-dire à :} \quad \frac{100 \dfrac{a}{e}}{\dfrac{d-100}{1000}}, \quad \text{donc très approxi-}$$

$$\text{mativement à :} \quad \frac{\dfrac{\frac{a}{c}}{1000}}{\dfrac{d}{100}}.$$

Mais $\dfrac{\frac{a}{c}}{1000}$ est la parallaxe du but par rapport à la base L C et $d/100$ est le nombre de centaines de la distance du but, d'où la règle.

On ramène ainsi les points d'explosion dans la *zone d'observation* (zone limitée par deux lignes partant de l'observatoire et se dirigeant vers les deux extrémités du but); le tir se conduit suivant la ligne observatoire-but, comme on le conduit suivant la ligne batterie-but dans le tir par observation directe.

Ce procédé est d'application facile tant que la parallaxe de l'objectif par rapport à la base *observatoire-batterie* ne dépasse pas 45 degrés.

Dans l'observation indirecte unilatérale, l'observateur apprécie en millièmes ou en mètres les déviations en direction par rapport à son axe d'observation; il apprécie en portée comme dans le tir par observation directe, quand il le peut.

2° *Observation indirecte bilatérale.* — Si les observateurs sont l'un à droite, l'autre à gauche de la ligne batterie-but, on considère comme étant manqués, par déviation à droite (à gauche), les coups renseignés à droite (à gauche), soit par les deux observateurs, soit par un seul observateur, l'autre indiquant le coup bonne direction. Les coups renseignés de sens contraire par les deux observateurs sont considérés comme étant bonne direction.

Lorsque l'observateur de gauche renseigne le coup à droite et que l'observateur de droite le renseigne à gauche, ou bonne direction, le coup est en deçà.

Lorsque l'observateur de gauche renseigne le coup à gauche et que l'observateur de droite le renseigne à droite ou bonne direction, le coup est au delà.

Lorsque les deux observateurs renseignent tous deux à droite ou tous deux à gauche, le coup est non observé. Tous les coups qui tombent dans les angles G O D' et D O G' sont non observés en portée; il y a donc avantage à élargir la base d'observation G D.

On évitera les coups douteux, si on peut déterminer la grandeur de leur déviation par rapport aux axes d'observation.

Un coup à droite pour les deux observateurs est « moins » s'il est plus près de la ligne d'observation du poste de droite que de celle du poste de gauche. Il est « plus » dans le cas contraire.

Les grandeurs desdites déviations peuvent se déduire des écarts angulaires lus sur les cercles de visée. Le rapport de ces grandeurs est sensiblement égal au rapport des écarts angulaires lus, *lorsque les deux postes d'observation sont approximativement à même distance du but.*

Dans ce cas, si l'on affecte du signe + les déviations observées à gauche (à droite) par le poste de gauche (de droite) et du signe — les déviations observées à droite (à gauche) par le poste de gauche (de droite), et si on fait la somme des déviations au but constatées pour un même coup, celui-ci sera toujours au delà si le résultat de l'opération est positif et en deçà s'il est négatif. Si, éventuellement, un observateur pouvait observer la portée d'un coup avec certitude, il devrait transmettre ce renseignement important.

IV. — Observation en ballon, en aéroplane ; observatoires terrestres.

13. *Observation du tir en ballon captif.* — Le ballon captif est peut-être le meilleur observatoire; pour lui, les couverts perdent toute leur valeur par temps clair;

les commandants de batterie devraient diriger leurs tirs de ces observatoires, qui devraient être multipliés.

14. *Observation en aéroplane.* — Les communications entre l'avion et la batterie se font au moyen de la T. S. F. ou au moyen de fusées. (Voir : *Instruction spéciale.*)

15. *Observatoires terrestres.* — On utilise les points élevés, les crêtes, les clochers, cheminées d'usine, les maisons, les arbres. Dans ces derniers, on peut installer une plate-forme à hauteur de la naissance des maîtresses branches et un périscope de cette plate-forme jusqu'au-dessus de la cime.

De petits périscopes sont également en usage dans les autres postes d'observation. Des pinces en bois permettent de fixer les jumelles sur la pinnule arrière du cercle de visée; on augmente ainsi la précision de la visée; on utilise aussi des lunettes à ciseaux.

16. *Communications à établir entre la batterie et le poste d'observation.* — On emploie couramment les relations téléphoniques; les fils pouvant être coupés, on double ce moyen par la T. S. F. Enfin, des signaux optiques doivent fonctionner dès que les autres moyens font défaut. (Voir : *Instruction spéciale.*)

V. — Observation de la hauteur d'éclatement.

17. Les hauteurs d'éclatement sont comptées à partir du pied du but si celui-ci n'est pas abrité dans des retranchements ou derrière une crête; sinon, elles sont comptées à partir du sommet de la crête couvrante.

La hauteur moyenne désirable d'un tir de 7 c. 5 doit être égale à 2 millièmes de la distance de tir.

La hauteur moyenne des éclatements peut s'évaluer de plusieurs façons :

a) En mesurant la hauteur de chaque coup au moyen des jumelles à micromètres, de la lunette de batterie, du cercle de visée placé verticalement, ou en la comparant à la hauteur repérée d'un point du terrain situé sensiblement dans la direction de l'observation;

b) Soit au jugé, en appréciant le point moyen d'une salve et en mesurant sa hauteur.

REMARQUE. — Un éclatement au-dessous du plan de site doit être considéré comme percutant.

CHAPITRE III.

DESCRIPTION ET EMPLOI DU CERCLE DE VISÉE.

---

18. Le *cercle de visée* comprend :

1° La *planchette*.

2° Le *limbe*, en laiton, portant sur sa tranche en biseau une graduation en 20 millièmes.

Le limbe peut être calé sur la planchette au moyen de la vis de serrage.

3° L'*alidade* avec vernier et deux pinnules.

La fenêtre antérieure est garnie d'un fil qui doit être tendu.

La fenêtre postérieure porte deux crans de visée; le cran inférieur permet la visée sous une inclinaison de — 2° à + 6° et le cran supérieur sous une inclinaison de 0° à — 9°.

Un fil peut être être tendu en regard des crans de visée sur la face postérieure de la pinnule d'arrière, soit pour la visée de nuit, soit pour l'observation de la hauteur d'éclatement des shrapnells, soit, si on le désire, pour la visée de jour.

Chaque pinnule porte une lamelle d'attache destinée à recevoir l'extrémité du fil.

La distance du cran de visée de la pinnule d'arrière au fil de la pinnule d'avant est de $0^m,350$.

Le vernier permet la lecture au millième.

Le zéro du vernier est dans le plan passant par le fond des crans de visée et le fil de la pinnule antérieure.

L'alidade peut être rendue fixe au moyen d'une pince à ressort.

4° Un *trépied*.

19. Orientation du cercle de visée. — Le cercle de visée ayant été mis en station, l'observateur oriente le
limbe de manière que le plan de visée soit dans la direction d'un repère lorsque le zéro de l'alidade est
placé en regard du zéro du limbe.

Fixer le limbe au moyen de la vis de serrage, décaler l'alidade.

REMARQUE I. — Pour orienter le cercle de visée la
nuit, on vise sur un repère lumineux caché aux vues
de l'ennemi et dont on a pris l'orientation pendant le
jour.

REMARQUE II. — Pour l'orientation du cercle de visée, il est avantageux, au point de vue de la précision,
de faire usage du repère le plus éloigné.

20. Mode d'emploi du cercle de visée. — 1º *Observation
de jour*. — Orienter l'alidade sur l'objectif et la caler;
observer les points de chute ou d'explosion des projectiles par rapport au plan de visée de l'objectif et
renseigner : *à droite, à gauche, bonne direction*. Si
l'observateur doit transmettre la grandeur angulaire
des déviations, il opérera comme suit :

Décaler l'alidade, diriger le plan de visée sur le point
d'explosion du projectile et lire sur le limbe et le vernier la graduation en millièmes; en déduire le sens et
la grandeur de la déviation.

On peut fixer des jumelles à micromètre sur la pinnule arrière de l'alidade à l'aide de pinces en bois ap-
propriées. Dans ce cas, pour orienter le cercle de visée,
il faut régler l'alidade à zéro, décaler le limbe et le
faire tourner jusqu'à ce que la graduation médiane de
la jumelle passe par le point de repère choisi.

On observe alors les points d'explosion ou l'objectif
au moyen des jumelles. La stabilité de celles-ci rend
l'observation plus aisée et plus précise.

2º *Observation de nuit*. — Le cercle de visée ne peut
pas être employé pour donner l'orientation des points
d'explosion des projectiles, la lumière étant trop fugitive.

On doit se borner à diriger le plan de visée sur le
but (soit par visée directe, soit en donnant l'orientation correspondant au but) et à observer la position
des points d'éclatement par rapport au plan de visée.

Afin de rendre l'observation facile, on tend sur les
deux pinnules des fils rendus phosphorescents par une
solution au radium; à défaut de ce moyen : tendre un

fil mince sur la pinnule arrière; placer au bas de la face postérieure de la pinnule avant un petit carton blanc de 1 centimètre de hauteur que l'on maintient au moyen d'un fil entourant la pinnule; placer sur le cercle de visée une lanterne sourde pour éclairer le fil de la pinnule d'avant.

Le fil de la pinnule d'arrière ne doit pas être éclairé; il se projette sur le petit carton blanc placé à la pinnule d'avant.

3° *Observation de la hauteur des points d'éclatement des shrapnells.* — Pour l'observation de la hauteur des points d'éclatement des shrapnells, un fil est tendu sur la pinnule postérieure.

L'observateur opère comme suit :

a) Placer verticalement la planchette du cercle de visée munie du limbe, mettre le zéro de l'alidade en regard du zéro du limbe, fixer l'alidade à l'aide de la pince à ressort, faire tourner simultanément le limbe et l'alidade autour de leur pivot commun jusqu'à ce que le plan de visée passe par le pied du but;

b) Caler le limbe à l'aide de la vis de serrage de la planchette;

c) Mouvoir l'alidade de manière à faire passer le plan de visée par le point d'explosion et lire l'angle.

Remarque. — On emploiera de préférence l'éclimètre de la lunette de batterie pour mesurer la hauteur d'éclatement; ce moyen est beaucoup plus précis.

TITRE VIII.

RENSEIGNEMENTS

SUR LES

MATÉRIELS D'ARTILLERIE
DES PUISSANCES EUROPÉENNES
ÉTRANGÈRES

(Situation avant la guerre.)

Artillerie française.

I. — La France possède, par corps d'armée, un certain nombre de batteries de 75^{mm} groupées en régiments divisionnaires et en régiments d'artillerie de corps. Les batteries sont à quatre pièces. Le matériel date de 1897. Il se distingue de notre canon de 7 c. 5 par les points suivants :

1° Ligne de mire indépendante (un servant donne l'angle de site et l'autre l'angle d'élévation);

2° Pointage en direction à l'aide d'un coulissement de l'affût sur l'essieu;

3° Frein hydro-pneumatique;

4° Adjonction d'un frein de roues contribuant, avec la bêche de crosse, à assurer l'immobilité complète du système pendant le tir (abatage);

5° Culasse à vis excentrée;

6° Caisson à renversement contenant un débouchoir et transportant 72 cartouches.

Ce canon tire les projectiles suivants :

a) Un obus à balles rouge analogue à notre shrapnell et muni d'une fusée à double effet à canal hélicoïdal;

b) Un obus à balles blanc, contenant une plus grande quantité de poudre noire dans laquelle sont d'ailleurs noyées les balles. Ce projectile a des effets incendiaires;

c) Un obus explosif avec retard.

Remarque. — Les divisions de cavalerie comprennent des groupes d'artillerie dotés du même matériel.

II. — La France utilise en outre, comme matériel léger de campagne, un canon de 90^{mm} (et peut-être du 80) du système dit de Bange. Le matériel date de 1877; type rigide et à tir lent.

Le projectile principal que tire ce canon est un obus explosif, sans retard, contenant environ 1 kgr. 200 de mélinite.

III. — La France possède enfin le matériel d'artillerie lourde suivant :

1° Des canons longs de 120 et de 155, des mortiers de 220 et 270 faisant partie de l'artillerie de siège. Ils sont du système de Bange;

2° Des canons courts de 120 et 155, modèle 1890, étape intermédiaire entre le système rigide du de Bange et le type à déformation du 75^{mm}.

3° Des canons courts de 155 T. R. système Rimailho, modèle 1904. Ils présentent les caractéristiques du 75^{mm} : *a*) hausse indépendante; *b*) coulissement de l'affût sur l'essieu; *c*) bêche de crosse et patins de roues immobilisateurs de l'affût. En plus, un stabilisateur à air comprimé aidant la manœuvre du pointage en hauteur, le canon tournant autour d'un axe placé un peu en arrière de la tranche du manchon. Ce stabilisateur est organisé de telle sorte que le moment du poids à soulever équilibre la pression de l'air dans les corps de pompe.

Le projectile de ce canon pèse 40 kilogrammes et renferme, comme tous les projectiles de ce calibre, environ un cinquième de son poids d'explosif.

Ce canon tire quatre à cinq coups à la minute. Il est très mobile. On a, en effet, partagé la charge entre deux voitures : l'affût et le frein d'une part, le canon d'autre part, tout en combinant l'organisation de ces voitures de manière à ce que, sans manœuvres de force, sans utilisation d'accessoires et en un temps très court, le chargement de la voiture-canon vienne s'adapter sur la voiture-affût.

Artillerie anglaise.

I. — L'artillerie anglaise sert deux canons de campagne : l'un du calibre 76^{mm},8 pour les batteries à cheval, l'autre du calibre 83^{mm},8 pour les batteries montées; tous, deux sont à tir rapide et du modèle 1903.

Les caractéristiques de ce matériel sont les suivantes :

1° Le frein hydraulique est placé à la partie supérieure de la bouche à feu;

2° La fermeture de la culasse provoque le départ automatique du coup;

3° L'appareil de pointage est à lunette système Korrodi.

Projectiles : un shrapnell et un obus explosif à la lyddite.

La batterie est à six pièces.

II. — L'artillerie anglaise sert, en outre, un obusier de 127^{mm} (5 pouces) analogue au 120 court français modèle 1890.

Ses projectiles sont : un obus brisant et un obus allongé chargés tous deux à la lyddite; un shrapnell.

La portée extrême de cet obusier est de 5.000 mètres.

III. — Les Anglais emploient enfin des canons automatiques, système Maxim, du calibre de 37^{mm}. Ces petites bouches à feu sont connues sous le nom de « poms poms ».

Artillerie russe.

I. — L'artillerie russe sert un canon de 76,2 T. R. du modèle 1903 dont les caractéristiques sont les suivantes : frein hydraulique et récupérateur à ressorts, pointage en direction par le coulissement de l'affût sur l'essieu, hausse courbe à niveau avec lunette système Korrodi pour le pointage en hauteur.

Ce canon tire un projectile à grande vitesse initiale : 588 mètres.

II. — L'artillerie russe sert, en outre, un mortier de 152^{mm} (6 pouces) modèle 1886.

Cette bouche à feu tire un shrapnell et un obus explosif de 26 kilogrammes.

III. *Composition de la batterie russe.* — Elle est commandée par un lieutenant-colonel et compte cinq autres officiers, capitaines ou lieutenants. Elle comprend 8 canons, 12 caissons et de nombreuses voitures. Réunies en nombre de deux ou de trois, les batteries forment groupe sous les ordres d'un colonel.

Artillerie italienne.

I. — Les deux tiers de cette artillerie servent un canon de 7 c. 5 Krupp T. R. modèle 1906 tirant un shrapnell et un obus brisant renfermant 140 grammes d'acide picrique.

Le tiers restant sert le canon « Deport ». Ce canon constitue le dernier perfectionnement du 7 c. 5 T. R. en ce sens qu'il a un champ de tir horizontal de 45° environ, la bêche de crosse restant ancrée, et qu'il permet le tir en élévation sous des angles dépassant 50°.

II. — L'artillerie italienne sert un obusier Krupp de 149ᵐᵐ analogue au 15 cm. allemand.

Artillerie allemande.

I. — L'Allemagne possède, par corps d'armée :

18 batteries de canons de campagne, 6 batteries d'obusiers légers et 4 batteries d'obusiers lourds.

1° Le canon de campagne est du calibre 77ᵐᵐ n A. à tir rapide modèle 1906. Il diffère de notre canon de 7 c. 5 par des détails d'organisation de matériel : mécanisme de culasse, frein de roues, instruments de pointage.

Le correcteur se donne à la hausse.

Portée percutante maxima : 8.000 mètres; portée fusante maxima : 5.000 mètres.

Ce canon tire : un shrapnell, un obus brisant à 250 grammes d'acide picrique et un obus universel.

Les batteries sont à six pièces.

2° L'obusier léger de campagne est du calibre 105, à tir rapide et du modèle 1909. C'est une pièce à frein hydraulique, à appareil de pointage perfectionné : lunette panoramique, niveau de dénivellement des roues. La pièce est à recul constant et à tourillonnement arrière. Un équilibreur à ressorts supporte en partie le poids en porte-à-faux de l'ensemble canon-berceau et facilite le pointage en hauteur.

La portée maximum est de 6.300 mètres.

Cet obusier tire un projectile universel : percutant sans retard, il se comporte comme un obus; avec retard, il éclate après avoir pénétré dans l'objectif; tiré fusant, il agit suivant le réglage de la fusée, soit comme obus avec large ouverture de gerbe, soit comme shrapnell avec gerbe étroite. Le projectile pèse 14 kilogrammes et renferme 500 balles.

La batterie est à six pièces.

3° L'obusier lourd de campagne est du calibre de 14,97 centimètres, à tir rapide et du modèle 1902. C'est une pièce à frein à glycérine et à récupérateur à ressorts. Transformé en pièce à tir rapide au moment où l'industrie n'avait encore réalisé ni le tourillonnement arrière, ni la variation automatique du recul, l'obusier a une longueur de recul constante, mais insuffisante pour lui assurer une stabilité complète pendant le tir (1). Les servants doivent se retirer en dehors des roues au départ du coup. Le tir a lieu sans plateforme; les roues reposent sur des paillassons.

La portée est de 7.400 mètres.

Cet obusier tire : un shrapnell, des obus explosifs de différents modèles d'une quarantaine de kilogrammes et renfermant de 4 à 7 kilogrammes d'explosifs. La gerbe de l'obus explosif a une grande efficacité latérale (80 mètres environ). Une batterie peut arroser d'éclats un front triple du sien. Les éclats traversent, paraît-il, les boucliers. La batterie a quatre pièces; elle peut, avec ses six chevaux par voiture, circuler au pas et au trot dans tous les terrains.

Un bataillon de quatre batteries est normalement affecté au corps d'armée.

II. — L'Allemagne possède le matériel d'artillerie lourde suivant :

Un canon de 10 cm. 5 M. 1904, un canon de 13 centimètres, un canon long de 15 centimètres, un mortier de 21 centimètres, un obusier de 28 centimètres.

1° Le canon de 10 cm. 5 est à frein hydraulique et à récupérateur à ressorts; pointage analogue à notre 7 c. 5. La portée maximum est de 10.500 mètres, la vitesse initiale de 586 mètres. Le canon tire deux projectiles différents à cartouche unique :

a) Un obus allongé, armé d'une fusée percutante qui peut être retardée à volonté; il pèse 18 kilogrammes et contient 2 kgr. 200 d'explosif;

---

(1) Suivant d'autres renseignements, la bouche à feu serait à recul variable.

b) Un shrapnell du même poids que l'obus et renfermant 680 balles de 11 grammes.

La batterie est à quatre pièces.

2° Le canon de 13 centimètres est à frein hydraulique et à récupérateur à ressorts; système de pointage analogue à notre 7 c. 5.

Il y a deux bêches de crosse, l'une fixe, l'autre à rabattement que l'on n'emploie que dans les terrains meubles.

Les roues peuvent être munies de ceintures de roues composées de dix sabots articulés embrassant la jante. Ces ceintures permettent le déplacement de la pièce en terrain mou et jouent le rôle de plate-forme pendant le tir. Pour la route, la bouche à feu est séparée du berceau et est placée sur une voiture spéciale.

La portée maximum est de 14.500 mètres; la vitesse initiale est voisine de 700 mètres.

Ce canon tire deux projectiles :

a) Un shrapnell à fusée à double effet;

b) Un obus allongé muni d'une fusée de culot et contenant 4 kilogrammes d'explosif.

La douille est séparée du projectile.

La batterie est à quatre pièces.

3° Le mortier de 21 centimètres est à tir rapide. Il est à frein hydraulique et à récupérateur à ressorts; à tourillonnement arrière et à recul constant. Les roues sont munies de ceintures de roues et le tir a lieu sans plate-forme. Le tube est séparé de l'affût pour le transport.

La portée maximum est de 8.500 mètres.

Cette bouche à feu tire : des shrapnells, un obus allongé de 119 kilogrammes contenant 17 kilogrammes d'explosif, et un obus en acier à pointe trempée et fusée de culot.

La batterie est à quatre pièces.

4° L'obusier de 28 centimètres est à frein de recul et à récupérateur à air: il est à recul constant. Les roues sont munies de ceintures de roues.

La portée maximum est de 10.000 mètres.

Cet obusier tire un projectile universel de 340 kilogrammes (le poids du tube d'un canon de campagne) et renferme environ 18 kilogrammes d'explosif, et un obus allongé à pointe trempée et à fusée de culot. Signalons la dérivation très considérable du projectile dès que l'angle de tir devient important. Elle peut atteindre 850 mètres.

REMARQUE. — L'on trouvera ci-après les types des principaux projectiles que tire l'artillerie allemande, ainsi qu'un tableau donnant des extraits des tables de tir des bouches à feu que cette artillerie sert.

Artillerie autrichienne.

I. — L'Autriche possède, par corps d'armée, un certain nombre de batteries de canons de 76^{mm},5 T. R., de batteries d'obusiers de 104^{mm} et de batteries d'obusiers de 150^{mm} :

1° Le canon 76^{mm},5 T. R. modèle 1905 est en bronze forgé; il est analogue au 77 allemand. Il tire un shrapnell et un obus explosif renfermant 535 grammes d'ammonal;

2° Les obusiers sont analogues aux obusiers allemands de 105^{mm} et de 15 centimètres.

Matériels d'artillerie des autres puissances européennes.

Turquie : 75 Krupp.
Danemark : 75 Krupp.
Hollande : 75 Krupp.
Roumanie : 75 Krupp et obusier Krupp 120.
Suède : 75 Krupp et obusier Krupp 120.
Suisse : 75 Krupp et obusier Krupp 120.
Serbie, Bulgarie, Espagne, Grèce, Portugal : 75 Schneider.
Norvège : 75 Ehrardt.

Dans la guerre actuelle, les armées des différentes puissances utilisent des matériels de siège, de place et de côte de tous calibres. C'est ainsi que les Allemands se servent de canons de marine de 280^{mm}, de bouches à feu de 420^{mm}, les Autrichiens de pièces de 305^{mm}. Les alliés emploient des matériels de calibres analogues.

Nomenclature des principales abréviations en usage dans l'artillerie allemande.

a/A.	Alter Art.	Ancien modèle.
Az.	Aufschlagzünder.	Fusée percutante.
B.	Belagerungs.	Siège.
Bd. K.	Bodenkammer.	Chambre arrière.
Bd. Z.	Bodenzünder.	Fusée de culot.
Br. Mrs.	Bronzemörser.	Mortier en bronze.
Br. Mrs. (m. Ozdg).	Bronzemörser mit Oberzündung.	Mortier en bronze avec mise de feu sur le tonnerre.
Br. Kst. Mrs.	Bronze Küsten Mörser.	Mortier de côte en bronze.
Brr.	Broadwellring.	Obturateur Broadwelle.
B. St.	Bronzerohr mit Stahlseele.	Tube en bronze avec âme en acier.
Dopp. Z.	Doppelzünder.	Fusée à double effet.
Dopp. Zdschr.	Doppelzündschraube.	Bouchon-fusée.
einf.	einfach.	Simple.
einger. (für).	eingerichtet (für).	Organisé (pour) ou adapté (à).
F. Patr.	Feldpatrone.	Cartouche de campagne.
Fest.	Festung.	Forteresse.
Fk.	Flachkeil.	Coin plat.
Fp. 02.	Füllpulver 02.	Charge de poudre M^{le} 1902, tolite (?).
Gel.	Geladen.	Chargé.
Gesch. Bl. P.	Geschütz. Blättchenpulver.	Poudre en lamelles pour canon.
Gew. Bl. P.	Gewehr Blättchenpulver.	Poudre en lamelles pour fusil.
Gl. (Züge).	Gleich laufende (Züge).	Rayures parallèles.
Gr.	Granate.	Obus.
gr.	grobes.	Grossier.
Gr. Z.	Granatzünder.	Fusée détonateur.
Grf. 88.	Granatfüllung 88.	Charge de poudre M^{le} 1888, mélinite.
gr. Bl. P.	grobes Blättchenpulver.	Poudre en lamelles grossières.
H.	Haubitze.	Obusier.
Hk.	Hülsen kartusche.	Douille métallique.
Hülsenkart.	Hülsenkartusche.	Douille métallique.
i. Kas. L.	in Kasemattenlafette.	Sur affût de casemate.
i. Kst. L.	in Küstenlafette.	Sur affût de côte.
i. P. L.	in Panzerlafette.	Sur affût cuirasse.
i. S. L.	in Schirmlafette.	Sur affût blindé.
K.	Kanone.	Canon.
Kl. (Züge).	Keilzüge.	Rayures cunéiformes.
Kp.	Kappe.	Bouchon fileté.
Kart.	Kartusche.	Gargousse.
Kst.	Küste.	Côte.
Kst. H.	Küstenhaubitze.	Obusier de côte.
Kt.	Kartätsche.	Boîte à mitraille.

kz.	kurze, kurzes.	Court.
l.	leichte, leichtes.	Léger.
Ldk.	Küpferner Liderungsring.	Obturateur en cuivre.
Ldst.	Stählerner Liderungsring.	Obturateur en acier.
lg.	lange, langes.	Long.
lggr.	langgranate.	Obus allongé.
Lr. Bremse.	Laffsttenrücklaufbremse.	Frein à recul de l'affût.
m.	mit.	avec.
m. B.	mit Beiladung.	avec appoint de poudre.
m. V.	mit Verzögerung.	avec retard.
M. (rohr).	Mantel Rohr.	Canon à jaquette.
Man. St. P.	Manöver Sternpulver.	Poudre en étoiles pour les manœuvres.
Mdlchb.	Mundlochbuche.	Gaine porte-détonateur.
Mdlchf.	Mundlochfutter.	Bouchon porte-retard ou bouchon fileté.
Mr. (rohr).	Mantelring rohr	Canon à jaquette et à frettes.
Mrs.	Mörser.	Mortier.
Mtl. K.	Mantelkanone.	Canon à jaquette.
n/A.	neuer Art.	Nouveau modèle.
n. Gew. P. 71.	neues Gewehrpulver 71.	Nouvelle poudre à fusil. Mle 1871.
O. R. (bremse).	ohne Rücklaufbremse.	Sans frein de recul.
o. V.	ohne Verzögerung.	Sans retard.
P.	Pulver.	Poudre.
Patr.	Patrone.	Cartouche.
R. K.	Ringkanone.	Canon fretté.
R. k.	Rundkeil.	Coin rond.
R. P.	Röhrenpulver.	Poudre en tubes.
Rev. K.	Revolverkanone.	Canon revolver.
Rg. P.	Ringpulver.	Poudre en anneaux.
Rr. (bremse).	Rohr rücklaufbremse.	Frein à recul de tube (c.a.d. frein à récupération).
S.	Schwere, schweres.	Lourd.
Schk.	Schubkurbelkeil.	Coin à levier de glissement.
Schr.	Schrapnel.	Shrapnell.
Sk.	Senkrechterkeil.	Coin vertical.
S. F. H.	Schwere Feldhaubitze.	Obusier lourd.
s. F. H. Kst.	Schwere Feldhaubitze Küste.	Obusier lourd de côte.
Sprgr.	Sprengranate.	Obus explosif.
Spr. P.	Sprengpulver.	Poudre noire.
St. (Lafette).	Starre Lafette.	Affût rigide.
St. (rohr).	Stahlrohr.	Tube en acier
T. H.	Turmhaubitze.	Obusier de tourelle.
T. K.	Turmkanone.	Canon de tourelle.
umg.	umgeändert oder umgearbeitet.	Modifié.
W. P.	Würfelpulver.	Poudre en dés.
Zdlg.	Zündladung.	Charge d'amorçage.
Zus.	Zusammengesetzt.	Divisible.
Zyl. P.	Zylinderpulver.	Poudre cylindrique.

(1) Les « Mundlochfutter » modèles 1880 et 1888 sont de simples *bouchons filetés*, ceux modèle 1883 et modèle 1883 de 0,1 seconde sont des *bouchons porte-retard*.

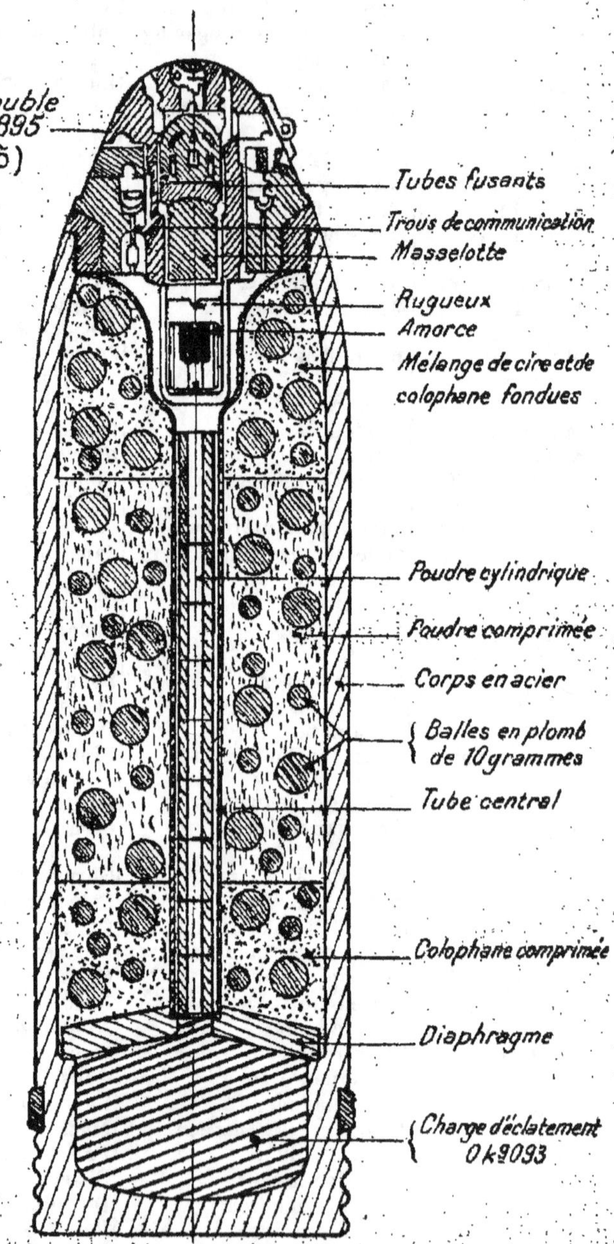

Fig. 1 — Shrapnell de 7,7 cm (1/2). (Poids : 6 kgr. 850.)

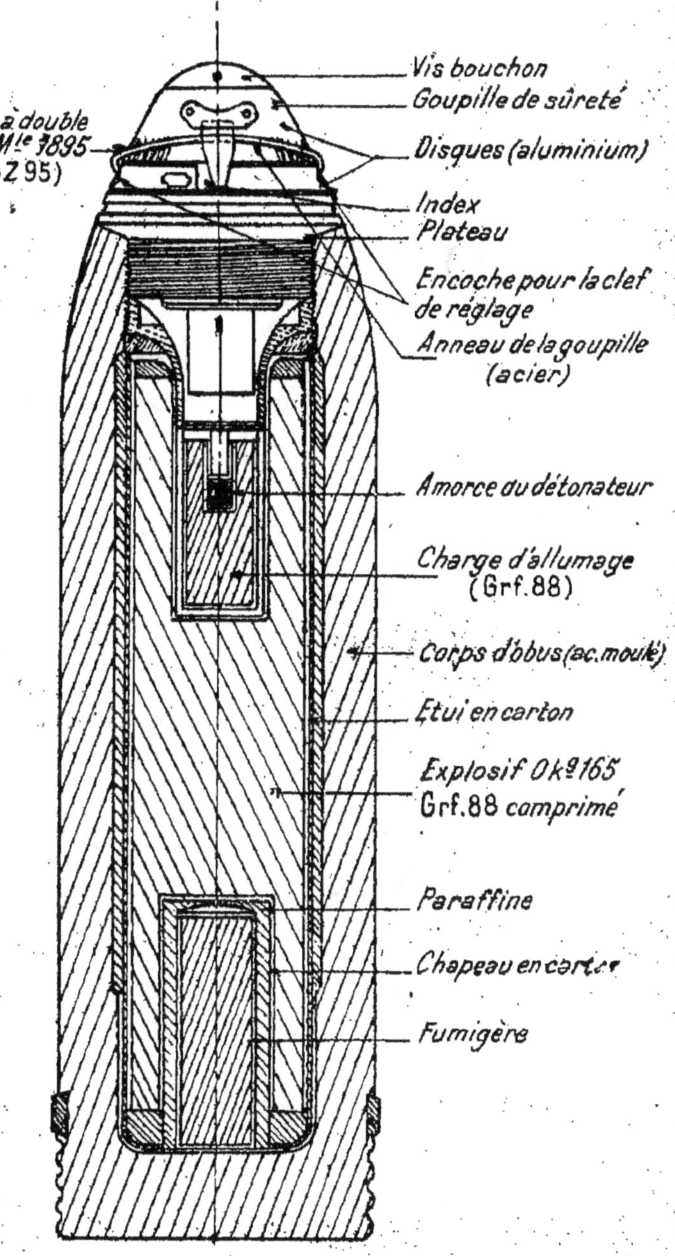

Fig. 1. — Obus brisant de 7,7 cm (1/2). (Poids : 6 kgr. 850.)

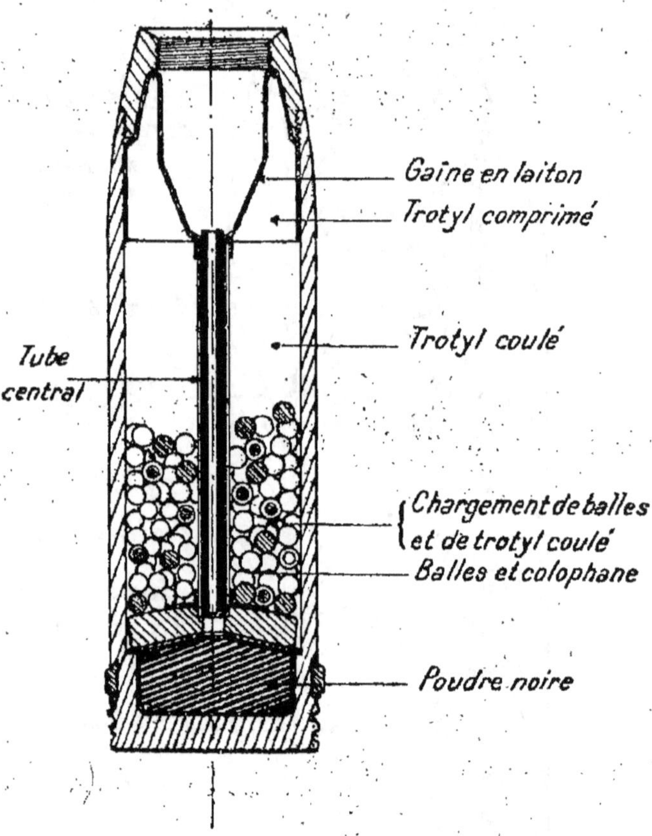

Fig. 3. — Projectile universel pour obusier de 10 cm. 5 à command (1/4).

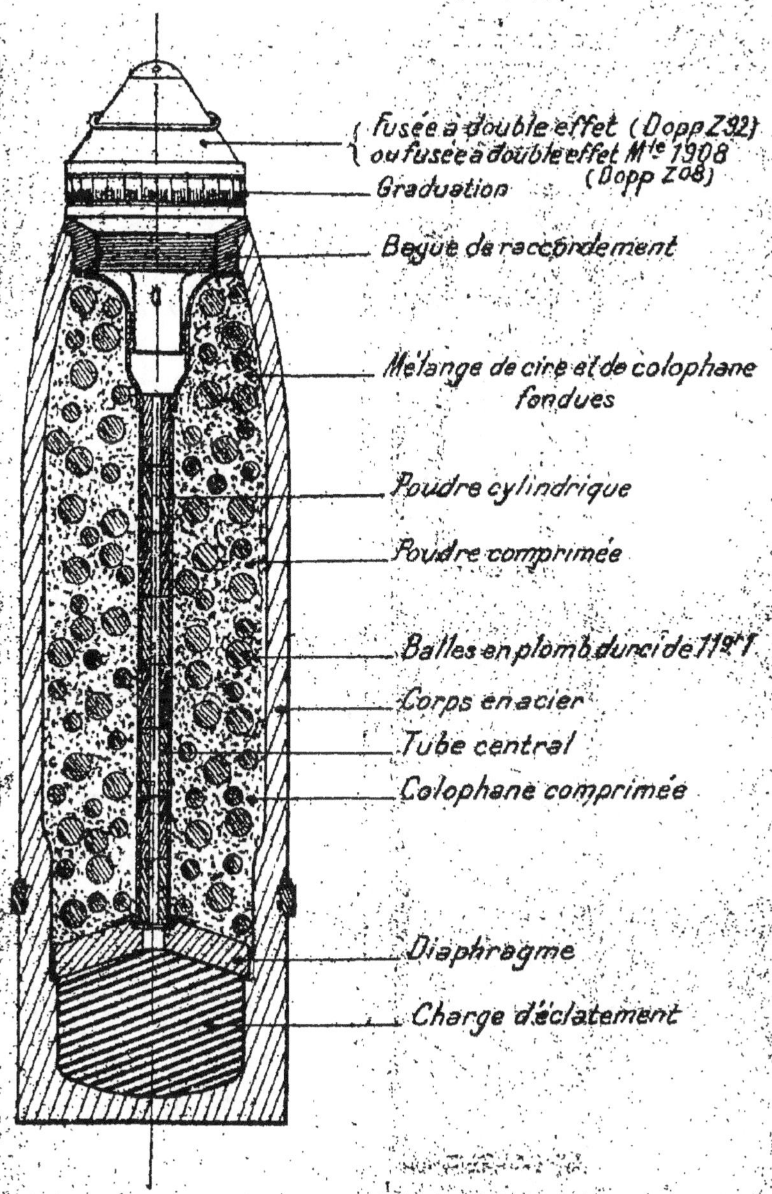

Fig. 4. — Shrapnell de 10 cm. 5 Mod. 1900 (1/3) (Poids : 15 kgr.)

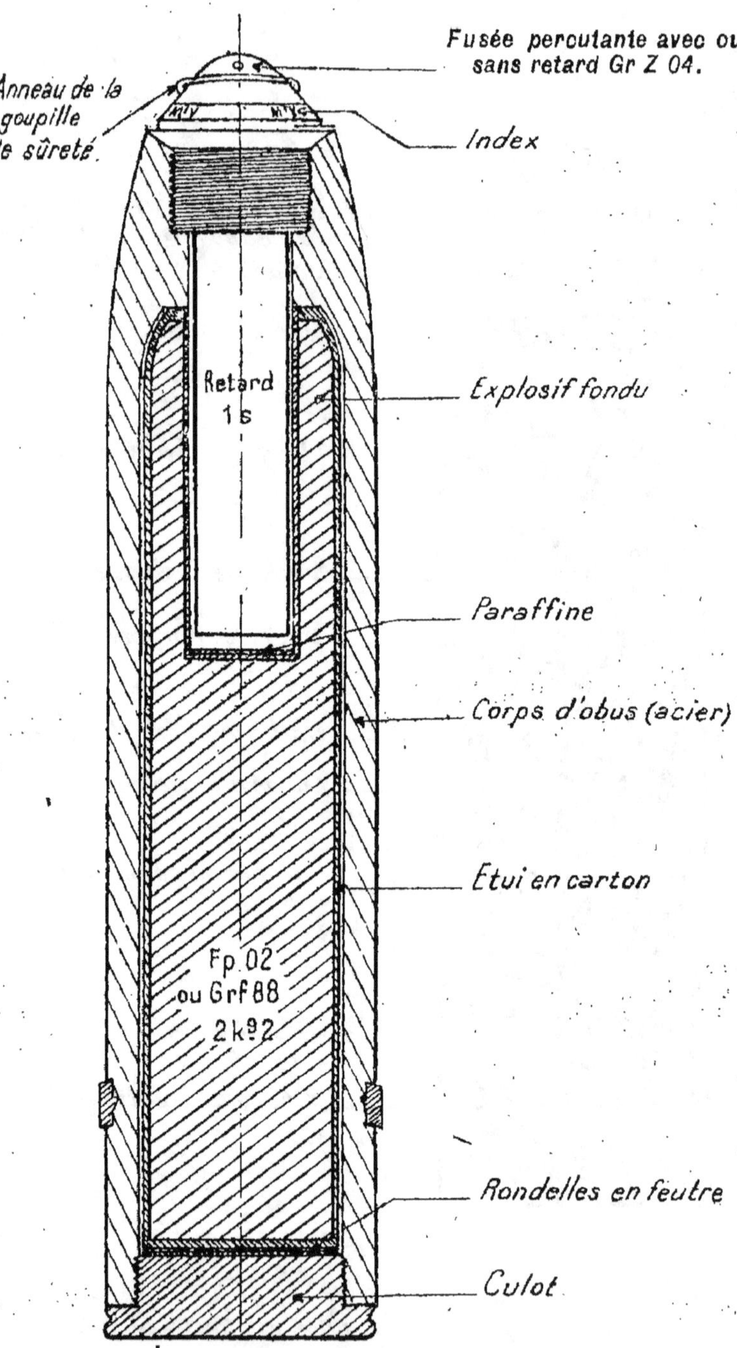

Fig. 5. — Obus allongé de 10 cm. 5 Mod. 1806 (1/3). (Poids : 18 kgr.)

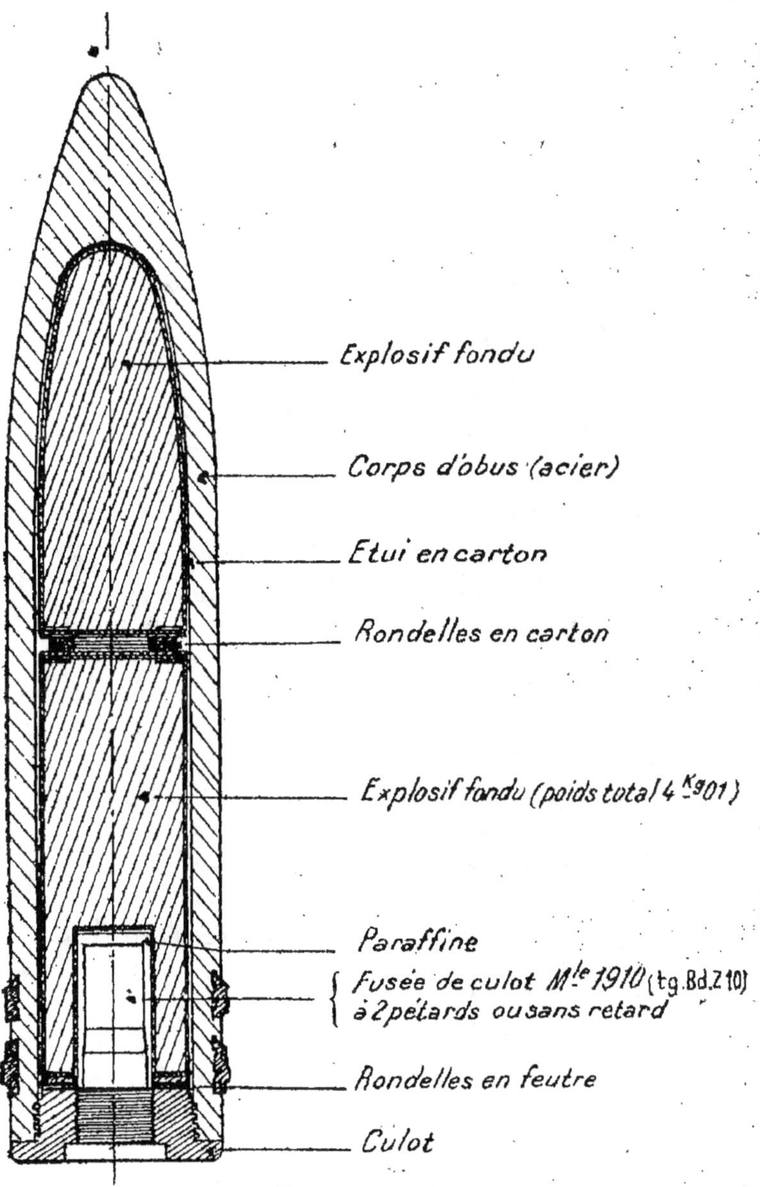

FIG. 6. — Obus allongé de 13 cm. (1/3). (Poids : 40 kgr.)

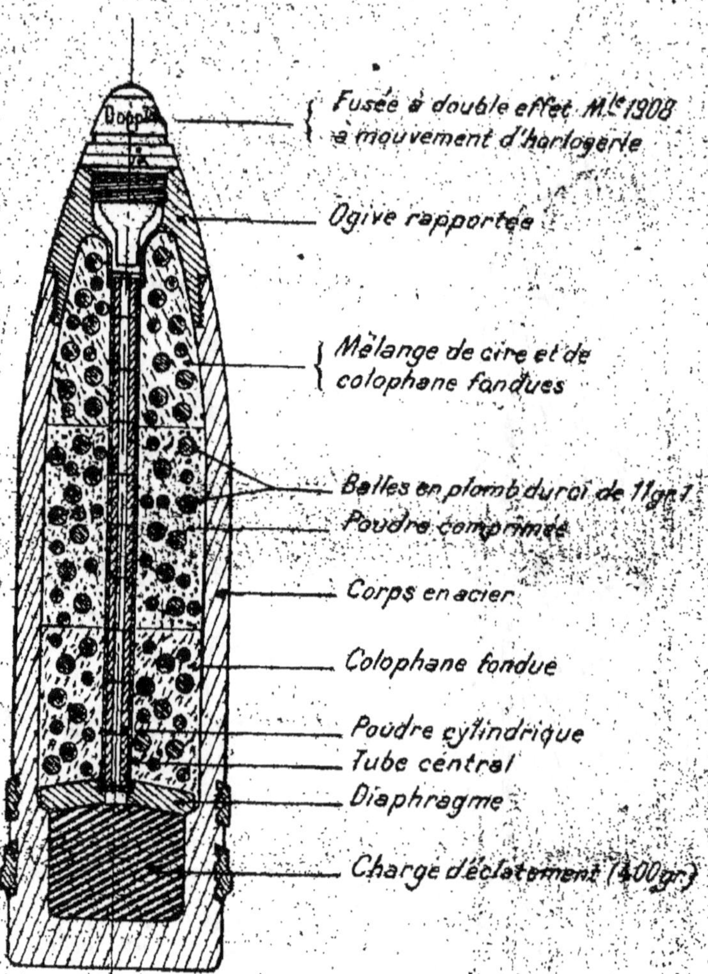

Fig. 7. — Shrapnell de 13 cm. (1/8). (Poids : 40 kgr.)

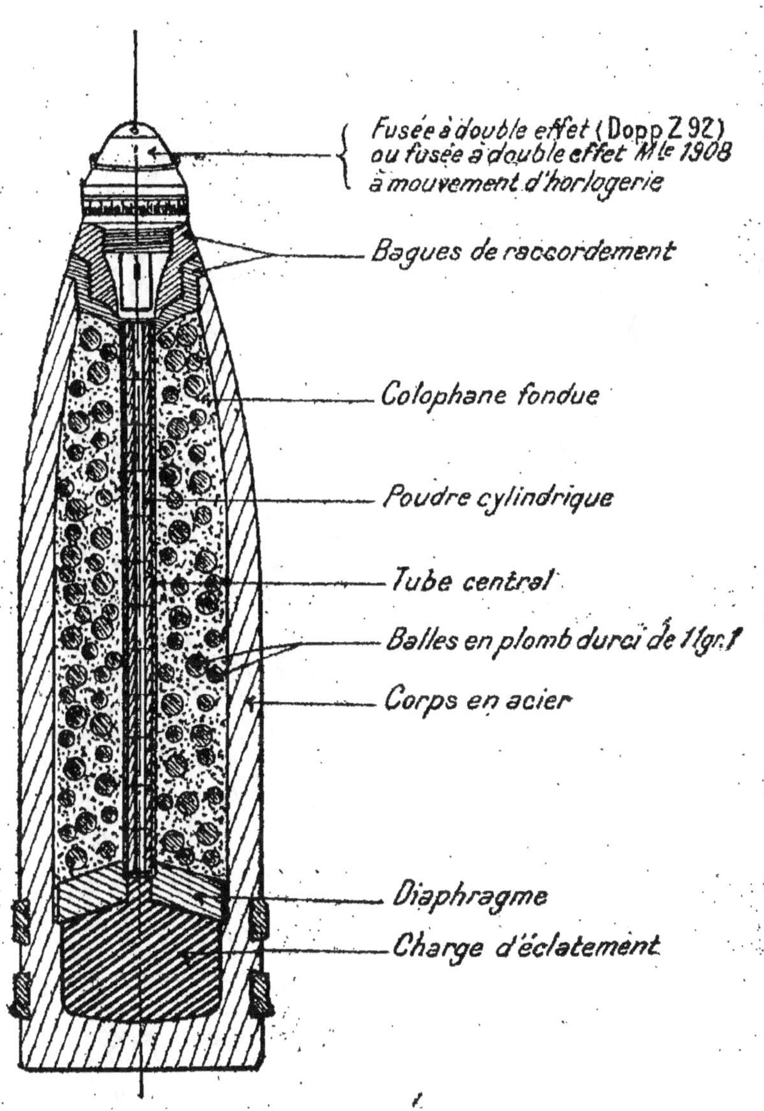

Fig. 8. — Shrapnell de 15 cm. M. 1903. (Poids : 51 kgr. 4)

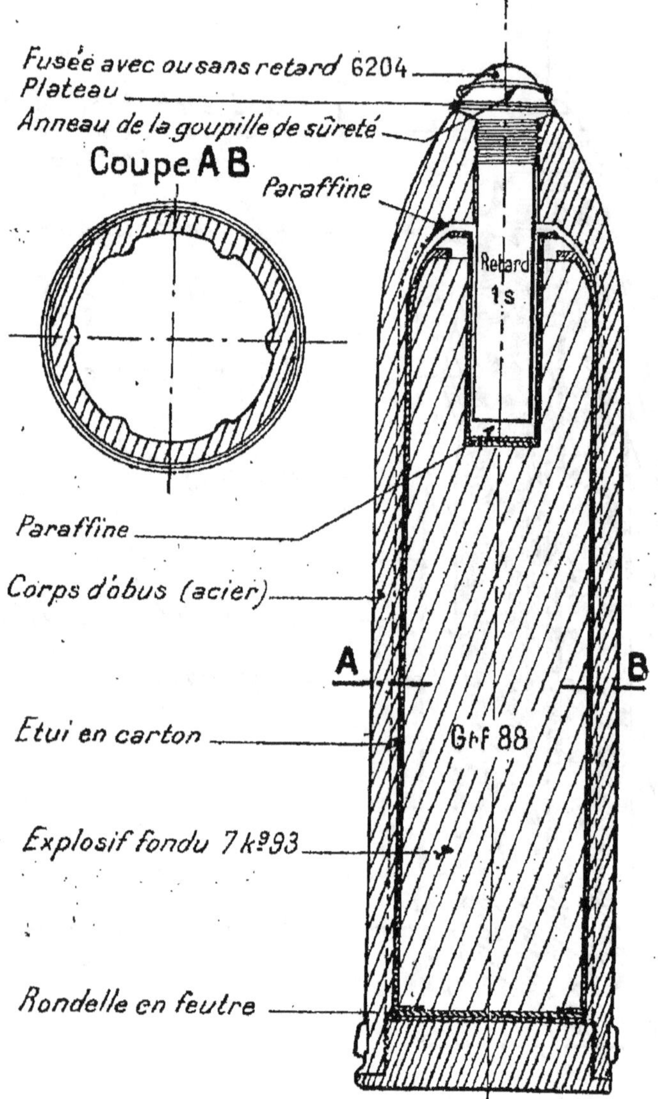

Fig. 9. — Obus de 15 cm. Mod. 1890 (1/5). (Poids : 39 kgr. 5.)

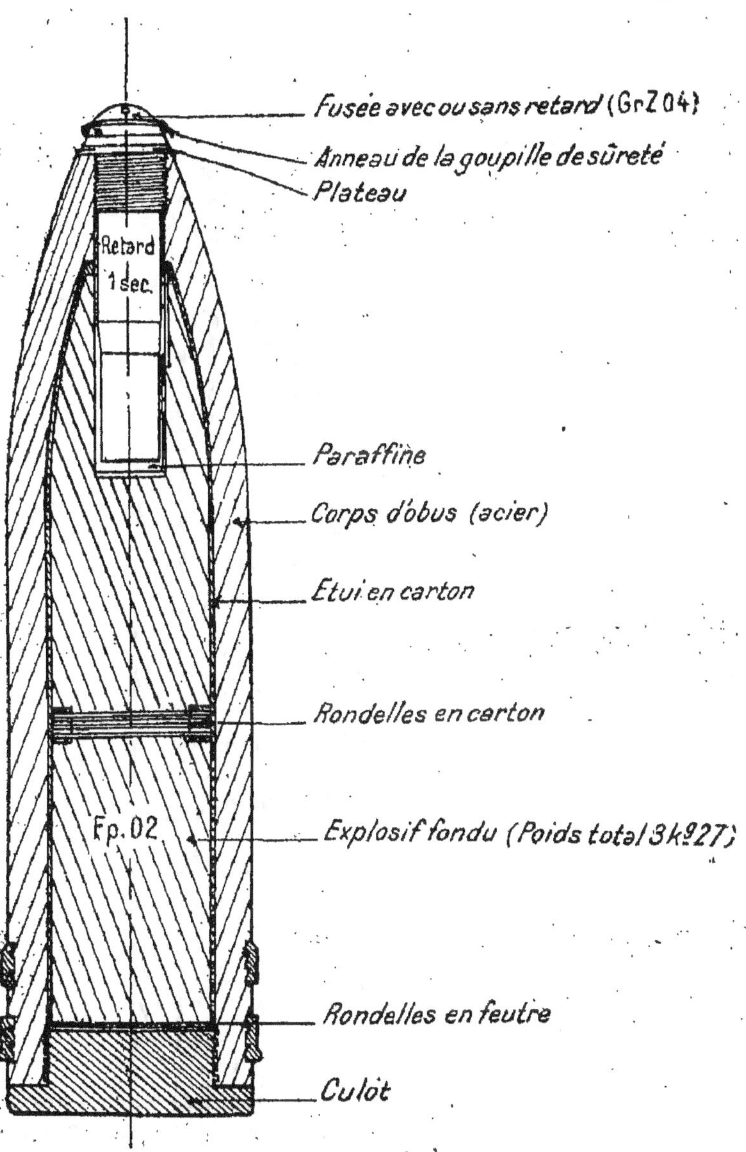

Fig. 10. — Obus allongé de 15 cm. Mod. 1903 (1/5). (Poids : 50 kgr. 5.)

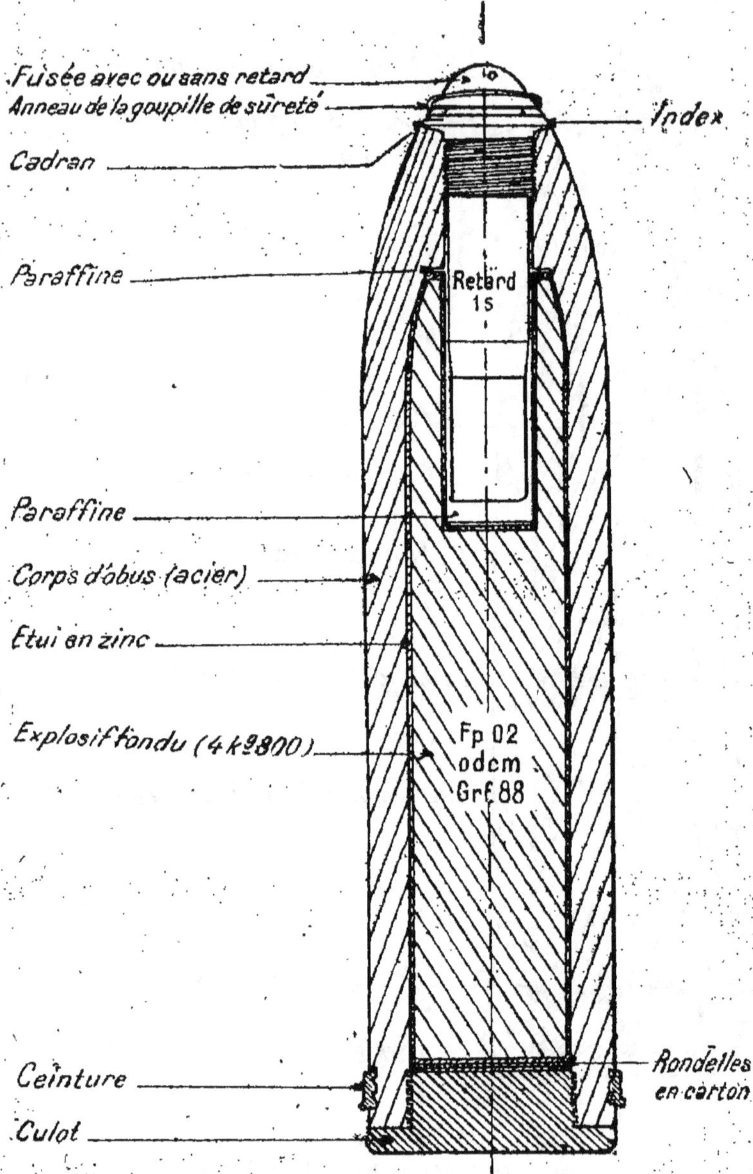

Fig. 11. — Obus de 15 cm. Mod. 1904. (Poids : 40 kgr. 93.)

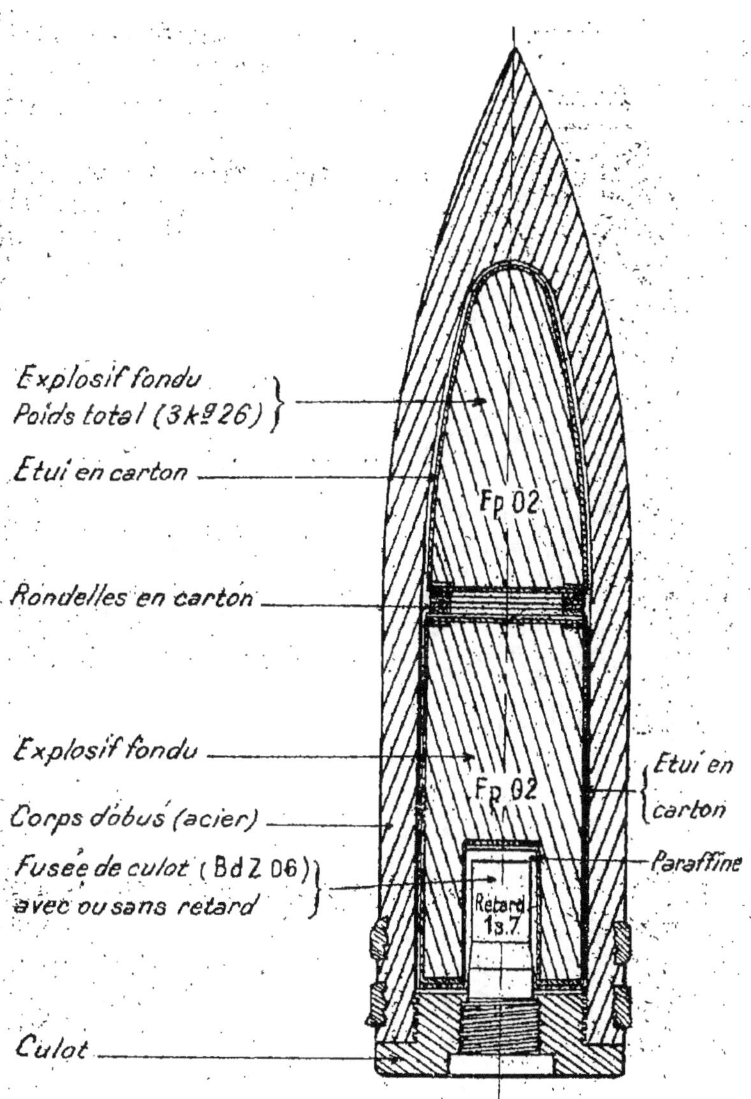

Fig. 17. — Obus allongé de 15 cm. Mod. 1906 (1/5). (Poids : 50 kgr. 5.)

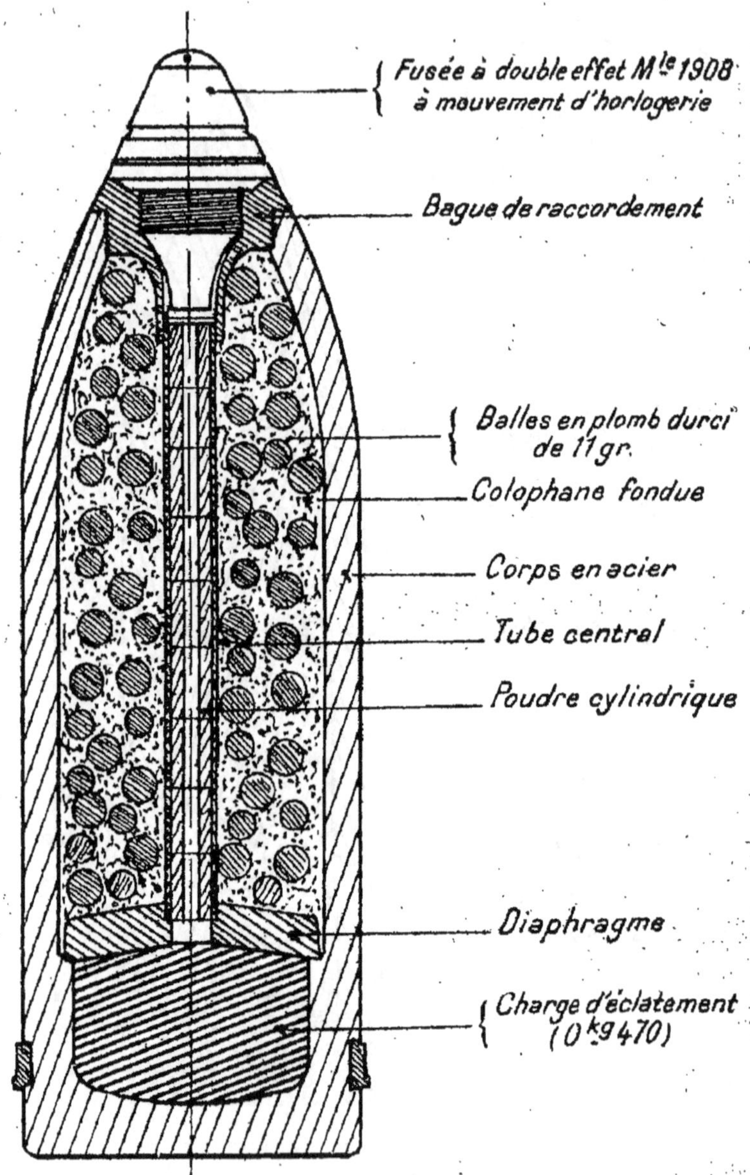

Fig. 13. — Shrapnell de 21 cm. Mod. 1904. (Poids : 119 kil.)

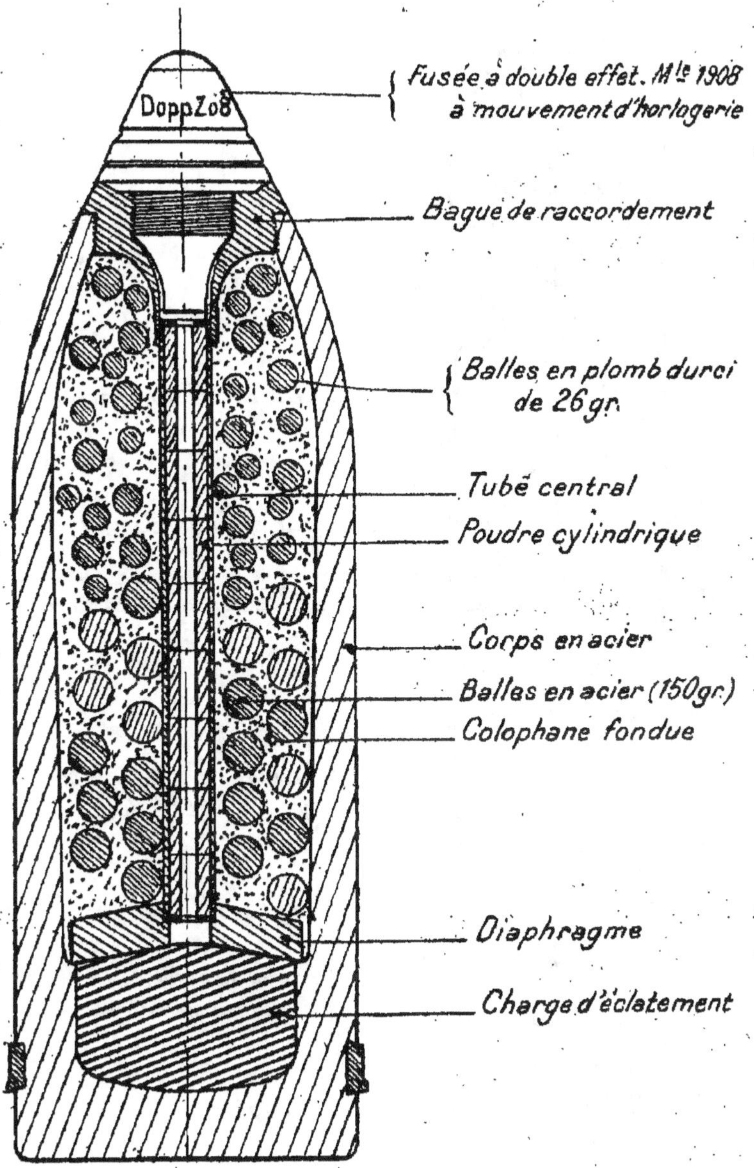

Fig. 14. — Shrapnell de 21 cm. Mod. 1904 (1/3). (Poids : 96 kgr. 6.)

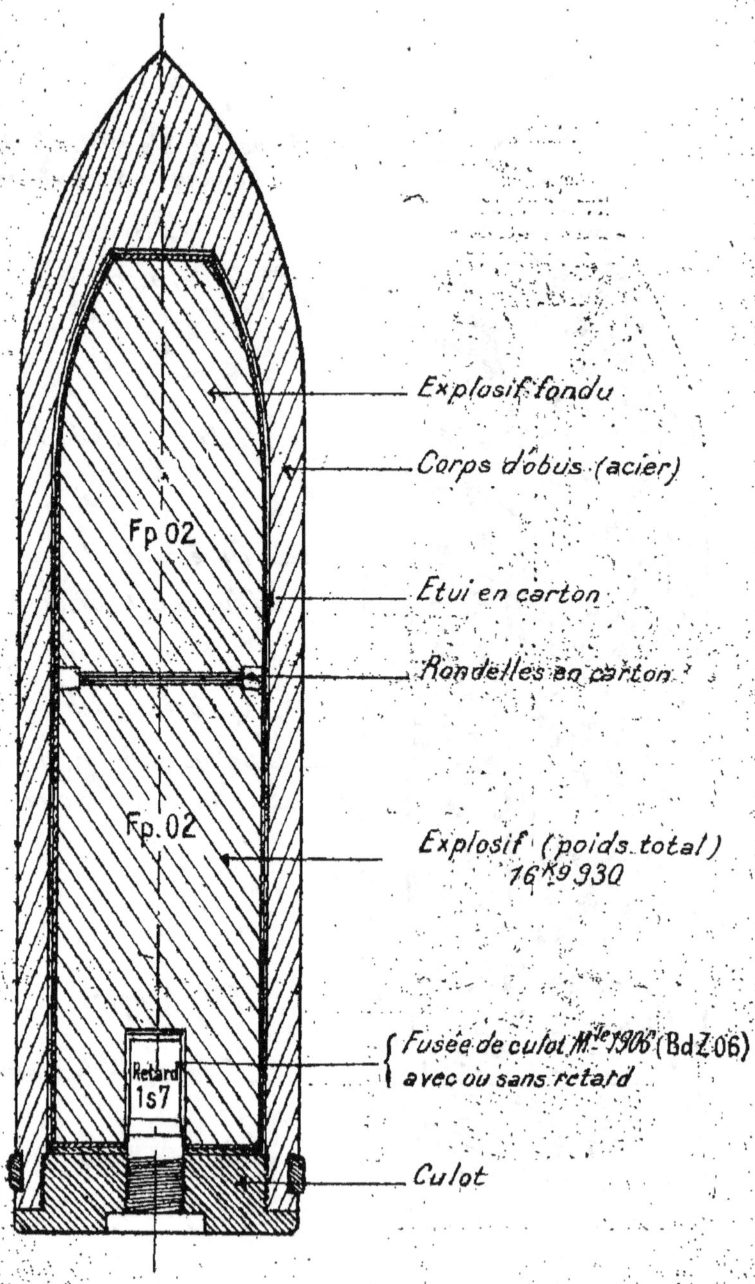

Fig. 15. — Obus allongé de 21 cm. Mod. 1896 (1/6). (Poids : 119 kgr. 9.)

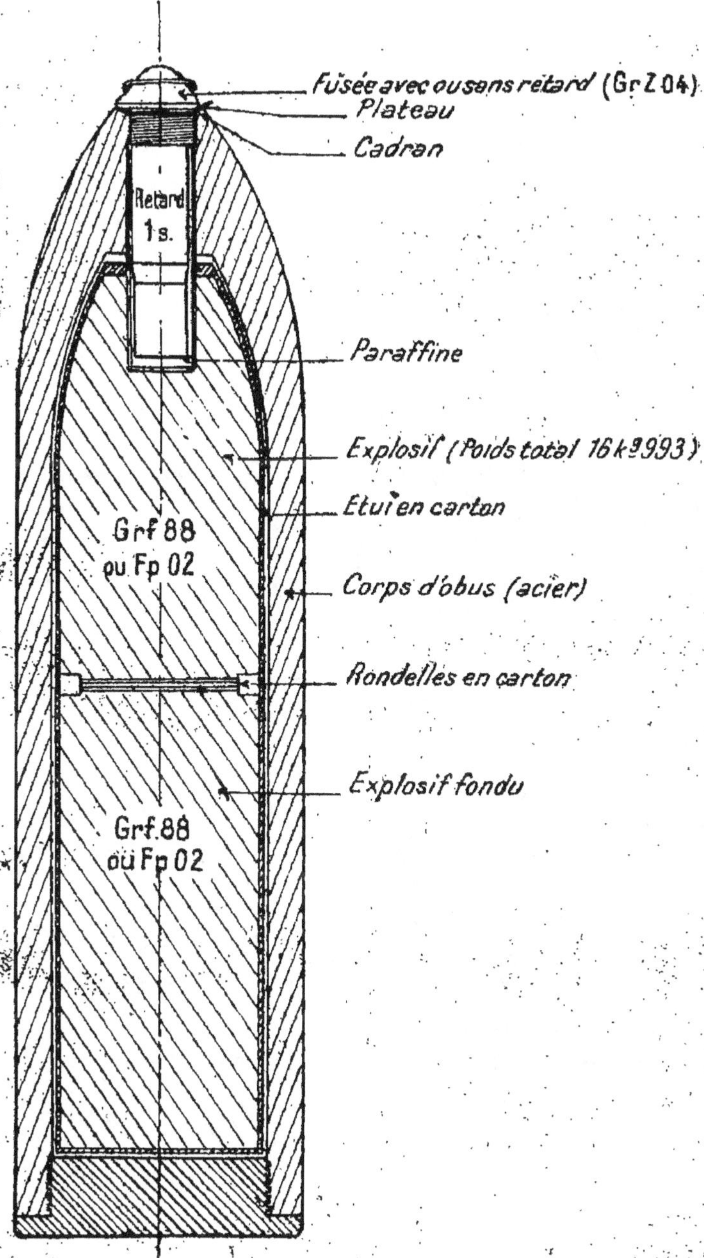

Fig. 16. — Obus allongé de 21 cm. Mod. 1896 modifié (1/6). (Poids : 115 kgr.,

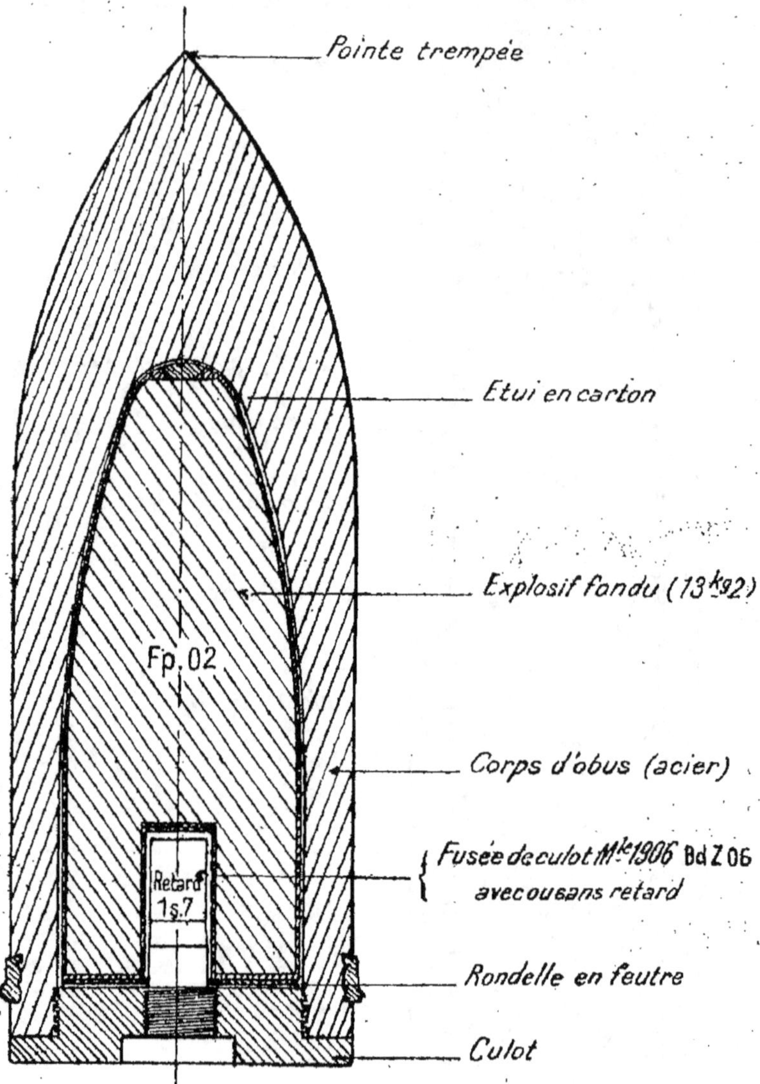

Fig. 17. — Obus de 21 cm. Mod. 1906 (1/5). (Poids : 82 kgr.)

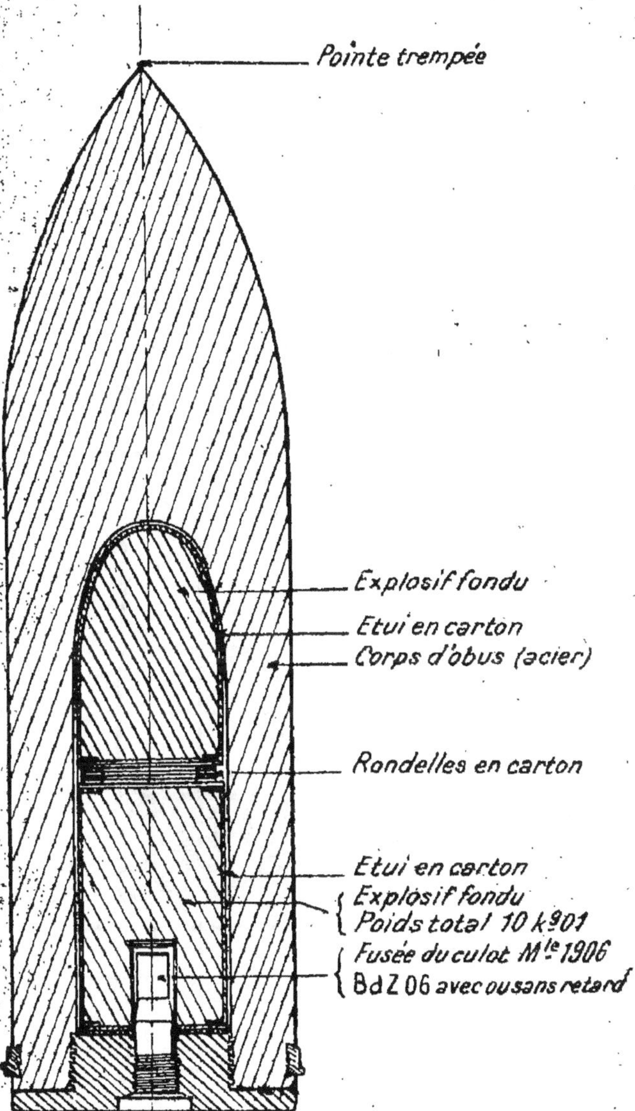

Fig. 18. — Obus allongé de 28 cm. Mod. 1906 (1/8). (Poids : 350 kgr.)

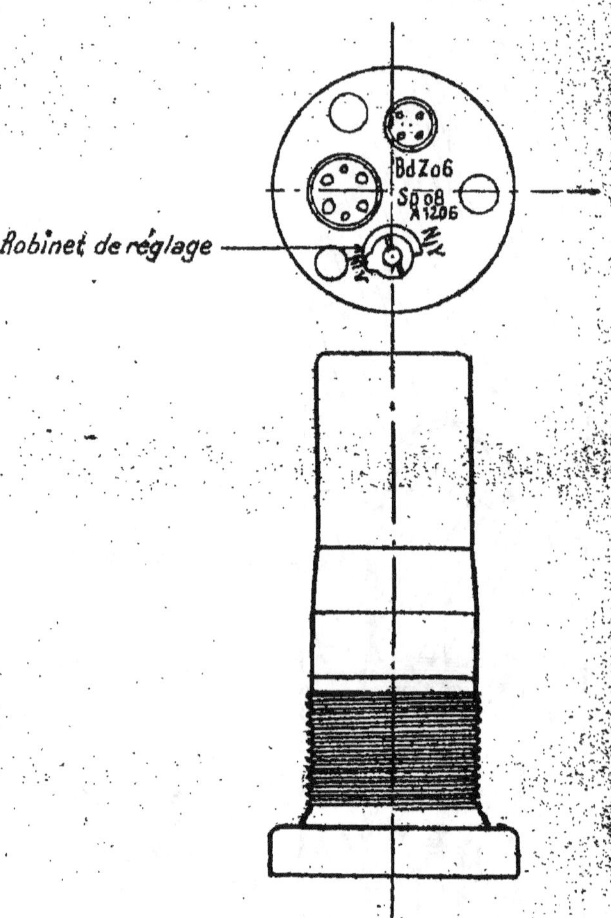

Fig. 19. — Fusée détonateur de culot, avec ou sans retard, Mod. 1906.
(Bd. Z-06.)

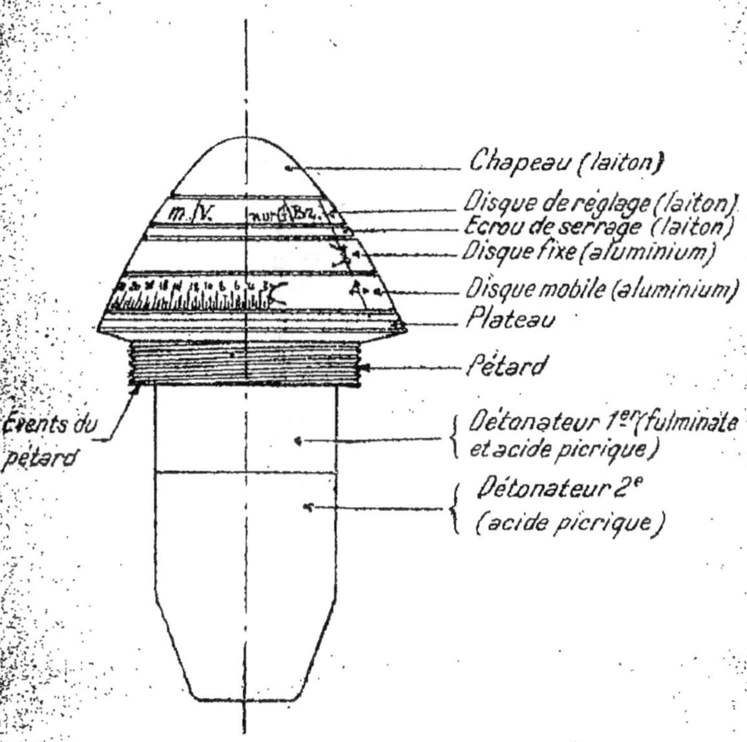

Fig. 20. — Fusée pour shrapnell d'obusier de 10 cm. 5 allemand.

N.-B. — La goupille de sûreté n'est pas représentée.

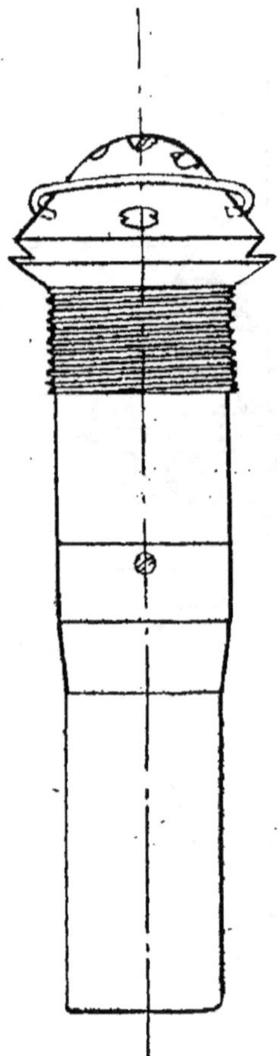

Fig. 21. — Fusée détonateur, avec ou sans retard, Mod. 1896-04.
(Gr. Z-96-04.)

ARTILLERIE DE CAMPAGNE
ALLEMANDE

1°. — Extraits des Tables de Tir.

2°. — Distances des pièces allemandes dont on entend les coups de départ.

TABLEAU DES DURÉES DU TRAJET, VITESSES RESTANTES ET ANGLES DE CHUTE DES PROJECTILES

du Canon de campagne 96 n/A (calibre 77), de l'Obusier de campagne de 10cm,5, de l'Obusier lourd de campagne mle 1902 (calibre 15cm), du Mortier de 21cm, du Canon de 10cm,5 mle 1904 et du canon de 13cm.

CANON 96 n/A Calibre 7cm,7 — SHRAPNELL ET OBUS SUIVANT.

DISTANCES	Durée du trajet	Vitesse restante	Angle de chute
0m	Vit. init.	465m	
500	1s,2	408	0°48'45"
1.000	2,4	367	1 52 30
1.500	3,0	336	3 11 15
2.000	5,4	312	4 46 00
2.500	7,0	293	6 37 30
3.000	8,7	240	8 45 00
3.500	10,7	267	11 03 45
4.000	12,7	2t6	13 44 15
4.500	14,7	247	16 33 45
5.000	17,2	239	19 48 45
5.500	19,7	232	23 56 15
6.000	22,4	228	27 22 30
6.500	25,3	223	31 52 30
7.000	28,7	224	36 56 15
7.500	32,6	223	42 48 45
8.000	38,4	225	50 00 60

Portée limite de la p. à c 8.400m avec angle de 4.o.

La portée maxima du tir fusant est de 5.000m.

Fusées : Dopp Z 96 / Dopp. Z-56 n/A / K. Z-11 / K. Z-11?

OBUSIER DE CAMPAGNE DE 10cm,5 — Projectiles 1905 dits projectiles universels percutants ou fusants fumée blanche ou noire.

DISTANCES	Durée du trajet	Vitesse restante	Angle de chute
0m	Vit. init.	302m	
500	1s,7	291	1°37'30"
1.000	3,4	282	3 26 15
1.500	5,3	272	5 22 30
2.000	7,2	262	7 33 45
2.500	9,2	253	10 00 00
3.000	11,3	244	12 45 00
3.500	13,7	235	15 56 15
4.000	16,1	227	19 30 00
4.500	18,8	222	23 26 15
5.000	21,9	217	28 03 45
5.500	25,4	214	33 30 00
6.000	30,0	213	40 26 15
À la portée limite de 6.800m	34,3	216	46 45 00

La portée maxima du tir fusant est de 5.300m.

7 charges différentes.

Les éléments ci-dessus se rapportent à la charge 7 (entière).

Fusées : H. Z-03 / H. Z-14

Projectiles 1888 granats percutants ou fusants fumée noire.

DISTANCES	Durée du trajet	Vitesse restante	Angle de chute
0m	Vit. init.	295m	
500	1s,7	283	1°45'00"
1.000	3,5	272	3 37 30
1.500	5,4	261	5 41 15
2.000	7,4	251	8 07 30
2.500	9,5	241	10 48 45
3.000	11,7	233	13 52 30
3.500	14,2	225	17 15 00
4.000	16,7	218	21 08 45
4.500	19,7	211	25 37 30
5.000	23,1	206	31 03 45
5.500	27,7	204	33 26 15
à la portée limite de 5.900m	34,1	206	48 45 00

La portée maxima du tir fusant est de 5.600m.

Fusées : Dopp. Z-92 f. F.H avec ou sans retard

Projectiles 1888 obus à balles percutants ou fusants fumée blanche ou jaunâtre.

DISTANCES	Durée du trajet	Vitesse restante	Angle de chute
0m	Vit. init.	330m	
500	1s,5	315	1°26'15"
1.000	3,2	299	3 00 00
1.500	4,9	286	4 45 00
2.000	6,7	276	6 41 15
2.500	8,6	266	8 53 15
3.000	10,6	258	11 18 45
3.500	12,6	250	14 00 00
4.000	14,9	243	16 52 30
4.500	17,2	236	20 03 45
5.000	19,8	231	23 41 15
5.500	22,7	226	27 41 15
6.000	26,0	223	32 41 15
6.500	29,9	224	38 45 00
7.000	36,8	223	48 45 00

La portée maxima du tir fusant est de 5.000m.

Fusées : Dopp. Z-96

OBUSIER LOURD DE 15 CENTIMÈTRES — CHARGE 5 explosifs percutants fumée noire.

DISTANCES	Durée du trajet	Vitesse restante	Angle de chute
0m	Vit. init.	275m	
500	3s,8	260	4°07'30"
1.000	5,8	253	6 18 45
1.500	7,8	245	8 45 00
2.000	10,0	239	11 26 15
2.500	12,3	232	14 26 15
3.000	14,7	227	17 52 30
3.500	17,3	222	21 45 00
4.000	20,2	218	25 00 00
4.500	23,6	214	31 07 30
5.000	27,9	212	37 50 15
à la portée limite de 5.00m	35,0	215	48 22 30

CHARGE 6 explosifs percutants fumée noire.

DISTANCES	Durée du trajet	Vitesse restante	Angle de chute
0m	Vit. init.	313m	
5.500	24,5	216	27°37'30"
6.000	25,0	215	31 37 30
6.500	26,0	225	36 26 15
7.000	28,1	228	42 22 30
à la portée limite de 7.000m	40,0	136	50 40 00

L'obusier lourd de 15cm modèle 1902 tire les obus de 15cm modèles 1904, 1905, 1863 et 18.B, les obus d'exercice modèles 1888 et 1853, et des shrapnells.

Fusées : Gr. Z-01 / Gr. Z-96-04 / Gr. Z dg-96 avec ou sans retard (mV).

MORTIER DE 21 CENTIMÈTRES — obus 1805 et 1903, obus d'exercice 1806 et obus 1895 explosifs percutants fumée noire et shrapnells.

17 charges différentes

Vitesses initiales depuis 149m jusque 336m

Angle de chute jusque 72° (tir vertical)

Durées de trajet jusque 55 secondes

Portée limite : 8.500m

Fusées : Bd. Z-06 / Lg. Bd. Z-10 / Gr. Z-04 / Gr. Z-96-01 avec ou sans retard.

CANON DE 10c.5 (mle 1904) — obus et shrapnells mle 1806, obus percutants, shrapnells percutants ou fusants.

DISTANCES	Durée du trajet	Vitesse restante	Angle de chute
0m	Vit. init.	338m	
500	0s,8	238	0°20'15"
1.000	1,8	401	1 07 30
1.500	3,0	422	1 52 30
2.000	5,7	361	2 55 15
2.500	7,1	398	4 15 00
3.000	8,7	370	5 41 15
3.500	10,4	306	7 22 30
4.000	12,1	291	9 11 15
4.500	[illegible]	294	11 11 15
5.000	[illegible]	275	13 22 30
5.500	17,1	302	15 45 00
6.000	19,8	263	18 15 00
6.500	22,2	257	21 00 00
7.000	24,6	254	24 00 00
7.500	27,1	152	27 07 30
8.000	29,8	250	30 30 00
8.500	31,0	230	34 15 00
9.000	36,4	752	38 15 00
9.500	40,5	158	42 30 00
À la portée limite de 10.600m	43,2	163	50 18 45

Fusées : Bd. Z-04 / Lg. Bd. Z-10

CANON DE 13 CENTIMÈTRES — obus no 126 percutants.

DISTANCES	Durée du trajet	Vitesse restante	Angle de chute
0m	Vit. init.	693m	
500	0s,7	682	0°18'45"
1.000	1,5	631	0 41 15
1.500	2,4	600	1 07 30
2.000	3,2	571	1 33 45
2.500	4,1	543	2 03 45
3.000	5,0	516	2 41 15
3.500	6,0	490	3 22 30
4.000	7,1	465	4 07 30
4.500	8,3	442	4 56 15
5.000	9,4	421	5 52 30
5.500	10,7	401	6 52 30
6.000	11,5	384	8 00 00
6.500	13,3	369	9 11 15
7.000	14,7	355	10 30 00
7.500	16,2	343	12 00 00
8.000	17,7	333	13 37 30
8.500	19,4	323	15 22 30
9.000	21,0	319	17 18 45
9.500	22,8	314	19 18 45
10.000	24,6	310	21 26 15
10.500	26,5	308	23 37 30
11.000	28,5	306	25 52 30
11.500	30,2	304	28 07 45
12.000	32,2	304	30 18 45
12.500	34,3	304	32 33 45
13.000	36,5	305	34 52 30
13.500	38,5	303	37 11 15
14.000	41,2	303	40 37 30
14.500			

CANON DE 13 CENTIMÈTRES — shrapnells no 126 percutants ou fusante.

DISTANCES	Durée du trajet	Vitesse restante	Angle de chute
0m	Vit. init.	696m	
500	0s,7	666	0°18'45"
1.000	1,5	639	0 37 30
1.500	2,3	609	1 00 00
2.000	3,1	581	1 30 00
2.500	4,0	553	2 00 00
3.000	4,9	529	2 31 45
3.500	5,9	504	3 11 15
4.000	6,9	481	3 52 30
4.500	8,0	459	4 41 15
5.000	9,1	438	5 38 45
5.500	10,3	419	6 30 00
6.000	11,5	402	7 33 45
6.500	12,8	386	8 43 45
7.000	14,2	372	10 07 30
7.500	15,6	358	11 30 00
8.000	17,1	348	13 00 00
8.500	18,7	339	14 37 30
9.000	20,3	331	16 22 30
9.500	21,9	325	18 13 00
10.000	23,7	320	20 11 15
10.500	25,4	316	22 11 15
11.000	27,3	312	24 22 30
11.500	29,3	310	26 33 45
12.000	31,3	308	28 52 30
12.500	34,5	307	31 18 45
13.000	33,8	305	31 52 00
13.500	36,3	303	36 30 00
14.000	41,0	303	31 15 00
14.500	43,7	311	42 03 45

Fusées : Dopp. Z-08 / Dopp. Z-92 f. 10cm K

DISTANCES APPROXIMATIVES DES PIÈCES ALLEMANDES

d'après le temps écoulé entre l'audition des coups de départ et l'arrivée des projectiles (1).

(Pour un observateur voisin du point de chute ou se trouvant en arrière à proximité de la ligne de tir prolongée.)

INTERVALLE du temps entre l'audition des coups de départ et l'arrivée des projectiles.	CANON 96 q/A CALIBRE 7=,7 Shrapnell et obus brisant. Distances.	OBUSIER DE CAMPAGNE DE 10°,5 (Charge 7)			OBUSIER LOURD DE 15cm		OBSERVATIONS.
		PROJECTILES 1905 dits projectiles universels, percutants ou fusants fumée blanche ou noire. Distances.	PROJECTILES 1905 percutants ou fusants, fumée noire. Distances.	PROJECTILES 1896 obus à balles, fusants ou percutants, fumée blanche ou jaunâtre. Distances.	CHARGE 5 explosifs percutants, fumée noire. Distances.	CHARGE 6 explosifs percutants, fumée noire. Distances.	
0	(A) 3.200						La table ci-contre a été établie en admettant que la vitesse du son est de 337^m à la seconde. (Température de 10°).
0,5	3.700	1.000	1.000	1.000			
1	4.200	1.700	1,500	2.200	1.100		
1,5	4.550	2.200	2.000	2.800	1.000		
2	4.850	2.650	2.450	3.200	2.050		(A). — Si on entend le coup de canon une demi-seconde après l'arrivée du projectile, la batterie se trouve entre 1.000 et 2.500^m.
2,5	5.100	3.000	2.750	3.600	2.450		Si elle se trouve à moins de 1.000^m ou entre 2.500 et 3.100^m le projectile arrive moins d'une demi-seconde avant le son du coup de départ.
3	5.350	3.300	3.050	3.950	2.800		
3,5	5.600	3.600	3.350	4.230	3.100		
4	5.800	3.850	3.600	4.550	3.300		
4,5	6.000	4.100	3.800	4.800	3.550		
5	6.150	4.300	4.000	5.000	3.800		
5,5	6.300	4.500	4.200	5.200	4.000		Vitesse du son = 331,30 + 0,6 t. (t étant la température en degrés centigrades).
6	6.450	4.650	4.400	5.400	4.200	5.450	
6,5	6.600	4.800	4.530	5.550	4.400	5.600	
7	6.750	4.950	4.700	5.700	4.550	5.750	(1) Voir Annexe J, p. 265.
7,5	6.900	5.100	4.850	5.825	4.675	5.900	
8	7.000	5.250	4.950	5.950	4.800	6.050	
8,5	7.100	5.400	5.050	6.075	4.925	6.175	
9	7.200	5.500	5.150	6.200	5.050	6.300	
9,5	7.300	5.600	5.250	6.300	5.150	6.425	
10	7.400	5.700	5.350	6.400	5.250	6.550	
10,5	7.500	5.775	5.400	6.475	5.350	6.650	
11	7.600	5.850	5.450	6.550	5.425	6.750	
11,5	7.650	5.925	5.500	6.625	5.500	6.825	
12	7.700	5.975	5.550	6.675	5.575	6.900	
12,5	7.750	6.025	5.600	6.725	5.625	6.975	
13	7.800	6.075	5.650	6.775	5.675	7.050	
13,5	7.900	6.125	5.700	6.825	5.725	7.100	
14	7.950	6.175	5.750	6.875	5.775	7.150	
14,5	8.000	6.225	5.800	6.900	5.800	7.200	
15		6.275	5.825	6.925	5.820	7.250	
15,5		6.300	5.850	6.950	5.840	7.300	
16			5.875	6.975	5.860	7.350	
16,5					5.880	7.375	
17					5.890	7.400	
17,5					5.900		

ANNEXE I.

Ci-dessous une note de la 3e D. A. sur l'*onde de choc* (phénomène acoustique dû aux projectiles tirés par les armes à grande vitesse initiale).

Les projectiles *à grande vitesse initiale* précèdent, sur une certaine fraction de leur trajectoire, l'onde acoustique de détonation qui se meut avec la vitesse du son; dans cette période, ils donnent naissance à un déplacement d'air parvenant à l'oreille, sous forme d'un son très sec qui précède l'onde sonore de la détonation.

Ce déplacement d'air, appelé onde de choc, provient d'un point de la trajectoire qui est variable avec l'observateur et lui semble généralement venir d'un point élevé souvent très rapproché. C'est à partir de la perception de l'onde de choc que le sifflement du projectile commence à être entendu, ce qui donne à un observateur non averti l'impression qu'il a entendu le départ du coup. En réalité, ce départ ne peut être entendu qu'après la perception de l'onde de choc. Dans le cas même où le canon est très éloigné, ce qui se présente le plus souvent avec les canons à très grande vitesse initiale ou lorsque le vent est contraire, le coup de départ n'est pas perçu et l'illusion est encore plus complète.

On peut donner une idée du phénomène par les considérations suivantes :

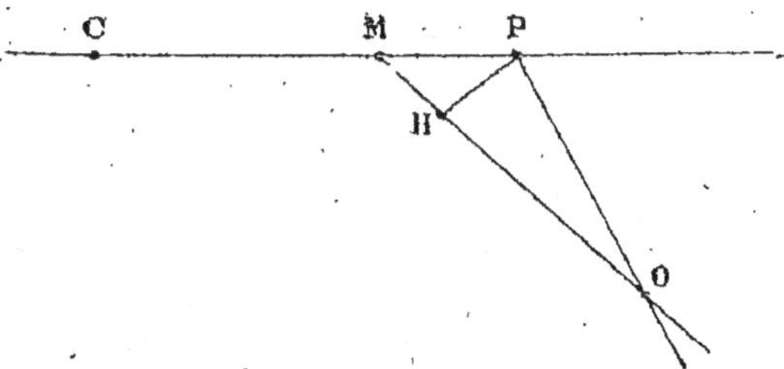

Soit C M P la projection horizontale de la trajectoire d'un projectile dont la vitesse initiale est supérieure à celle du son et O la position d'un observateur. On peut toujours trouver sur cette trajectoire un point M tel que la projection de la vitesse V du projectile, en ce point sur la direction M O soit égale à la vitesse Vs du son.

Au bout d'un certain temps, le projectile est en P et le bruit du sifflement en M est parvenu en H, projection de P sur M O. L'angle P H O étant droit, on peut, si O est suffisamment éloigné, assimiler P H à un arc de cercle et considérer P O comme égal à H O (dans le cas où O est rapproché de la trajectoire, un raisonnement rigoureux conduit aux mêmes conclusions), de sorte que les sifflements en M et P parviennent simultanément en O. Le même raisonnement étant applicable à tous les points de la trajectoire compris entre M et P, on peut dire que l'observateur reçoit *simultanément* le bruit du sifflement sur toute une portion *finie* M P de trajectoire. C'est ce sifflement accumulé qui donne l'impression d'un coup souvent très fort, toujours très sec à partir duquel on commence seulement à percevoir le sifflement au delà de P.

Le phénomène est tellement net qu'il a été utilisé dès 1895, par le colonel Gossot, pour mesurer la vitesse des projectiles de marine en différents points de la trajectoire.

Il se produit avec tous les projectiles ayant une vitesse supérieure à celle du son, mais il est d'autant plus *net que la vitesse initiale et le calibre sont plus grands.* Il ne se perçoit d'ailleurs que dans une région facile à délimiter située en avant de l'arme à feu.

On l'observe aisément avec les canons allemands de 10,5 et de 13 et surtout les canons de marine. Avec le 77, l'onde de choc est généralement suivie de très près du coup de départ, ce qui rend son observation plus difficile.

Avec le fusil, le projectile étant fort petit, il faut être près de la trajectoire et à une certaine distance du tireur variable suivant le modèle.

La fréquence du phénomène a donné lieu à des méprises (canons dans nos lignes, balles explosives, etc.) qui ne se reproduiront plus si on prend l'habitude de l'observer. Pour cela, le meilleur moyen est de profiter d'un vent venant du côté ennemi et de chercher à percevoir aussitôt après le coup sec, l'arrivée du coup de départ, beaucoup plus lointaine, plus sourde, plus allongée. Quand on aura entendu un certain nombre de fois les deux coups, on ne pourra plus les confondre et l'audition d'un seul permettra de savoir si l'on a affaire à l'onde de choc ou au départ.

ANNEXE II.

DESTRUCTIONS A OPÉRER AUX BOUCHES A FEU DANS LE CAS OU ON DOIT LES ABANDONNER AUX MAINS DE L'ENNEMI.

A) Canon de 7 c. 5 T. R.

1. *a*) Faire sauter le tube : à cet effet, le charger avec une cartouche à obus explosif. Le bourrer par la volée de pierrailles, de terre, de matériaux divers.

On peut aussi charger le canon de deux obus explosifs, un premier non encartouché, dont on aurait aminci la ceinture de manière à lui permettre de dépasser la chambre et introduit le culot en avant, un second encartouché.

b) Si possible, enlever la coiffe qui se trouve à l'avant du berceau.

c) Tirer en se servant d'un tire-feu très long.

Remarque. Ces moyens devraient être préparés près des pièces.

2. En tout cas, enlever ou briser la lunette; briser ou détériorer la hausse et son support; enlever l'appareil de fermeture, le jeter dans un fossé, après en avoir enlevé toutes les parties amovibles; enlever les pièces de rechange qui se trouvent dans le coffret d'affût ou dans la caisse aux accessoires; briser ou détériorer le guidon, les mécanismes de pointage en direction et en hauteur.

B) Canon de 7 c. 5 P. et obusiers.

Agir d'une manière analogue.

TABLE DES MATIÈRES.

RÈGLEMENT D'ARTILLERIE

TITRE I.

CANON DE 7°5 A. T. R.

TITRE II.

CANON DE 7°5 P.

TITRE III.

OBUSIER 120 S.

TITRE IV.

OBUSIER DE 150ᵐᵐ SCHNEIDER A T. R.

TITRE V.

POINTAGE ET PRÉPARATION DU TIR..

TITRE VI.

EXÉCUTION DES TIRS

TITRE VII.

TITRE VIII.

Paris et Limoges. — Imprimerie militaire CHARLES-LAVAUZELLE.

Imprimerie Militaire
CHARLES LAVAUZELLE
PARIS ET LIMOGES

www.ingramcontent.com/pod-product-compliance
Lightning Source LLC
LaVergne TN
LVHW051056060726
842525LV00003B/677